Frey · Theorien des Curriculums

Karl Frey

Theorien des Curriculums

Verlag Julius Beltz · Weinheim · Berlin · Basel

Prof. Dr. Karl Frey
Direktor am Institut für die Pädagogik
der Naturwissenschaften an der Universität Kiel

Als Habilitationsschrift angenommen von der Sozialwissenschaftlichen Fakultät der Universität Konstanz. Erarbeitet mit Unterstützung des Schweizerischen Nationalfonds zur Förderung der wissenschaftlichen Forschung.

ISBN 3 407 19002 6

Gesamtherstellung: Offsetdruckerei Julius Beltz · Weinheim/Bergstraße
Printed in Germany

Inhaltsverzeichnis

Verzeichnis der Tabellen und Schaubilder

Vorwort

Zentrale Themen, die unter dem Begriff Curriculum behandelt werden, sind die Fragen um die Bildungsziele, Lerninhalte und Lernorganisation. Dazu gehören im weiteren jene Fragen, die bei der Erstellung und Verwirklichung eines Unterrichtsprogrammes auftreten. Die Programme können z. B. als Lehrpläne, Syllabi, Programmes scolaires, Lehrmittelsysteme oder Bildungspläne bezeichnet sein. Der übergreifende Fachausdruck für diese verschiedenen Ausprägungen von Unterrichtsprogrammen ist „Curriculum".

Gegenstand der vorliegenden Untersuchungen und Referate sind die Theorien des Curriculums. Die Analysen erfolgen in Hinsicht auf die Frage: nach welchen wissenschaftsmethodischen Prinzipien und Ansätzen sind die Theorien aufgebaut und welche Beziehungen haben sie aufgrund dieser Voraussetzungen zur curricularen Praxis bzw. Wirklichkeit?
Im Teil I wird versucht, eine Übersicht und Systematisierung der Definitionen, Problemgebiete und vorhandenen Theorien des Curriculums zu geben. Die Teile II, III und IV dienen der Darstellung und Analyse der einzelnen Theorien — in der Reihenfolge: Struktur-Theorien (II), Prozeß-Theorien (III), Taxonomische Theorien (IV).

Der Arbeit liegt ein zweifaches Motiv zugrunde, einmal das Fehlen eines Buches, das die vorhandenen Curriculumtheorien unter den Gesichtspunkt ihrer Aussagebereiche und wissenschaftstheoretischen Aufbauformen stellt, um daran die Bedingungen für eine Curriculumtheorie zu entwickeln. Der zweite Grund liegt in der persönlichen Beschäftigung mit dem Curriculum. Sie bezog sich in den letzten Jahren auf die Mitarbeit bei Curriculumreformen, die Analyse von Lehrplänen, den Entwurf von Verfahren zur Curriculumentwicklung sowie andere experimentelle und praxisorientierte Unternehmungen. Sowohl in der konkreten Feldarbeit wie in der wissenschaftlichen Forschung zeigten sich ungeklärte Voraussetzungen, die im Rahmen der Curriculumtheorie zu erhellen sind.

Die Arbeit soll deshalb die Frage beantworten helfen: wie sind — wenn überhaupt — Curriculumtheorien aufzubauen? Es sollen Orte im Curriculum gefunden werden, an denen künftige Forschung eine allfällige Theorienbildung ansetzen oder vertiefen kann.

Der wichtigste befruchtende Kontext für das Entstehen der Untersuchung war das Forschungszentrum-FAL (Freiburger Arbeitsgruppe für Lehrplanforschung) an der Universität Fribourg. Vor allem die Mitarbeit in der „Strukturanalyse der schweizerischen Volksschullehrerbildung", im EBAC-Projekt, am LUV-Modell und am BIVO-Projekt hat die Einsicht in die Bedeutung curriculumtheoretischer Aussagen ermöglicht[1]. Die vorliegende Untersuchung konnte aber nicht nur von den Erkenntnissen in den Projekten profitieren, sondern ebenso

---

1 1. EBAC = Entwicklung und begleitende Analysen eines Curriculums. Es handelt sich um ein Systemprojekt mit zahlreichen Komponenten. Als Veröffentlichungen u. a.:

EBAC: Bericht 1/2 = Freiburger Arbeitsgruppe für Lehrplanforschung. EBAC-Projekt, Bericht 1/2. Fribourg 1970 (Pädagogisches Institut: Arbeitspapiere und Kurzberichte 10/11).

Frey K. in Verbindung mit R. Horn, U. Isenegger, U. P. Lattmann, I. Rickenbacher, B. Santini: Eine Handlungsstrategie zur Curriculumkonstruktion (FAL-2). Freiburg 1970 (Pädagogisches Institut: Arbeitspapiere und Kurzberichte 12). Leicht abgeändert abgedruckt in: Zeitschrift für Pädagogik. 17 (1971) 11—29.

Aregger K., Frey K.: Curriculumtheoretische Ansätze in einem Entwicklungsprojekt. EBAC-Bericht 5. Freiburg 1971 (Pädagogisches Institut: Arbeitspapiere und Kurzberichte 15).

2. BIVO = Bildungsbedürfnisse der Volksschullehrer. Das Projekt wird gemeinsam vom pädagogischen Institut der Universität Zürich und der FAL durchgeführt. Projektbeschreibung unter methodologischen Gesichtspunkten bei: Isenegger U.: Lernzielerhebung zur Curriculumkonstruktion. Weinheim 1971.

von den persönlichen Konzepten der FAL-Kollegen, so von K. Aregger, J. Eigenmann, R. Horn, U. Isenegger, U. P. Lattmann, I. Rickenbacher, B. Santini und A. Strittmatter.
Verschiedenste Informationen gingen aufgrund von zwei Aufenthalten am Institut für Bildungsforschung in der Max-Planck-Gesellschaft und damit gegebenen Gesprächen mit S. B. Robinsohn, Doris Knab und Doris Elbers in die Arbeit ein. Konsequenzenreiche Denkanstöße für die Betrachtungsweise curricularer Phänomene verdankt die Untersuchung der „Arbeitsgruppe für Unterrichtsforschung" an der Universität Konstanz, besonders K.-H. Flechsig und K. Heipcke.
Hier sind auch jene Fachkollegen zu nennen, die durch Kritik und Bestätigung früherer Veröffentlichungen einen indirekten Beitrag geleistet haben. Der Dank gilt überdies Verena Rickenbacher, die als technische Mitarbeiterin durch ihren intensiven Einsatz in schwierigen Situationen der Untersuchung mit zum Abschluß verholfen hat.

---

3. Strukturanalyse der schweizerischen Volksschullehrerbildung. Forschungsbericht:
Frey K. und Mitarbeiter: Der Ausbildungsgang der Lehrer. Weinheim 1969.
Frey K. und Mitarbeiter: Die Lehrerbildung in der Schweiz. Weinheim 1969.
4. Das LUV-Modell ist ein Versuch, auf dem Gebiete der „lernzielorientierten Unterrichtsvorbereitung" einen Problemkatalog und eine Arbeitstechnik der Unterrichtsvorbereitung zu entwickeln. Neben mehreren Arbeitspapieren liegt eine Arbeit von U. P. Lattmann vor:
Lattmann U. P.: Lernziele und Unterrichtsvorbereitung. Freiburg 1971.

Zur Lektüre der Arbeit

Die wenig geläufigen Begriffe werden bei ihrem ersten Gebrauch durch eine Apposition im Text oder durch Umschreibungen in den Fußnoten erklärt. Spezielle Termini der Curriculumforschung sind überdies in einem eigenen Abschnitt am Schluß alphabetisch zusammengestellt und erläutert.

Die Arbeit ist nicht als erste Einführung, sondern systematisch nach dem Gesichtspunkt der Probleme aufgebaut. Deshalb erscheint die Übersicht über die verschiedenen Verwendungsweisen des Wortes Curriculum erst im Kapitel 2. B. von Teil I und nicht am Anfang. Für den Leser, der die Curriculumliteratur noch nicht kennt, bietet dieser Abschnitt „2. B. Unterschiedliche Begriffsbestimmungen und Definitionen" eine Einleitung, indem dort einige Wortfelder von Curriculum referiert werden.

Teil I

Das Curriculum als Gegenstand von Theorien

Aufgaben der curricularen Theoriebildung; Formen der Curriculumtheorien; Probleme der aktuellen Theorien des Curriculums

1. Die Problematik der Curriculumtheorien und die Zielsetzung der Untersuchung

A. Zur Vielfalt der Ansätze

Die Aussagen in der heutigen Literatur beziehen sich auf die unterschiedlichsten Aspekte des Curriculums. Im einen Falle ist es das Curriculum als Instrument der Unterrichtsplanung oder als Mittel zur Optimierung „einer Ökonomie schulischen Arbeitspotentials" (Musgrove 1968, 11). In einem anderen Falle handelt es sich beim Curriculum um den Ort, an dem die Lebensziele ganzer Personengruppen grundgelegt sind (z. B. Broudy, Smith, Burnett 1965 oder Smith, Stanley, Shores 1957).

Doch nicht nur die Aussagen- und Funktionsbereiche des Curriculums unterliegen einem divergierenden Verständnis. In einem viel größeren Maße gilt das für die Gesichtspunkte, unter denen die Fragen der Bildungsziele, der Lerninhalte oder der Lernorganisation, also der zentralen Themen des Curriculums, verhandelt werden[1]. Solche Aspekte, unter denen das Curriculum betrachtet und oft als Theorie dargestellt wird, sind zum Beispiel der Entscheidungsablauf, der bei der Lernzielfindung zu verwirklichen ist oder das Steuerungssystem, nach dem der im Curriculum vorgesehene Lernprozeß optimal zu verwirklichen, d. h. zu implementieren, ist oder die Zielvorstellung von Emanzipation.

Es gibt auch Curriculumtheorien, die von der Annahme ausgehen, daß es besser ist, in Begriffen oder Strukturen, als in weiter gefaßten Sachzusammenhängen zu lernen. Mehrere Curriculumtheorien be-

1 Eine solche Feststellung machte auch Hughes P.: Decisions and curriculum design. In: Educational theory. XII (1962, 187—192).

ruhen auf dem Gesichtspunkt, daß das Curriculum ein vielteiliges Gefüge von Tätigkeiten ist, und verwenden Modelle der „Operations research“ oder der Kybernetik.
Sowohl das, was man unter Curriculum versteht, wie die Gesichtspunkte und Bezugssysteme, unter denen man das Curriculum betrachtet, divergieren. Hier befindet sich die Curriculumforschung im Gegensatz zu anderen Forschungseinrichtungen. In der Intelligenzforschung hat man über viele Jahre ein relativ einheitliches Konstrukt als Untersuchungsgegenstand unterlegt und nur die Methoden variiert, so daß zumindest *eine* gemeinsame Verständigungsgrundlage gegeben war (vgl. Guilford 1967; Pawlik 1968). In der Curriculumforschung überziehen die Variationen sowohl den Untersuchungsgegenstand, die Methoden, die Interpretationsmuster von Untersuchungsbefunden wie das Theorieverständnis.
Die meisten Theorien, die für das Curriculum gebildet werden, stehen aber unter dem Anspruch einer allgemeinen Gültigkeit. Sie sollen oft für das Gesamt der curricularen Probleme gelten. Auch die Übertragbarkeit auf andere Schulsysteme und Länder ist nicht selten eingeschlossen, obwohl gerade beim letzteren aus rechtlichen und anderen Dispositionen grundsätzliche Unterschiede beobachtet worden sind[1].

Die Konsequenzen dieser Situation sind für die Pädagogen und Schulpolitiker, die sich mit konkreten Bildungsreformen beschäftigen, verwirrend. Die einen Curriculumtheoretiker sehen die Aufgabe der Curriculumreform nur als Problem der Unterrichtsorganisation oder der technologischen Mittel, die zur Verfügung stehen. Andere lassen diesen Aspekt völlig weg und setzen voraus, daß die Bedeutung des Unterrichts allein von den Lernobjekten abhängt. Diese Gruppe von

---

1 Bezogen auf England, Frankreich, Italien: Beauchamp G. A., Beauchamp K. E.: Comparative analysis of curriculum systems. Wilmette (Ill.) 1967.
Bezüglich USA, England, Schweden:
Huhse K.: Theorie und Praxis der Curriculum-Entwicklung. Berlin 1968 (Institut für Bildungsforschung).
Auf der Sekundarstufe:
OCDE: L'enseignement secondaire. Paris 1969.

Autoren befaßt sich folglich mit den Fächern, den zu behandelnden Themen und läßt außer acht, wie der Lernvorgang organisiert sein soll oder kann.

Bei der Betrachtung der widersprüchlichen Positionen zeigen sich zahlreiche Fragen, die geklärt werden müssen, bevor einzelheitliche Handlungsanweisungen für die Praxis der Curriculumentwicklung formuliert werden können. Solche Fragen sind Gegenstand der vorliegenden Untersuchung.

Es geht z. B. um das Verhältnis der Lernobjekte zu den Lernverfahren. In der angelsächsischen Literatur heißt das Gegensatzpaar „content" und „learning experience" (Wheeler 1967). Es geht auch um die Frage nach jenen Bereichen, die überhaupt im Curriculum fixiert werden sollen. Sind es nur einige zentrale Unterrichtsthemen wie im englischen Syllabus oder in vielen deutschsprachigen Lehrplänen? Oder besteht das Curriculum aus einem allseitig informierenden Lehrmittelsystem wie im schwedischen Mathematikprogramm IMU (1967 ff.) oder den ostdeutschen Lehrplänen, welche die Lehreraktivitäten oft bis auf einige Minuten genau vorbereiten?

Dahinter erscheint die tiefer liegende Frage: welche Komponenten umfaßt das Curriculum? Und noch tiefer: kann man überhaupt Unterricht objektivieren und in Texten kodifizieren oder kann letztlich jeder Lehrer nur für sich allein die pädagogischen Entscheidungen fällen? Damit verbindet sich das Problem, ob Unterricht überhaupt planbar ist oder ob er nicht stets eine Einmaligkeit darstellt. Die Antwort auf dieses letzte Problem ist schon häufig gegeben worden und lautet in einer mittleren, nicht extremen Position: Unterrichtsprozesse bilden eine gewisse Einmaligkeit, aber dennoch läßt sich eine Anzahl von relativ überdauernden Elementen feststellen. (Eine solche Position nimmt Winnefeld (1957) ein; ähnlich Oliver 1969; historisch: Schloz 1966.)

Neben dieser grundsätzlichen Unsicherheit über die Planbarkeit von Unterricht im Curriculum erscheint nun aber die Tatsache, daß zahlreiche Theorien und theorieähnliche Aussagesysteme normative, vorschreibende Theorien im Sinne von Beauchamp (1968) sind und sich nicht auf Erklärung von Phänomenen und den Aufweis von Problemen beschränken (Grandstaff 1968, 35 f). Typisch für eine solche präskripitive Theorie ist das „begriffliche Rahmensystem" von R. Emans (1968). Emans bezeichnet zwar sein Aussagesystem als „conceptual framework", macht aber nicht den Unterschied wie Goodlad und Richter (1966) zwischen „conceptual framework" und „Theorie" bezüglich Realitätsbezug und empirischer Überprüfbarkeit, sondern bietet seine Sätze als sichere Erkenntnisse an, weshalb wir Emans Entwurf hier als Theorie ansehen. Es informiert den Leser darüber, wie ein Curriculum zu konstruieren sei: zuerst sind die Lernziele zu bestimmen, dann die „curricularen Erfahrungen" auszuwählen, die Organisationszentren[1] zu fixieren und schließlich das Schema für die Abfolge der Lernschritte, die sogenannten Lernsequenzen, zu entwerfen (Emans 1968, 35).

An diesem Beispiel, das um andere wie Oliver (1969) oder Neagly, Evans (1969) erweitert werden kann, werden die Fragen deutlich, um die sich die Untersuchung dreht: *Auf welche Erkenntnisform stützt sich die Theorie ab? Wie werden „Curriculum" und „Theorie" verstanden, daß sich Handlungsanweisungen formulieren lassen?*

Im weiteren stellt sich auch die alternative Frage: *Sind die bestehenden Theorien des Curriculums überhaupt Theorien, wenn man darunter z. B. Aussagesysteme versteht, die Phänomene erklären, oder handelt es sich nicht vielmehr um Systeme, welche einige Elemente verbinden, oder um Algorithmen, die Anweisungen zur Abfolge von Tätigkeiten liefern?*[2]

---

1 Englisch: organizing center; ist „eine besondere, zielgerichtete Lernsituation, die für mehrere bestimmte oder einen einzigen Schüler geschaffen worden ist" (Goodlad, Richter 1966, 18).

2 Eine Theorie ist eine Anzahl von Sätzen, die Gesetze und/oder Prinzipien erklären (die sich auf Wirklichkeit beziehen), aber nicht allein bzw. direkt von diesen abgeleitet sind.
Ein System ist eine Gruppe von Elementen, die in Interaktion stehen (nach Bertalanffy 1956).
Diese begrifflichen Explikationen werden in den nächsten Kapiteln zunehmend erläutert.

B. Die Grundfrage an die Curriculumtheorien

Die Aspekte des Einleitungsabschnittes lassen sich in einer Doppelfrage zusammenfassen: *Wie muß eine Theorie des Curriculums gestaltet sein, sofern das Curriculum überhaupt in Form einer Theorie erfaßt werden kann?*
Unter diese Generalfrage fallen die inhaltlichen wie die formalen Gesichtspunkte. Elisabeth S. Maccia beschränkt sich bei ihren curriculumtheoretischen Analysen oft bewußt auf den formalen Aspekt, indem sie nicht Aussagen etwa zum Thema der Lernzieldefinition, sondern nur zum Verfahren der Theoriebildung über die Lernzieldefinition macht (Maccia 1965 a; Maccia et al. 1963; Maccia et al. 1966).
Beauchamp erstellt im ersten Teil seiner „Curriculum theory" (1968) ein Kriteriensystem für die Bildung einer Curriculumtheorie im Sinne einer formalen Beschreibung der Entstehung der Theorie. Im zweiten Teil grenzt er relativ unvermittelt mehrere curriculare Fragestellungen ab und entwirft inhaltlich bestimmte (Teil-) Theorien, so daß dem Titel des Buches entsprechend eine Curriculumtheorie vorgelegt wird.

Das Ziel der vorliegenden Arbeit beschränkt sich nicht auf die Diskussion der formalen Probleme der Theorienbildung, tendiert allerdings auch nicht auf die anspruchsvolle Aufgabe einer eigenen Curriculumtheorie.

1. Der erste Gesichtspunkt, nach dem die Curriculumtheorien analysiert werden, ist der *wissenschaftsmethodische Aufbau.* Die Theorienbildung steht im Vordergrund. Daneben kommt der Bildung von Systemen, Algorithmen, Modellen[1] und ähnlichen Aufbauformen eine große Bedeutung zu, da verschiedene Aussagesysteme über das Curriculum nicht den Anspruch von Theorien erheben.
   Die Auseinandersetzungen mit den Curriculumtheorien und die Vorschläge für die Entwicklung künftiger Theorien basieren nicht auf einer Theorie der Theorienbildung, gleichsam auf einer Metatheorie,

1 Ein Modell ist eine Abbildung von angenommenen und/oder beobachteten Beziehungen zwischen Eigenschaften, oder von Prozessen mit Hilfe von graphischen oder symbolischen (z. B. mathematischen) Darstellungen.

und auch nicht auf einem fixen Modell der Theorienbildung wie z. B. der „retroduktiven Methode" von E. S. Maccia (1965c). Wir entwickeln eine Definition von Curriculum und Theorie sowie ein Methodensystem für die curriculare Theorienbildung, das wir als Bezugsrahmen für die Analysen benutzen. Die Funktionen der Definitionen und des Systems sind hauptsächlich heuristischer Natur.

2. Der zweite Gesichtspunkt, der an die Curriculumtheorien angelegt wird, ist der *thematische Ansatz* oder *die Bildung von Konstrukten.* Er ist notwendig, weil der Gegenstand der Theorienbildungen in Unklarheit liegt. Konkret stellt sich das Problem als Frage u. a. so dar: Sind die Entscheidungen bei der Curriculumkonstruktion oder die Kodifizierungsformen, d. h. das Komponentensystem, oder die Steuerung der Curriculumrealisierung zentrales Objekt? Oder kann man den Curriculumprozeß insgesamt von der Lernzielfindung bis zur Schlußevaluation als ein einziges Objekt der Theorie begreifen?

   Wer eine Theorie, ein System oder eine andere Erfassungsform wählt, muß also das Curriculum oder Ausschnitte davon thematisieren. Er muß häufig ein Konstrukt formulieren. Das ist ein Satz oder Begriff, der Beziehungen oder Variablen zusammenfassend darstellt. Dabei entsteht das Problem der gegenseitigen Abhängigkeit zwischen a) diesem thematischen Ansatz oder Konstrukt und b) der Wahl von Theorie, System, Algorithmus oder einer anderen Objektivierungsform und c) der Methode, mit der man b) erreichen will.

Der Fragestellung, welche aus diesen beiden Gesichtspunkten erwächst, ist eine Grenze gesetzt. Es ist die gesellschaftliche Veränderung, in der sich Curriculumpraxis wie Curriculumtheorie bewegen müssen. Da Curriculumtheorie im weiteren Sinne auch gesellschaftlich bedeutsam ist und in vielen Aspekten als Gesellschaftstheorie angesehen werden kann, ergibt sich der Konflikt zwischen Curriculumtheorie und sozialer Struktur, wie ihn C. Washburne (1958) oder J. M. Gwynn (1960) beschrieben haben.

Die Curriculumtheorie basiert weitgehend auf der Analyse von Vergangenheit und Gegenwart, im besten Falle von Erziehungswirklichkeit etwa im Sinne von Brezinka (1964). Der soziale Bezugsrahmen, in dem sich Curriculumtheorien etablieren, unterliegt einem mehr oder weniger andauernden Prozeß, der in sich bislang erst ansatzweise eingefangen werden konnte. Da die Untersuchung vor allem vorhandene Theorien zum Gegenstand hat, würden sich Verfahren anbieten, welche die Zusammenhänge aufdecken, die zur Erstellung der Theorien geführt haben. Man könnte vielleicht die Wissenssoziologie einsetzen, die hilft, die gesellschaftlichen Bedingungen von Erkenntnisbeständen und Systemen zu erhellen (vgl. Gurvitch 1966). Es ist auch denkbar, das Verfahren von A. H. Maslow (1966) anzuwenden, der die Entstehung von wissenschaftlichen Systemen tiefenpsychologisch deutet. Überlegungen, welche solchen Methoden nahestehen, werden an verschiedenen Stellen auftreten, doch nicht als durchgehendes methodisches Prinzip.
Zusammenfassend ist zu sagen, daß sich angesichts des jetzigen Standes der wissenschaftlichen Erkenntnis der Schatten des eigenen (sozialen) Lernprozesses nicht überspringen läßt. Doch soll versucht werden, die Triebkräfte und Richtungen der Lernprozesse bzw. sozialen Veränderungen als z. T. unkontrollierte Variable mitzudenken und im Idealfall vorläufig als hermeneutischen Betrachtungsrahmen zu berücksichtigen.

C. Der Einzugsbereich der Curriculumtheorien

Um nicht zum voraus durch eingrenzende Vorentscheidungen einen Großteil der Theorienansätze auszuschließen, sind im Prinzip alle ausgebauten Theorien, alle Erkenntnisbestände mit Theorieanspruch und alle Entwürfe zu Theorien zu berücksichtigen, wozu auch die sogenannten begrifflichen Systeme nach der Art von Goodlad, Richter (1966), Emans (1968) oder Robinsohn (1969) zählen.
Zahlreiche „designs“ und Systeme, welche die Komponenten des Curriculums beschreiben, bilden eine Kategorie, die mit den „begrifflichen

Systemen“ (conceptual frameworks) verwandt ist. Solche „designs“ stammen z. B. von V. E. Herrick (1965, 20), J. F. Kerr (1968) und H. Taba (1962). Dazu gehören auch die „Basic principles of curriculum and instruction“ von R. W. Tyler (1949). Diese Systeme und Modelle gehen soweit in die Untersuchung ein, als sie einen gewissen Theorieanspruch vertreten.

Bei der Auswahl spielt der Gegensatz von „inner-“ und „außercurricularen“ Ansätzen eine Rolle. Die „außercurricular“ fundierten Theorien werden nur spärlich berücksichtigt, weil sie die gesamten Begründungen und Zielsetzungen bezüglich Theorienbildung außerhalb des curricularen Feldes lokalisieren, z. B. in der Anthropologie, der philosophischen Ethik, der Staatslehre oder der Persönlichkeitspsychologie, um nur einige Anweisungen in das curriculare Gebiet abzugeben[1]. Mit der methodisch verstandenen Unterscheidung zwischen inner- und außercurricularen Theorien ist keineswegs vorentschieden, daß es eine eigenständige, im Gegensatz zu einer fremdständigen, quasi extralokalen Theorie des Curriculums gibt. Die beiden Begriffe bilden vielmehr Pole, zwischen denen sich viele der vorhandenen Theorien ansiedeln lassen. Die Unterscheidung ist notwendig, weil es ungezählte Theorien über die Gesellschaft, die Persönlichkeit, die Kultur, die Religionen und andere Gebiete gibt, die in einigen Sätzen oder Kapiteln Konsequenzen für das Curriculum ableiten, aber hier nicht behandelt werden können. Die Tendenz bei der Auswahl zielt also auf jene Theorien, welche den Gegenstand eher in der Thematisierung von Aspekten, z. B. Prozessen oder Zuständen, des Curriculums suchen und auch die Begründungen darauf beziehen. Es geht bei der Untersuchung ja wesentlich um die Frage, ob es überhaupt eine Theorie des Curriculums geben kann.

Projekte der Curriculumentwicklung, welche nicht ausdrücklich mit einer Theorie verbunden oder als Experiment bezeichnet sind, welches zur Absicherung einer Theorie führt, werden nicht in die Untersuchung aufgenommen. Eine solche Arbeit erscheint auch deshalb nicht opportun, weil bereits K. Huhse (1968) und auch Mickel (1968) für den deut-

---

1 Der Begriff der inner- und außercurricularen Theorien wird in den Abschnitten I, 4, 5 näher diskutiert.

schen Sprachraum einen ersten, wenn auch notwendigerweise unvollständigen, Versuch realisiert haben, Projekte u. a. von Schweden, den USA und England in ihrem Verhältnis von Theorie und Praxis zu sichten. In nächster Zeit ist eine umfangreiche Arbeit von D. Elbers (Berlin) zu erwarten, welche Projekte in den USA behandelt.

Die eigenen Primäruntersuchungen und theoretischen Ansätze aus der „Freiburger Arbeitsgruppe für Lehrplanforschung" (FAL) bilden nur einen kleinen Teil des verwendeten Materials, sollen aber behandelt werden, wenn sie Erkenntnisse oder Probleme vermitteln, die für den Fortgang der Arbeit förderlich sind.

Die englische und deutsche Literatur steht im Vordergrund, weil in diesen beiden Sprachgebieten die curriculare Fragestellung am intensivsten thematisiert ist. Die englische (auch skandinavische) Literatur überwiegt gegenüber der deutschen wegen des mehrfachen Einzugsbereiches und der längeren wissenschaftlichen Auseinandersetzung mit dem Curriculum in diesen Gebieten.

Die deutschsprachige Pädagogik zentrierte ihre Bemühungen um den Unterricht über Jahrzehnte auf die didaktischen Fragen. Die deutschsprachige Didaktik war seit dem Anfang des Jahrhunderts bis in die fünfziger Jahre vorwiegend geisteswissenschaftlich orientiert. Ihre Hauptfrage richtete sich auf die Begründung und Gestaltung der Bildungsinhalte, z. B. in Form von Bildungskategorien (Derbolav 1960; Klafki 1964). Wenn man den Begriff Didaktik weit faßt, unterscheiden sich in neuerer Zeit drei Ausprägungen von Didaktik, welche H. Blankertz (1969, 15ff.) als bildungstheoretisch, informationstheoretisch und lerntheoretisch kennzeichnet. In diesem breiteren Spektrum kommen mehr curriculare Fragestellungen zum Vorschein als in der klassischen Didaktik.

In der Curriculumtheorie sind jene didaktischen Systeme, Theorien und Modelle zu behandeln, die nicht nur instrumentellen Wert besitzen, sondern in Hinsicht auf die curricularen Themen im Bereich der Bildungsziele, Lernobjekte und -organisationsformen geöffnet sind. Wir werden hauptsächlich die geisteswissenschaftliche Lerntheorie unter besonderer Berücksichtigung von E. Weniger (1951) und einige informationstheoretische Ansätze eingehender darstellen. Ausführliche Analysen der deutschsprachigen Didaktik haben u. a. S. B. Robinsohn

(1967), K. E. Nipkow (1968) und H. Blankertz (1969) vorgelegt, weshalb dieser Bereich nicht in den Vordergrund gestellt wird.

Die meisten Grundlagen für die vorliegende Untersuchung stammen aus der englischen und deutschen Literatur, welche sich ausdrücklich mit dem Curriculum und seinen Problemstellungen beschäftigt. Doch was die einzelnen Autoren unter dem Begriff Curriculum verstehen, ist sehr vielfältig und bestimmt schon häufig die Form der Theorie. — Oder verhält sich der Sachverhalt umgekehrt, indem nicht der Begriff die Theorie bestimmt, sondern die Vorstellung von der Theorie den Begriff?

2. Der Begriff Curriculum

A. Zum Verhältnis von Theorie und Begriff des Curriculums

Die vorhandene Literatur scheint folgende Tendenz aufzuweisen:

a) Soll die Theorie Prozesse oder Zustände erklären oder zumindest beschreiben, wird der Begriff eng gefaßt.
b) Soll die Theorie Aspekte oder Bereiche systematisch in Verbindung bringen oder die Tätigkeiten im Curriculumprozeß ordnen, erfährt der Begriff eher eine weite Interpretation. Zum „Curriculumprozeß" gehören meistens alle Ereignisse und Handlungen von der Entscheidung, ein Curriculum zu erstellen, bis zur Evaluation der Lernergebnisse.

Im Falle a), wo vorwiegend empirische Methoden der Theorienbildung eingesetzt werden, ist zu beobachten, daß der Begriff Curriculum aufgegliedert oder problematisiert wird. G. A. Beauchamp, der eine empirisch begründete Theorie anstrebt, grenzt den Einzugsbereich ein und versteht unter Curriculum primär ein Dokument, d. h. die *kodifizierte Form der beabsichtigten Bildung* (Beauchamp 1968, 77). Er schränkt zudem diesen Begriff auf zwei Bereiche ein: „Der erste hat mit dem gesamten Inhalt und Aufbau des Textes zu tun. Der zweite ist in Wirklichkeit ein Teil des ersten; es handelt sich um die strukturierte Darstellung des Lerngegenstandes (subject matter)" (Beauchamp 1968, 77ff.). Beauchamp nimmt diese „Operationalisierung" vor, um über eindeutigere Variablen und Konstrukte für die Experimente zu verfügen. Daneben anerkennt er mehrere Aspekte des Curriculums, die er aber nicht als theoretisch erfaßbar betrachtet.

Eine ähnliche Konzentration des Begriffes läßt sich im Aufsatz von M. Johnson über die Definitionen des Curriculums beobachten (1967, 129). Er kritisiert T. L. Faix (1966) und J. B. Macdonald (1964), weil sie nach seiner Ansicht nicht genügend zwischen Curriculumkonstruktion und dem Curriculum als Produkt dieser Konstruktion, z. B. als Dokument, unterscheiden. Er differenziert die beiden Bereiche, um bessere Ausgangslagen für die Theorienbildung zu erhalten. In der Kritik von Johnson ist allerdings kaum beachtet, daß Macdonald nicht eine an Hypothese und Verifikation orientierte Theorie, sondern eher ein System entwickeln will, das die Elemente des Curriculums organisiert.

Einen grundsätzlich weiten Begriffsrahmen geben sich B. O. Smith, W. O. Stanley und J. H. Shores (1957) für ihre „Fundamentals of curriculum development". Allerdings wechseln bei ihnen die Wortbedeutungen je nach dem Realitätsbezug. Das Spektrum reicht von Curriculum als „schulischer Lernprozeß" bei philosophischen und ethischen Darlegungen bis zum Curriculum als „Plan von Unterrichtssequenzen".

Diese kurze Illustration des Verhältnisses zwischen Theorienverständnis und Begriff des Curriculums kann die Problemstellung der Theorienbildung verdeutlichen. Es könnte hier eine Reihe weiterer Fragen angeführt werden, etwa die nach dem Theoriebezug des Begriffes Curriculum, wenn sich die Curriculumtheorie als axiomatisches System versteht, aus dem nach bestimmten Regeln der Verknüpfung und Ableitung Deduktionen vorgenommen werden. Oder die Frage: Welche Inhalte erhält das Wort Curriculum, wenn man versucht, eine sogenannte Realdefinition zu formulieren? Wie muß der Begriff aufgebaut und vorausbestimmt sein, wenn die Theorienbildung die retroduktive Methode im Sinne von Maccia et al. (1966) verwendet, indem sie bekannte Theorien anderer Bereiche auf ihre konstitutiven Elemente zurückführt, um diese als Modell für eine Theorie zu betrachten und auf das Curriculum zu übertragen? Wie wird der Begriff Curriculum verstanden, sofern nur zwischenmenschliche Überprüfbarkeit sinnvolle Sätze garantiert, oder wenn nach K. R. Popper (1966, 15) die intersubjektive Kontrollierbarkeit zwar kein „Sinn-", aber doch ein „Abgrenzungskriterium" bildet? Welche inhaltliche Bestimmung erfährt

das Wort Curriculum, wenn Curriculum zum voraus im ingenieurwissenschaftlichen Sinne als Planungs- und Programmierungsbereich angegangen wird, um dabei die Systemtheorie, den Regelkreis bzw. die Kybernetik, die Informationstheorie oder Spieltheorie anzuwenden[1]? Die Beantwortung solcher Fragen führt zu einer Abhandlung des Verhältnisses von Theorieformen und der begrifflichen Fassung von Curriculum. Würden wir den Weg weiterverfolgen, könnte man bereits in formaler Diskussion einige Konsequenzen über die Möglichkeit von Curriculumtheorien und das dazu notwendige Vorverständnis einholen. Man könnte damit unter wissenschaftsmethodologischen Gesichtspunkten eine gewisse Legitimierung oder Ablehnung des Begriffes Curriculum erreichen.
Dieser Aspekt soll nicht fallen gelassen werden, doch auf die konkrete Auseinandersetzung mit den einzelnen Theorien aufgespart werden. Das Begriffsverständnis und seine Beziehung zur Theorieform steht bei der Behandlung aller Theorien mit im Zentrum. Die Fragen „des Vokabulars sind immer noch eines der Hauptprobleme in der Curriculumtheorie“ (Johnson 1967, 128).
Tatsache ist, daß das Wort Curriculum sowohl in der Alltags- wie in der Wissenschaftssprache existiert. Es sind hunderte von Sinndeutungen und Wortfeldern zu identifizieren. Eine Sammlung der wissenschaftlichen Definitionen von „Curriculum“ müßte wie jene von G. W. Allport (1947) zum psychologischen Terminus „Persönlichkeit“ viele Dutzend umfassen. Schon 1960 trug B. Novak 98 Definitionen von Curriculum zusammen (Novak 1960; zit. bei Oliver 1969, 18).

---

1 Dieses letzte Problemgebiet ist von Nicklis in Hinsicht auf Didaktik eingehend dargestellt worden:
Nicklis W. S.: Kybernetik und Erziehungswissenschaft. Bad Heilbrunn 1967.
Die besondere Bedeutung des ingenieurwissenschaftlichen, technologischen Ansatzes hat Flechsig herausgearbeitet. Vgl. besonders Flechsig K.-H.: Die technologische Wendung in der Didaktik. Konstanz 1969,21.

B. Unterschiedliche Begriffsbestimmungen und Definitionen

A. I. Oliver hat sieben Begriffsbestimmungen von Curriculum zusammengestellt. Er hat sie nach dem Gesichtspunkt des inhaltlichen Umfangs hierarchisch geordnet. Im inhaltlich weitesten Sinne besteht das Curriculum aus „allen (Lern-) Erfahrungen, welche das Kind erhält, ohne darauf zu achten, wann oder wie sich die Erfahrungen abspielen“ (Oliver 1969, 5). Im engsten Sinne umfaßt das Curriculum „jene Kurse, welche ein Individuum, wie z. B. die Schüler Hans und Peter“ (Oliver 1969, 5) besuchen.

Der weiteste, von Oliver genannte Begriff, erscheint in der wissenschaftlichen Literatur selten. Er wird von den Theoretikern abgelehnt, weil damit das gesamte Erfahrungsfeld des Schülers in die Theorie eingehen müßte, was gegenwärtig als unmöglich erachtet wird. Deshalb schränkt man den Begriff Curriculum im allgemeinen auf den schulischen Erfahrungsbereich ein. Dabei kommt es in der amerikanischen Literatur vor, daß Curriculum mit „schooling“ gleichgesetzt wird. Meistens handelt es sich um populärwissenschaftliche Schriften oder um Handlungsanweisungen für die Praxis. Zum Curriculum gehören dann alle Lernerfahrungen in der Schule, so auch jene in der Pause oder auf dem Schulweg. Insbesondere fallen auch sozialpädagogische Momente darunter (vgl. Harap 1952).

Die Gleichsetzung von Curriculum und „schooling“ erleichtert zwar die Abgrenzung des Gegenstandes, ist aber für die Curriculumtheorie nach Grandstaff (1968, 37) fruchtlos, weil die Entwicklung des Curriculums und dessen Darstellung aus dem Blickwinkel fällt. Das Wort „schooling“ ist umfassender als Curriculum, aber bedeckt nicht den gesamten Bereich von Curriculum. Das wird im Schema von A. R. King und J. A. Brownell (1966, 119) deutlich, welche an die Spitze einer Begriffspyramide „Erziehung und Bildung“ (education) stellen, um darunter „schooling“[1] und „andere Formen von Erziehung und

---

1 Da „schooling“ im weiteren Verlauf der Arbeit nicht von besonderer Bedeutung ist, wird der englische Ausdruck nicht übersetzt. Man könnte ihn etwa mit „schulische Erziehungs- und Bildungsmaßnahmen“ umschreiben.

Bildung“ zu lokalisieren. Das „schooling“ verzweigt sich in „Curriculum“ und „Nicht-Curriculum“.

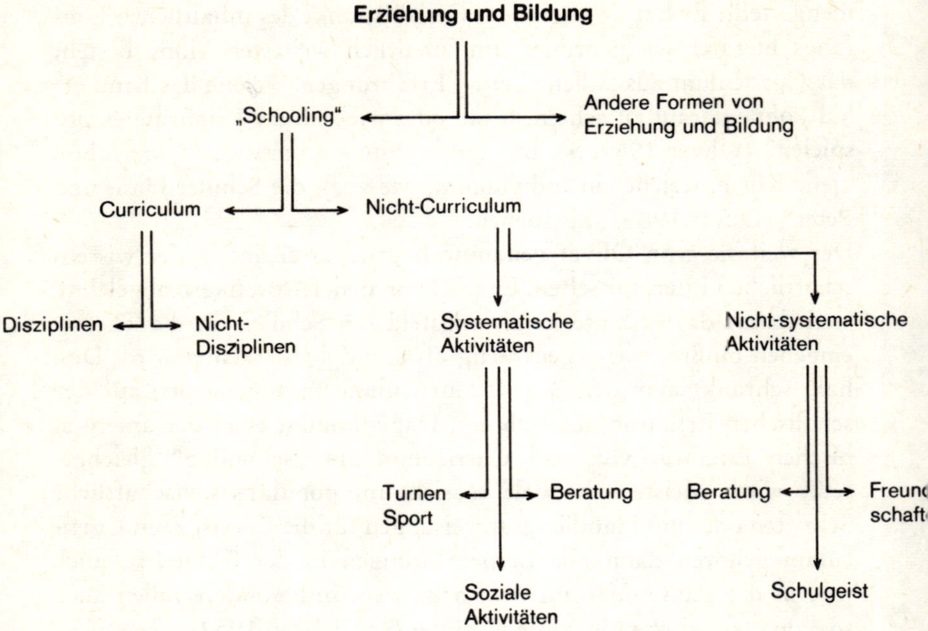

Das Schema ist im jetzigen Zusammenhang nur von oben bis zur Ebene von „Curriculum“ und „Nicht-Curriculum“ bedeutsam. Die Spezifikationen von Curriculum und Nicht-Curriculum unterliegen dem sehr weitreichenden Vorverständnis der Autoren, daß „die Schule ein Mikrokosmos der Welt des Intellekts“ (1966, 119) sei. Es handelt sich um ein theoretisches Vorverständnis, welches inhaltliche Strukturen des Curriculums berührt und im folgenden Teil II behandelt wird.

Die Verhältnisbestimmung, welche King und Brownell zwischen „schooling“ und Curriculum vornehmen, entspricht einer Mehrzahl von Definitionen des Curriculums. Die Auffassung, daß Curriculum im Horizont der Schule zu sehen ist, aber gleichwohl über die schulischen Aktivitäten, etwa von Lehrer und Schüler, hinausgeht, zwingt keineswegs zu einer engen Definition. Der Spielraum ist so weit, daß praktisch alle Verständnisformen Platz finden. Wir möchten diese These anhand einer einfachen Systematisierung des Verständnisses von Curriculum verdeutlichen.

Der Begriff Curriculum scheint hauptsächlich in 3 Verwendungsbereichen unterschiedliche Deutungen zu erfahren:
1. in der Umgangssprache,
2. in der Unterrichtstechnologie bzw. angewandten Wissenschaft,
3. in der an Theorie orientierten Wissenschaft.

1. *In der Umgangssprache* und in der Literatur, welche sich auf die Durchführung von Unterricht bezieht, ist Curriculum ein Programm, das es zu realisieren gilt oder sich in Realisierung befindet. Im Vordergrund steht die handwerkliche Verwirklichung von vorgegebenen Richtlinien oder detaillierten Programmen, d. h. die sogenannte Implementation des Curriculums. Doch das Ziel ist noch nicht erfüllt. Die Absicht, ein Lernziel zu erreichen, ist präsent. Ob das Ziel je voll realisiert wird, ist unklar. Es ist auch kein Problem, wie und nach welchen Kriterien der Erfolg abgeschätzt werden könnte. Es dominiert der Aspekt, eine intendierte Bildung zu verwirklichen.
Ein solches Verständnis von Curriculum spiegelt z. B. der Artikel „Curriculum" in Colliers encyclopedia (1969). Unter den erziehungswissenschaftlichen Publikationen ist der Begriff von A. I. Oliver (1969, 3ff.) typisch[1]. Er verwendet unter anderem folgende Sätze zur Beschreibung von Curriculum: „Es ist das Programm, welches von der Schule benutzt wird, um sinnvoll ihre Zielvorstellungen zu erfüllen" (1969, 12). Curriculum ist die „geplante Umgebung in der Schule" (1969, 13).

2. *Im Verwendungsbereich der Schultechnologie* und angewandten Wissenschaft im Sinne von K.-H. Flechsig (1969) stellt das Curriculum wesentlich ein Planungsobjekt dar. Das Curriculum wird als Unter-

1 Wobei zu beobachten ist, daß Oliver Curriculum nur in der einführenden Begriffsbestimmung so weit faßt und in mehreren späteren Kapiteln im Sinne der zweiten und dritten Verwendungsweise problematisiert.

richtsprogramm begriffen, welches a) zu entwickeln, b) zu kodifizieren und für die Implementation zu präparieren und c) zu realisieren ist.

Während im umgangssprachlichen Verständnis der Schwerpunkt auf dem einzelnen Kurs liegt, verschiebt er sich hier auf den Prozeß der Curriculumentstehung und -implementation. Die verschiedenen Arbeitsphasen, die Organisation der einzelnen Funktionen und die Evaluation treten als zentrale Aspekte hervor. Das Curriculum wird nicht in einer fertigen Theorie entworfen und in seiner Gültigkeit ausgewiesen, um davon die Praxis abzuleiten oder aus in der Theorie vorproduzierten Elementen die Praxis zu komponieren. Die Gültigkeitsprüfung wird weniger in einer Theorie gesucht als in einem Evaluationsprozeß. Als Kriterien dienen z. B. Gesetzmäßigkeiten aus anderen Wissenschaftsgebieten oder politisch motivierte Ziele. Häufig bieten sich auch Binnenkriterien an, so die Funktionstüchtigkeit der Verfahren zur Curriculumkonstruktion.

G. A. und K. E. Beauchamp haben ihrem Vergleich von Curriculumsystemen in England, Frankreich und Italien einen solchen Begriff von Curriculum zugrundegelegt. Sie berücksichtigen bei ihren Analysen „Curriculum, Instruktion und Evaluation“ (1967, 79). Ähnlich ist das Curriculumverständnis im „Handbook for effective curriculum development“ von R. L. Neagly und N. D. Evans (1969). Bei H. Taba (1962) wie bei vielen anderen Autoren wechselt das Wortverständnis zwischen der umgangssprachlichen Art (1), der technologischen Art (2) und der dritten, in der relativ eingegrenzte Bedeutungen vorkommen.

3. *Die Begriffsbestimmung in der an Theorien orientierten Wissenschaft* bezieht sich ebenso wie jene der beiden ersten Verwendungsbereiche auf die curriculare Wirklichkeit. Wie die „Wirklichkeit“ zu interpretieren ist, sagen jeweils die erkenntnistheoretischen und wissenschaftsmethodischen Konzeptionen. Immerhin läßt sich eine Tendenz beobachten, welche trotz der verschiedenen Erkenntnistheorien eine gemeinsame oder zumindest ähnliche Festlegung des Begriffes ergibt. Curriculum ist beabsichtigtes Lernresultat (intended learning outcomes), wobei die beabsichtigten Lernresultate geordnet sind.

M. Johnson, der eine Definition in dieser Richtung formuliert hat, spricht von einer „strukturierten Serie von beabsichtigten Lernprodukten" (1967, 130). Doch besteht in der übrigen Literatur keineswegs ein Konsens darüber, daß die beabsichtigten Lernprodukte „strukturiert" sein müssen. Sie können auch in einfachen Sequenzen, d. h. einer Abfolge von Lerneinheiten, dargestellt sein. Sicher hingegen ist der Aspekt der „Darstellung".
Die Darstellung der beabsichtigten Lernprodukte bildet den Mittelpunkt. Es ist das, was man in der deutschen Terminologie als „Kodifizierung" bezeichnet oder was G. A. Beauchamp (1968, 77) „Dokument" nennt. Die Form der Kodifizierung ist variabel. Es können Richtlinien, Lehrbücher mit ausgearbeiteten Unterrichtsdispositionen, Skinner- oder Crowder-Programme, Stoffpläne oder auch Lernzielkataloge sein. Entgegen der Auffassung von M. Johnson, das Curriculum präsentiere sich in Form von Beschreibungen von Lernprodukten, etwa als Verhaltensweisen oder Verhaltensdispositionen, dürfte die Frage heute noch offen sein, welche Informationen das Curriculum enthält. Allein im Falle, daß Lernprodukte im Curriculum genannt sind, bieten sich mehrere Varianten an, wenn man die verschiedenen Arten von Lernzielen betrachtet (vgl. Möller 1969, 47f.; Wood, Skurnik 1969, 95ff.; Dickson et al. 1968).

Allen drei genannten Verwendungsbereichen des Wortes Curriculum scheint ein Aspekt gemeinsam zu sein, die *Bildungsabsicht*. In keinem Wortfeld markiert Curriculum den fertigen Lernprozeß, der ein Ziel mit Sicherheit erreicht hat. Curriculum enthält immer einen Teil intendierte Bildung und Erziehung. J. I. Goodlad und M. N. Richter haben diese Konstante am bisherigen Begriff Curriculum über einen anderen Anweg belegt. Sie betrachteten das Curriculum im weitesten Sinne unter dem Gesichtspunkt, den die Personen einnehmen, welche mit dem Curriculum in Verbindung stehen. Sie haben die Schüler, Lehrer, Abnehmer von Schülern, Politiker und andere Gruppen berücksichtigt und daraus gefolgert: Es gibt nur ein Element, das für alle im Gesichtsfeld liegt und an dem alle irgendwie interessiert sind, die beabsichtigten Lernergebnisse (1966, 11f.). Das dürfte für den Fortgang der Untersuchung aber nicht heißen, daß beim Komplex

„Curriculum" nur die beabsichtigten Lernprodukte als Gegenstand genommen werden, zumal einige Wissenschaftler, die eine Theorie des Curriculums anstreben, nachgewiesen haben, daß diese Sinndeutung keine Basis für eine Theorie liefert, außer daß sich einige allgemeine Sätze nach der Art globaler Handlungstheorien formulieren lassen. Diesen Beleg hat eindeutig Grandstaff (1968, 35f.) geliefert. Die Ablehnung einer Definition „Curriculum ist das beabsichtigte Lernprodukt" beruht dennoch hauptsächlich auf methodischen Gründen.

Die Definition ist zu eng, um sie an die verschiedenen existierenden Theorien heranzutragen und mit ihrer Hilfe Analysen vorzunehmen. Möchte man eine eigene Theorie des Curriculums entwickeln, die sich die „beabsichtigte Bildung" zum Thema macht, fehlt das gedankliche Instrumentar. Die philosophischen Kategorien, etwa des „intellectus agens", der existenzphilosophischen Intentionalität in ihren unterschiedlichen Ausprägungen oder der Werttheorien, müßten durch viele Elemente ergänzt werden, bis sie auf den Spezialfall Curriculum übertragbar wären. Aussichtsreich müßten eher die psychologischen Theorien zum „operant behavior" in Verbindung mit der Zeitperspektive erscheinen. Doch dann fällt der soziologische Aspekt aus. Überdies dürften die psychologischen Erkenntnisse noch nicht auf das komplexe Feld des Curriculums mit seinen vielen Determinanten zu verallgemeinern sein. Ähnliches gilt für die soziologischen Theorien des Handelns, wobei allerdings denkbar ist, daß diese zusammen mit den angesprochenen psychologischen Theorien in einem curricularen Bezugsrahmen Beiträge leisten könnten.

G. A. Beauchamp, der eine empirische Theorie aufbauen wollte, beschränkte die Bedeutung ausschließlich auf Curriculum als Dokument (1968, 77). Doch hier ergibt sich das Problem der zugehörigen Randgebiete: Wie kommt es zu diesem Dokument? Gehört die Entstehung des Curriculums nicht in die Theorie, weil sie durch eine differenzierte Theorie der Kodifizierung aufgefangen werden kann?

G. A. Beauchamp zieht aus seiner Eingrenzung die Konsequenz, daß er den Ausdruck „design" mitverwenden muß. Das „design" ist nach Auffassung des Autors umfassender. Es gewährleistet die Berücksichtigung der Entwicklungs- und Realisierungsphase. H. Taba nimmt

ebenfalls das „design“, d. h. eine Art globales Handlungssystem, zu Hilfe, ohne aber eine theoretische Rechtfertigung vorzulegen. Betrachtet man den Entwurf von Taba für ein „Curriculumdesign“ (1962, 9 f., 413 ff.), wird der Eindruck erweckt, das „design“ bestimme die Entwicklung und Implementation des Curriculums und damit auch das Curriculum vollständig (obwohl Taba in den Kapiteln über die Lernzielfindung und die Evaluation wieder ganz andere begriffliche und methodische Ausgangspunkte zuzieht). Eine ähnliche Konstellation erwächst aus dem Entwurf von Kerr (1968).
Es bleiben weiter die Fragen: Kann Curriculum nur als kodifizierte Bildungsabsicht verstanden werden? Oder gehören die Entwicklung und die Realisierung auch dazu? Oder bilden diese eigene Bereiche für die Theorienbildung?

C. Die Beziehung von Curriculumentwicklung, Curriculum und Instruktion

1. Darstellung anhand der Aktionsräume von Macdonald

J. B. Macdonald löst die ineinandergreifenden Gebiete in 4 Haupt- und mehrere Nebenräume auf. Es sind: Curriculum, Instruktion, Lehren (teaching), Lernen (learning). Macdonald betrachtet jeden Raum als System und das Gesamtgebilde als „action space of four systems“ (1965, 4). Er beschreibt die einzelnen Räume folgendermaßen: Raum I (Curriculum) „kann als Kurs oder Lehrbuch bezeichnet werden, welche vielleicht durch eine zentrale Stelle ausgewählt werden. Raum II (Instruktion) kann durch die besondere Qualität oder Eigenart der Interaktionen in einer bestimmten Klasse charakterisiert werden. Raum III (Lehren) kann mit den besonderen Mustern, Erfahrungen, Werten, Haltungen, usw. in Verbindung gebracht werden, welche ein bestimmter Lehrer als affektives Lehrerverhalten äußert. Raum IV (Lernen) stellt besondere Erfahrungen, Werte, Haltungen, usw. dar, welche den einzelnen Schülern eigen sind. Raum V ist durch das Phänomen des begleitenden Lernens gekennzeichnet. Der Raum VI schließt die Lehrerveränderung beim Verhalten in Antwort auf die unmittelbaren Rückwirkungen der Instruktionssituation ein. Raum VII könnte als ‚Praxis-Erfahrung' (inservice experience) beschrieben werden. Raum VIII könnte die Erfahrungen aus der Supervision beinhalten. ... die Räume IX und X könnten sich auf Lernerfahrungen beziehen, welche in der Planung Schüler und Lehrer betreffen" (1965, 5).

Aktionsraum von vier Systemen

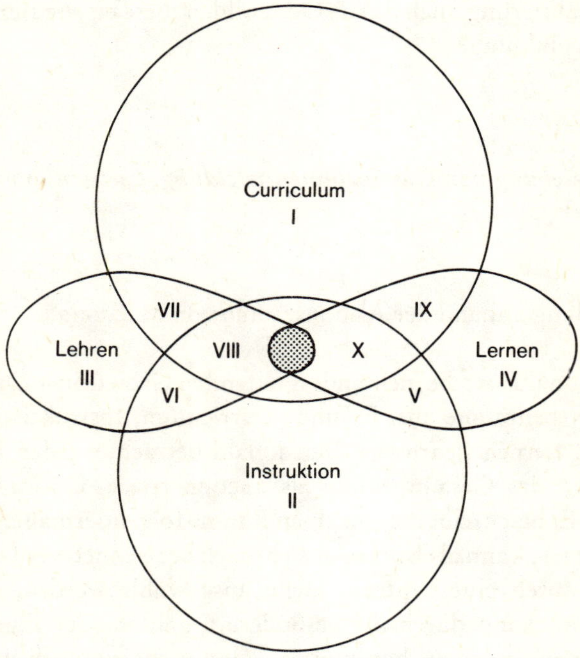

Auffällig am Schema von Macdonald ist der große Umfang des curricularen Raumes. Er schließt auch die Entwicklung des Curriculums mit ein. Der Grund für die weit ausgreifende Konzeption von Curriculum ist nicht klar ersichtlich. Möglicherweise haben die Methoden

der Systembildung den Autor auf dieses Größenverhältnis von Curriculum und Instruktion festgelegt.
Die Beziehung zwischen Curriculum und Instruktion ist hingegen eindeutig definiert. Der Großteil von Curriculum und Instruktion berührt sich nicht unmittelbar. Einige Teile decken sich, so vor allem das Lehrerverhalten, das durch die konkrete Unterrichtssituation angestoßen wird (Raum VIII), und jene geplanten Lernerfahrungen, welche Schüler und Lehrer z. T. selber entwickeln, oder zumindest stark den Schüler als „Lernsystem“ betreffen.

Elisabeth S. Maccia (1965c) setzt in Abhebung von Macdonald einen anderen Akzent. Die Autorin betrachtet das Curriculum als Komponente im großen System der Instruktion. Das Curriculum bildet nicht ein eigenes System, sondern ist als Instruktionsinhalt anzusehen. Das Curriculum nimmt eine Art Steuerungsfunktion ein. Es beeinflußt das Lehrerverhalten. Dennoch unterscheiden sich auch bei Maccia „Curriculum“ und „Instruktion“. Das Verhältnis von Curriculum und Instruktion ist bezüglich Umfang bei Macdonald und Maccia proportional umgekehrt.

Weder Macdonald noch Maccia haben ihre Aussagen über das Verhältnis Curriculum und Instruktion verifiziert (vgl. auch Macdonald 1966, 33). Beide betrachten die Verhältnisbestimmung aus methodischen Gründen als notwendig. Der Gesichtspunkt, der bei beiden Autoren überwiegt, dürfte die Anhäufung von Elementen und denkbaren Konstrukten in den zwei Gebieten sein. Sowohl im Bereich von Curriculum wie von Instruktion gibt es je eine Reihe von Determinanten, Prozessen, Beziehungen und Zuständen, die herausgelöst und in Verbindung gebracht werden können. Ein Beispiel: die Instruktion des Lehrers steht auf der einen Seite unter der Steuerung durch das Curriculum, doch zugleich durch die früheren Lernerfahrungen des Lehrers, die Ausstattung des Schulzimmers, die täglichen Erlebnisse der Schüler im Elternhaus und andere Determinanten, die mit dem Curriculum als Richtlinie oder Textbuch wenig zu tun haben. Deshalb dürfte sich nahelegen, Instruktion als eigenes System zu postulieren.

Die Ausgliederung von Curriculum und Instruktion besitzt also zuerst operationalen Charakter. Sie dient dem leichteren Auffinden von

Sachzusammenhängen, von Hypothesen oder Systemen. In gleicher Weise besitzt die Unterscheidung für unsere Untersuchung heuristische Aufgaben.

2. Die Situation in der aktuellen Curriculumforschung

Daß Macdonald und Maccia den Bezug des Curriculums zur Instruktion hervorstreichen, scheint angesichts der englischen Lehrbücher über das Curriculum und der deutschsprachigen Publikationen zum Thema wichtig zu sein. Wir haben bereits festgestellt, daß die Curriculumliteratur die Tendenz aufweist, entweder undifferenziert das große Gebiet der Curriculumentwicklung, vorwiegend der Lernziel- und Themenauswahl, oder aber die Instruktionsinhalte oder -verfahren zu beschreiben. Das letztere sind häufig Handlungsanweisungen für Unterrichtsthemen und Lehrverfahren.

Das Bewußtsein für die Probleme der Steuerung, der Implementation, der Informationsvermittlung vom Curriculum in die Instruktion, d. h. für die Komponenten des kodifizierten Curriculums, ist wenig entfaltet. Empirische Untersuchungen sind hauptsächlich im Rahmen der Forschungen zur schulischen Innovation und Administration in den USA durchgeführt worden (vgl. Halpin 1966; Miles 1967; Santini 1971; Neagly, Evans 1969). In die Versuche zur Curriculumtheorie sind sie kaum eingegangen. Auch die oft genannte Curriculumdefinition von M. Johnson (1967) verschließt die Sicht für dieses Problem durch die Fixierung auf die Beschreibung der Lernprodukte im Curriculum.

In der amerikanischen Literatur ist auffällig, daß große Mühe auf die Verfahren zur Setzung allgemeiner Ziele und auf die Entscheidungstechnik, das „policy making“ und „decision making“ gelegt wird. Dabei entstehen sehr vielseitige und aspektreiche Abhandlungen wie jene von B. O. Smith, W. O. Stanley und J. H. Shores (1957, 24ff., 87ff., 425ff., 529ff.) oder J. I. Goodlad (1966).

Doch selbst in praxisorientierten Werken wie „Curriculum planning“ von J. G. Saylor und W. M. Alexander (1966) kommt das Problem des Verhältnisses von Curriculum und Instruktion nicht voll zu Bewußtsein. Es ist möglich, daß die Konzentration auf die Curriculumentwicklung, besonders den Schwerpunkt Lernziel- und Themenwahl, mit der gesellschaftlichen Verunsicherung durch die Ereignisse der beiden Weltkriege zusammenhängt. Auch die soziologischen und sozialpsychologischen Forschungsansätze auf dem Gebiete der Entscheidungstheorie mögen anregend gewirkt haben. Vielleicht spielte auch die Tatsache mit, daß es leichter geht, über Bildungsziele im Lichte von Politik, Religion und selbst gesetzten Werten zu reden oder Ziele zu postulieren, als die schwierigen Fragen zu bearbeiten, wie solche Informationen überhaupt mitteilbar, unterrichtsrelevant, handlungsstiftend und überprüfbar gemacht werden können.

Die Curriculumforschung scheint im deutschen Sprachraum einer ähnlichen Spaltung entgegenzusteuern wie die angelsächsische, indem das Hauptgewicht auf der einen Seite auf die Lernzieldiskussionen mit den dazugehörigen Fragen, auf der anderen aber auf die Ausarbeitung und Adaptation von Lehrmitteln im klassischen Sinne gelegt wird. Die Schrift „Bildungsreform als Revision des Curriculum" von S. B. Robinsohn, welche im deutschen Sprachraum einen wichtigen Anstoß zur Aufnahme der Curriculumforschung am Ende der sechziger Jahre gegeben hat, setzt sich zwar kritisch von der „Didaktik" ab (1967, 23ff.), verbleibt im übrigen aber beim Thema „Vorbereitung von Curriculumentscheidungen" (1967, 31ff.).

Die „Entscheidungen" beziehen sich auf die „Curriculuminhalte". Im wesentlichen sind das Lernziele und Lernobjekte. H. Blankertz, der das Modell von Robinsohn in „Theorien und Modelle der Didaktik" referiert und in einigen Punkten konkretisiert, beschreibt die Methoden von Robinsohn als: „Ermittlung von Bildungsansprüchen, Bewertung und Wichtung der so erstellten und operational definierten Zielkataloge und schließlich die ideologiekritische Überprüfung dieser Bewertung" (1969, 160).

Blankertz' eigene „Strategie zur Entwicklung des Lehrplans für das Fach ‚Arbeitslehre'" (1969, 172—185) erfaßt im Vergleich zu Robinsohn mehr Aspekte des beabsichtigten Unterrichts. Er berücksichtigt z. B. das Verhältnis von Lernobjekt und Lernerfahrung. Der Konnex zur Instruktion ist im Schema allerdings nicht thematisiert. F. Achtenhagen (1969) baut in seiner „Didaktik des fremdsprachlichen Unterrichts" auf dem Hintergrund einer weit ausholenden Literaturanalyse eine fundamentale Theorie für Curriculumentwicklungen im fremdsprachlichen Bereich auf. Aber ebenso wie bei den Entwürfen von Blankertz, Robinsohn, Nipkow (1969) oder Wilhelm (1969) ist bei Achtenhagen die Einbeziehung der Instruktion sekundär, was nicht direkt als Mangel der Arbeiten zu erachten ist. Wir möchten allerdings verdeutlichen, daß bislang die Tendenz zu beobachten ist, den Schwerpunkt auf die Bildungsziele und ihre Begründung zu legen (vgl. auch Achtenhagen, Meyer 1971; Frey 1969 e). Das bedeutet, daß *der Begriff Curriculum das Hauptgewicht seiner Inhalte in der Curriculumentwicklung* im weitesten Sinne besitzt. Wenn wir zur Veranschaulichung die drei Ausdrücke „Curriculumentwicklung", „Curriculum als Dokument" und „Instruktion als Verwirklichung des Curriculums" auseinanderhalten, findet sich der Akzent der deutschsprachigen Curriculumforschung und geisteswissenschaftlichen Lehrplantheorie auf dem ersten und z. T. auf dem zweiten Ausdruck. Es wäre bei einer näheren Untersuchung dieser Position zu prüfen, ob hier der Einfluß der geisteswissenschaftlichen Didaktik wirksam bleibt, welche mit Vorliebe die Fragen um die Setzung von Bildungszielen und die inhaltliche Strukturierung von möglichen Lernobjekten abhandelt. In Hinsicht auf die gesamte Curriculumliteratur läßt sich freilich der Satz nicht verallgemeinern, daß die Beziehung Curriculum und Instruktion als zweitrangig erachtet wird. So scheint etwa dem „Lehrplan" in der Deutschen Demokratischen Republik oder in der Sowjetunion ein praktisches und theoretisches Interesse im Blick auf die Instruktion entgegengebracht zu werden. Im Vordergrund stehen Fragen der Durchsetzbarkeit, der Effizienz von Planung, der Beziehung vom Einzelnen zum Kollektiv, der Gleichartigkeit von Ausbildung. Das Gesamtthema wird aber nicht in einem spezifisch curricularen Kontext angegangen, sondern einerseits auf der Ebene der politischen Theorie und andererseits auf dem praktisch-technologischen Niveau.

Das Verhältnis von Curriculum und Instruktion wird von F. Musgrove unter soziologischen und bestimmten politischen Perspektiven folgendermaßen umschrieben: „Das Curriculum ist eine künstliche Einrichtung, die dazu bestimmt ist, Änderungen zu beschleunigen, die Änderung zu fördern, die von sich aus nicht eingetreten wäre, und die Richtung der Änderung zu kontrollieren" (1968, 6). Diese Definition fällt als Grundlage für die Analyse von Curriculumtheorien außer Betracht, da sie allein den innovatorischen Aspekt betont. Sie zeigt allerdings, daß die Bedeutung des Verhältnisses von Curriculum und Instruktion gesehen wird und daß es notwendig ist, die theoretische Reflexion auf das Thema auszuweiten. Einen solchen Versuch macht M. Johnson in seinem Artikel über die Definitionen von Curriculum (1967, 133).

3. Die Verhältnisbestimmung von Johnson

M. Johnson wägt die Ausdehnung des Curriculums nach der Seite der Curriculumentwicklung und der Instruktion ab. Ausgangspunkt für ihn ist das Ungenügen der Definition „geplante Lernerfahrung". Johnson präzisiert den Begriff Curriculum folgendermaßen: „Curriculum beschreibt (oder antizipiert) die Resultate von Instruktion. Es schreibt nicht die Inhalte des Unterrichts vor, z. B. die Aktivitäten, Materialien, oder eben den Unterrichtsinhalt, welche zum Erreichen der Ziele gebraucht werden. Indem das Curriculum die gesuchten Ergebnisse spezifiziert, betrifft das Curriculum Endprodukte, und zwar auf dem Niveau von erreichbaren Lernprodukten, nicht auf dem weiter entfernten Niveau, auf dem die Lernziele begründet werden. Mit andern Worten, Curriculum stellt dar, was gelernt werden soll und nicht, weshalb es gelernt werden soll" (1967, 130). Der Autor legt Wert darauf, daß das Curriculum beschreibt, was die Schüler lernen und nicht was sie tun. Lernobjekte und Lernverfahren erhalten keine Planung im Curriculum. Johnson begründet seine Auffassung mit dem Hinweis auf die Vielfalt von Lernverfahren, welche zum selben Ziel führen (1967, 131). Allerdings gibt Johnson die Lernziele nicht wahllos vor. Sie sind in Serien eingeteilt und überdies „strukturiert". Damit nimmt er die Beliebigkeit des Unterrichts wieder etwas zurück. Das Curriculum ordnet das Lernen. Dennoch muß man nach den vorliegenden Untersuchungen im EBAC-Projekt den Sinn eines Curriculums bezweifeln, das nur Lernziele beinhaltet und den Unterricht den verschiedenen

Verfahren und Lernobjekten überläßt, von denen man annimmt, daß sie zum gleichen Ziele führen.

Für den vorliegenden Zusammenhang ist dieses Problem weniger wichtig. Aufschlußreicher ist die Grundkonzeption von Johnson für das Verhältnis von Curriculumentwicklung, Curriculum und Instruktion, Johnson überschreibt sein Schema, das hier wiedergegeben wird, mit der Formel „Curriculum als Output aus einem System und als Input in ein anderes“ (1967, 133). Das Curriculum bildet eine eigenständige Größe, die nicht die Form eines Systems hat, sondern nur als Vermittler zwischen zwei Systemen fungiert. „. . . Curriculum ist kein System. Es kann als Output eines ‚Curriculum-Entwicklungs-Systems‘ und als Input in ein ‚Lehr-System‘ betrachtet werden“ (1967, 133).

Das Schema bringt in extremer Weise die Trennung von Entwicklung, Darstellung (Dokument) und Lehrsystem zum Ausdruck. Wenn nun aber entschieden oder von Johnson bewiesen wäre, daß das Curriculum nur aus einer Serie von beabsichtigten strukturierten Lernprodukten besteht, dann müßte sich eine Curriculumtheorie vorwiegend mit der Entwicklung beschäftigen, da ja fixiert ist, welche Gestalt und Funktion das Curriculum aufweist. Gerade diese Annahme dürfte aber nach den Ergebnissen eines eigenen Experimentes nicht formuliert werden. Es zeigte sich, daß schon die formale Art, nach der man die Lernprodukte faßt, die Informationen, welche in den Unterricht eingehen, beeinflußt (Frey, Lattmann 1970). Lernziele, die ein Verhalten beschreiben und einen Maßstab für die Beurteilung des Verhaltens bei sich haben, führten im Experiment zu mehr und anderen Aspekten des Unterrichts, als wenn die Lernziele umgangssprachlich gefaßt waren (ähnlich Baughman, Mayrhofer 1965). Das Resultat dieses Experimentes, das im Verlaufe der Arbeit noch weiter bedeutsam wird, ist fundamental. Es zeigt, daß die Struktur der curricularen Information und möglicherweise auch der Aussagebereiche (z. B. Lernziele oder Inhalte) des Curriculums die Voraussetzungen des Unterrichts determinieren kann. Diese Problematik ist auch im Sammelband „Aims in education“ (Hollins 1964) wenig berücksichtigt.

Die Konsequenz daraus kann nicht die Ablehnung von Johnsons Auffassung sein, daß sich das Curriculum als Serie von strukturierten

Curriculum als Output aus einem System und als Input in ein anderes

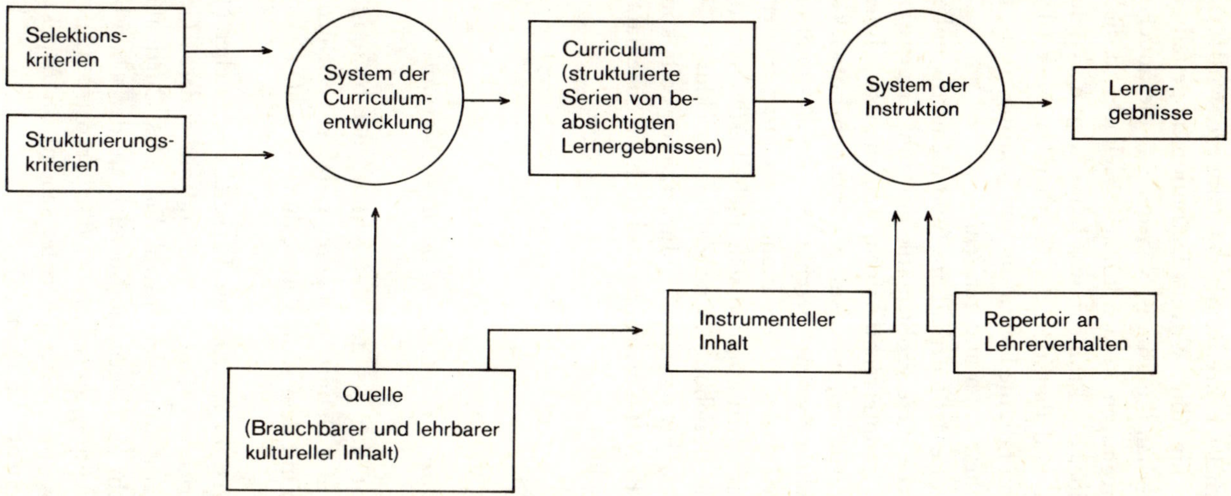

M. Johnson, 1967,133.

Lernprodukten den Lehrern darbietet. Hingegen wird für unsere Zwecke die Definition hinfällig. Was als Definition hingestellt wird, ist nicht die sichere Verhandlungsbasis, von der aus die anderswo lagernden Probleme angegangen werden können. Vielmehr ist die vermeintliche Definition selber das Problem, was Johnson zum Teil auch zugesteht. Wenn Inhalte und Funktion des Curriculums aber selber problematisch sind, dann fällt die Definition von Johnson zu eng aus. Sie könnte eine Hypothese unter anderen sein.

Erst eine Theorie des Curriculums (und nicht eine unbegründete Definition), welche diese Problematik mit zum Gegenstand ihrer Aussagen macht, könnte rechtfertigen, daß man sich intensiv, z. B. in Form eines Versuches, mit dem „Curriculum-Entwicklungs-System" oder dem „Lehrer-System" beschäftigt — außer man nimmt an, daß die nicht-curricularen Determinanten als intervenierende Variablen den Effekt der Instruktion so sehr mehr bestimmen als die curricularen, daß die Beziehung „Curriculumentwicklung"-„Curriculum"-„Instruktion" unbedeutend wird. Im letzteren Falle könnte man aber ganz auf den Begriff Curriculum und auch auf Schemata wie jenes von Johnson verzichten.

D. Eine Definition von Curriculum als Bezugspunkt

Immerhin hat sich bei der Betrachtung der bisherigen Begriffsbestimmungen und Definitionen gezeigt, daß es verschiedene Merkmale gibt, die man mit dem Wort Curriculum verbinden kann:

— Es ist zuerst die Absicht, ein Lernziel zu erreichen (1).
— Das Curriculum steht im Verbund mit anderen Gebieten, so der Schulorganisation, der Instruktion. Das Curriculum bietet sich somit nicht als Gegenstandsbereich an, der schon bei einer äußeren Betrachtung als isolierte Größe hervortritt (2).
— Ein Schwerpunkt des Begriffes scheint im Aspekt „Curriculum als Dokument" zu liegen (3).

— Das Curriculum greift zumindest in zwei Gebiete ein, in die Curriculumentwicklung und in den Unterricht (4).
— Es hat funktionale Bedeutung in Hinsicht auf die beabsichtigte Bildung. Diese ist nicht allein vom Curriculum abhängig. Im Wirkzusammenhang „Curriculum — Bildung“ treten intervenierende Variablen auf (5).
— Der Sinngehalt von Curriculum ist nicht in einem einzigen Zugriff zu erfassen, sondern nur nach verschiedenen Abgrenzungen und begrifflichen Explikationen (6).
— Auch bei der Operationalisierung des Begriffes kommt nicht eine einfache Konstellation von Variablen zum Vorschein, sondern nur ein komplexes Feld von Variablen — vergleichbar mit dem Begriff „Persönlichkeit“ in der Psychologie (7).
— Das Curriculum erhält in der Praxis als Dokument stark variierende Formen. Diese streuen von detaillierten Unterrichtsprogrammen und Lehrbüchern bis zu globalen Richtlinien oder Themensammlungen (Syllabus) (8).
— Das Curriculum besitzt in Hinsicht auf die Curriculumentwicklung und die Curriculumimplementation Prozeßcharakter (9).
— Es ist als kodifizierte Bildungsabsicht (Dokument) primär ein Zustand (10).
— Im Curriculumprozeß kommen Handlungen vor, die mit bestimmten Absichten und z. T. in Form von Techniken vorgenommen werden (11).
— Wenn die Handlungen und die Funktionsweise des Curriculums begründet oder wissenschaftlich erklärt werden sollen, ergeben sich mehrere Stellen, die problematisch sind. Als Beispiel hat sich bisher die Informationsvermittlung vom Curriculum in den Unterricht abgezeichnet (12).

Die genannten Merkmale des Begriffes Curriculum lassen sich nicht in einer einzigen Definition sichtbar vereinen. Überdies sind nicht alle Merkmale gleichwertig. Sie sind als mögliche Elemente einer Definition zu betrachten. Möchte man alle Merkmale gleichzeitig berücksichtigen, müßte die Theorienbildung zugleich in mehrere Richtungen geführt werden. Eine übergreifende Theorie, welche alle Aspekte in sich aufnehmen wollte, müßte uferlos werden. Auch ein einziges System oder Modell, das in der Begründung seiner Aussagen viel weniger anspruchsvoll ist als eine Theorie, muß scheitern. Die aufgeführten Merkmale lassen sich nicht einmal in einer sogenannten Nominaldefinition aufheben, in der die Wortbedeutungen erklärend zusammengefaßt sind.

Da die vorliegende Arbeit Theorien des Curriculums analysiert und die Möglichkeiten einer Theorie prüft, wäre es vielleicht interessant, nomologische Hypothesen zu fordern. Dabei geht es darum, solche Hypothesen für das Experiment zu formulieren, welche auf abgesicherten oder verifizierbaren Sätzen basieren, die zusammen als Netzwerk für die Theorie bedeutsam sind. Die resultierenden Sätze sind „Wenn-Dann-Sätze" (vgl. Albert 1964a, 7). Um das Feld des Curriculums nur andeutungsweise in dieser Form abzugrenzen, bedarf es einer ganzen Reihe von nomologischen Hypothesen. Ohne das Konzept der nomologischen Hypothese zum voraus als gültig zu akzeptieren, wäre es aufschlußreich zu prüfen, ob die formalen Kriterien der nomologischen Hypothese erfüllt werden könnten. Doch für dieses Unternehmen gehören die verfügbaren Merkmale zu unterschiedlichen Entdeckungs- und Begründungszusammenhängen an. Ihr Wahrheitsgehalt variiert, so daß es wenig sinnvoll erscheint, den Versuch schon jetzt durchzuspielen.

Am brauchbarsten ist eine vorläufige Beschreibung des Begriffes Curriculum, welche so gestaltet ist, daß sie als Bezugssystem für die Analyse von Curriculumtheorien und für die Entwicklung neuer Theorienversuche dienen kann. Man könnte von einer „Bezugsdefinition" sprechen, insofern sie ihren Referenzrahmen bei bestehenden Theorien oder Gesetzen findet. Sie besitzt insofern vorläufigen Charakter, als sie durch neue Befunde korrigiert werden kann und in Hinsicht auf eine mögliche Curriculumtheorie angelegt ist. Unter diesen Voraussetzungen läßt sich folgende „Bezugsdefinition" formulieren:

Das Curriculum ist die systematische Darstellung des beabsichtigten Unterrichts über einen bestimmten Zeitraum als konsistentes System mit mehreren Bereichen zum Zwecke der optimalen Vorbereitung, Verwirklichung und Evaluation von Unterricht.

Die Definition nimmt die „Darstellung des Unterrichts“ zum Mittelpunkt. Die Darstellung des Unterrichts richtet sich auf das aus, was mit diesem erreicht werden soll. Daß die Lernprodukte im Curriculum ausdrücklich beschrieben sind, ist also möglich. Wie konkret die Darlegung des Unterrichts werden soll, kann aus der Definition nicht abgelesen werden. Sicher wird das Curriculum aber nicht nur einen „Bereich“ bzw. einen Aspekt des Unterrichts beschreiben, z. B. die Zeit oder die Instrumente oder die lernpsychologischen Momente des Lernprozesses. Ein Curriculum berührt immer mehrere Bereiche des Unterrichts, selbst wenn es nur aus einem strukturierten Lernzielkatalog oder einer Themensammlung bestehen würde.
Die Bereiche dürfen sich nicht widersprechen, da es ja sinnlos wäre, Bildung so zu planen, daß man sie nicht erreicht. Sie müssen konsistent sein. Die Darstellung des Unterrichts beruht normalerweise auf Vorbereitungsarbeiten. In ihrem Verlauf sind z. B. Bildungsziele zu bestimmen. Dazu gehören möglicherweise die Erhebung von Lernzielen, die Auswahl von Lernzielen, die Analyse von Lernzielen, die Sequenzenbildung, die Konstruktion von Tests, die Planung von Lernprozessen, Vorversuche usw. Welche dieser Funktionen in der Curriculumentwicklung vorkommen, kann aufgrund der Definition nicht gesagt werden.
Das Curriculum unterliegt dem „Zwecke der optimalen Vorbereitung“ des Unterrichts. Die Vorbereitung kann sich in zwei Richtungen erstrecken, auf die Entwicklung des Dokumentes und auf die Ingangsetzung des Unterrichtsverlaufes, was beim bisherigen Lehrerunterricht in der sogenannten Unterrichtsvorbereitung geschieht. Die erste Richtung ist dahingehend zu verstehen, daß das Curriculum den optimalen Ort bilden muß, um z. B. die Bildungsziele zu bestimmen, die Sequenzen zu konstruieren. Da das Curriculum zur Optimierung der Unterrichtswirkung beitragen soll, kann man nicht allgemein fixieren, in welcher Form die „Darstellung“ vorzunehmen ist. Sie muß allerdings so sein, daß die Evaluation, d. h. die Gültigkeitsprüfung, möglich ist. In der Evaluation kann etwa abgeklärt werden, ob die Schüler das gesteckte Lernziel am Ende der Stunde erreicht haben. Es ist aber auch denkbar, daß sich ein Curriculum zum Ziel setzt, daß die Schüler in einer späteren Lebenssituation Gelerntes verwenden. In diesem

Falle bezieht sich die Evaluation auf diese Frage, und zwar auch darauf, ob es die Lebenssituation überhaupt gibt.
Zusammenfassend läßt sich von der Definition sagen: Sie setzt die beabsichtigte, dargestellte Bildung in den Mittelpunkt. Sie bezieht dabei die Curriculumentwicklung und die Instruktion als komplementäre Gebiete mit ein.

3. Problemfelder und Aufgaben der aktuellen Curriculumtheorien

A. Die Bedeutung der Probleme für die Theorien

Der letzte Abschnitt über den Begriff des Curriculums hat gezeigt, daß es unschwer ist, eine Fülle von Gegenständen oder Aspekten im Gebiet des Curriculums für die wissenschaftliche Bearbeitung zu finden. Doch erscheint es als schwieriges Geschäft, jene Bereiche zu eruieren, die für die Theorienbildung bedeutsam sind. Auf der einen Seite verlangt die Theorie relativ abgrenzbare Objekte oder zumindest solche, die gestatten, Konstrukte zu erstellen. Auf der anderen Seite werden Theorien erst sinnvoll, wenn sie sich mit Phänomenen beschäftigen, die nicht zum voraus keiner Erklärung bedürfen. Theorien brauchen oder suchen Probleme. An der Sicht für die Probleme hat es der Curriculumforschung häufig gefehlt.
G. A. Beauchamp sieht unter diesem Gesichtspunkt in der geschichtlichen Rückblende nur drei Meilensteine für die Curriculumtheorie. Der erste ist die Publikation des 26. Jahrbuches der „National society for the study of education". Der Sammelband enthält Beiträge von Bagley, Bobbitt, Bonser, Charters, Counts, Courtis, Horn, Judd, F. J. Kelly, Kilpatrick, H. Rugg und Works (Rugg 1927). Das Buch liefert als Ganzes eine Grundlage für die Curriculumtheorie, weil im Vergleich der verschiedenen Positionen Widersprüche, ungedeckte Aussagen und Hypothesen offenkundig werden, während die einzelnen Beiträge selber zu programmatisch und zu wenig analytisch ausfallen bzw. ungenügend an Problemen orientiert sind (Johnson 1967, 128).
Den zweiten Meilenstein lokalisiert Beauchamp in einem Curriculumkongreß von 1947 in Chicago (Herrick, Tyler 1950). Die Vorträge zeigen wiederum ein breites Feld von Auffassungen und Einzelpro-

blemen. Nach Beauchamp fehlen jedoch die globale Sicht für die Probleme und ein konstruktives Theorieverständnis.
Beauchamp nennt dann als dritten Meilenstein die erste Auflage seiner „Curriculum theory“ von 1961 (1968, 56f.). Wieweit der dritte Meilenstein seinen Platz in der angelsächsischen Geschichte der Curriculumtheorie rechtmäßig für sich reklamieren kann, wäre näher zu untersuchen. Immerhin ist Beauchamps Buch zugute zu halten, daß es als eines der ersten englischen Werke „eine organisierte Aussage zu Status und Dimensionen der Curriculumtheorie auf der Basis von begrifflichen Strukturen und Beziehungen, die von Theorienbildungen in nahegelegenen Disziplinen abgeleitet sind“ (1968, 57), präsentiert.
Das stark empirisch orientierte und sehr anspruchsvolle Theorieverständnis von Beauchamp hat in seiner Curriculumtheorie zur Verschüttung vieler Probleme geführt, die er im Verlaufe seiner Literaturanalysen gefunden hat. Immerhin hat der Autor die Bedeutung der Probleme in den methodologischen Betrachtungen klar herausgestellt. Die praktische Konsequenz hat dann etwa Grandstaff (1968) gezogen, der eine eigene Arbeit darauf verwendete, Probleme der Curriculumtheorie zu identifizieren.
Allerdings ist hinzuzufügen, daß die Probleme des Curriculums, sobald sie in Hinsicht auf eine Theorie formuliert werden, zugleich neben einem gleichsam gegenständlichen, materialen auch einen methodischen und wissenschaftstheoretischen Aspekt besitzen, so daß die scheinbare Vernachlässigung der zuerst „material“ beschriebenen Probleme im Entwurf zur Theorie verständlich werden kann.
Im folgenden möchten wir einige der genannten Probleme beschreiben. Die Liste der Probleme wird nicht vollständig sein. Es geht um den Versuch, Probleme ausfindig zu machen, *indem Handlungen im Curriculumprozeß aufgereiht werden.* Die systematisierende Analyse fördert Probleme zu Tage, die Aufgaben für die Curriculumtheorie sein könnten. Diese Art von Problemen kommt schon dadurch zustande, daß man annimmt, Voraussetzungen und Wirkungen von Tätigkeiten im Curriculum müßten erklärt werden. In den Abschnitten C und D ergeben sich die Probleme aus der Kombination bestimmter Erkenntnismethoden, bestimmter Zwecke der „Theorien“ und bestimmter Formen der Theorienbildung.

B. Die Probleme in den Handlungsräumen

Daß das Curriculum Handlungen impliziert, dürfte unbestritten sein. Das Curriculum ist zu konstruieren. Es ist an die Lehrer weiterzugeben. Um das Curriculum zu verwirklichen, ist Unterricht zu veranstalten. Ungeklärt ist hingegen, in welcher Art gehandelt werden soll und welche Voraussetzungen und Konsequenzen solches Handeln hat. Es dürfte für die Tätigkeiten des Lehrers höchst unterschiedliche Folgen haben, ob das Curriculum als unkommentierter Lernzielkatalog oder als detailliertes Unterrichtsprogramm aufgebaut ist, das die Instruktion bis auf einige Minuten genau vorplant. Das Problem liegt beim Beispiel in der Frage: wie soll das Curriculum die Instruktion steuern? Auch die andern Handlungen implizieren solche Probleme.

Wenn man einige Handlungen, die im Curriculumprozeß häufig vorkommen, in eine Reihe bringt, wird deutlich, daß die vorausgehenden Handlungen die nachfolgenden bestimmen. In den Räumen zwischen den Handlungen erheben sich die Probleme. Die schematische Darstellung „Probleme in Handlungsräumen“ veranschaulicht diesen Zusammenhang.

Dem Schema liegt ein Curriculumprozeß zugrunde, der von Lernzielen ausgeht und nicht von Themen, Investitionsmöglichkeiten, Lernfähigkeiten der Schüler oder anderen Ressourcen (Hilfsquellen). Das Curriculum umfaßt mehr als eine strukturierte Serie von Lernzielen, nämlich einen Grobplan für Unterrichtseinheiten von 4—6 Stunden. Es werden nur 3 Tätigkeiten angenommen: „Bestimmen von Lernzielen“ (a), „Darstellen der beabsichtigten Bildung“ (b) und „Unterrichten“ (c). Bei 3 Handlungen entstehen 4 Handlungsräume. Eine größere Zahl von ausgesonderten Handlungen bringt entsprechend mehr Handlungsräume mit sich. In jedem Handlungsraum wird die Problematik der curricularen Handlung offensichtlich. Im Schema sind sie als „Problemreihe“ mit je einem Stichwort pro Handlungsraum angedeutet.

1. Kriterien

Das Stichwort „Kriterien“ kennzeichnet den Handlungsraum 1, der durch das „Bestimmen der Lernziele“ hervorgerufen wird. Das Bestimmen der Lernziele unterliegt folgender Grundfrage: welche Lernziele gehen in das Curriculum ein? Welches ist das Kriterium, das die Berücksichtigung eines Lernzieles rechtfertigt? Eine allgemeine Antwort für ein berufsbildendes Curriculum könnte z. B. heißen: die Bildungsbedürfnisse im professionellen Verhalten eines Lehrers im jetzigen Schulsystem (vgl. Isenegger 1971). Danach sind alle Lernziele bedeutsam, die das ausschließlich berufliche Verhalten des Lehrers betreffen.

Probleme in Handlungsräumen (vereinfachtes Schema)

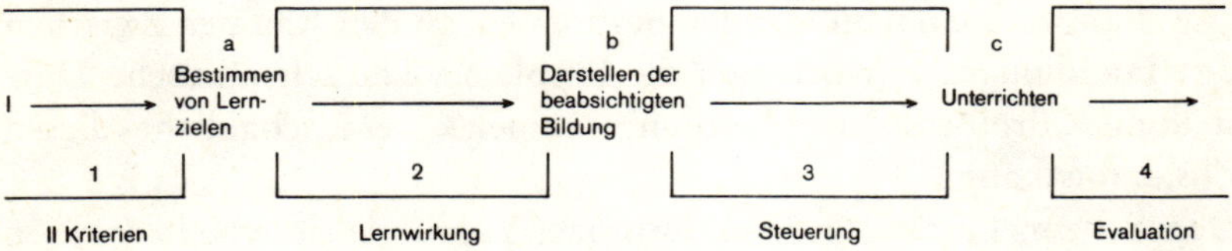

I Handlungsreihe; II Problemreihe; 1,2,3,4, Handlungsräume

Die Frage ist nun: wie begründet man das Kriterium? Sofern dies zureichend geschehen könnte, stellt sich das Problem: wie können die Lernziele erhoben werden? Kann man dazu einen Katalog von Spezifikationen der beruflichen Aufgaben verwenden, wie sie in detaillierten Berufsbildern und Aufgabenheften gesammelt sind? Oder liefert eine Arbeitsanalyse nach der „Critical-incident-technique“ (Flanagan 1954) die Lernziele? Falls ja, ergibt sich die Frage: nach welchen Kategorien sind die Verhaltensbeschreibungen der Arbeitsanalyse in Lernziele zu transformieren?
Ohne das Beispiel weiter auszugestalten, wird hier schon klar, daß nicht das „Bestimmen der Lernziele“ problematisch ist. Das Problem

ist die Begründung des Verfahrens — oder in Hinsicht auf eine Theorie formuliert — die *Erklärung, weshalb die durch das Verfahren gewonnenen Lernziele gültig sind.* Dabei genügt es nicht, auf außercurriculare Vorentscheidungen wie „Emanzipation", „Sozialismus nach Marx" oder „christlicher Staatsbürger" zurückzugreifen[1]. Auch die häufige Ansicht, die Bildungsziele seien in der Wissenschaft zu suchen[2], genügt hier nicht. Das Kriterium muß seine Gültigkeit in Hinsicht auf a) seine „sachliche" Begründung und b) das Curriculum erweisen[3]. Falls jemand nachweisen könnte, daß „die Bedeutung ... im Gefüge der Wissenschaft" (Robinsohn 1967, 47) ein zureichendes Kriterium für die Wahl eines (möglichen Lern-) Gegenstandes ist, hat er damit erst ein Außenkriterium (a) geliefert. Die Begründung in Hinsicht auf das Curriculum (b) fehlt.

Aspekte der Gültigkeit in der zweiten Richtung (b) sind z. B. „Notwendigkeit, solches *lernen* zu müssen", „Lernbarkeit", „Wissen um die Erfahrungen, welche der Schüler erhalten muß, um in den Besitz des sachlich Gültigen zu kommen". Bei den ideologischen Kriterien wie „Emanzipation" kommt besonders das Problem hinzu, daß der Sachverhalt erfaßbar, mitteilbar und in Informationen umgesetzt werden kann, die für das Unterrichten bedeutsam sind. Emanzipation läßt sich vielleicht durch politische und anthropologische Referenzen begründen. Die Gültigkeit, bezogen auf das Curriculum, ist damit noch nicht erwiesen.

Die Gültigkeit in der zweiten Richtung ist eine echte Gültigkeit (Validität). Man könnte nach den genannten Beispielen vermuten, der zweite Aspekt sei nur eine Frage der Zuverlässigkeit (Reliabilität). Das ist nicht der Fall, weil dem Curriculum die Absicht, bestimmte Lernprodukte zu erreichen, zugrundeliegt. Das Curriculum hat, ex-

---

1 Dieser Gefahr scheinen auch Tanner (1965), Broudy, Smith, Burnett (1965) und Dottrens (1946) nicht ganz entgangen zu sein.

2 Dieses Verfahren haben Phenix (1964) und Tykociner (1964) am weitesten differenziert.

3 Die Begründung ist im früheren Beitrag (Frey 1969e) dargelegt und geht vom Konzept einer inneren und äußeren Validierung aus.

trem betrachtet, instrumentelle Funktionen. Sicher sind ihm aber Realisierungsabsichten eigen[1].

Wir können nicht sagen, ob der zweiseitig gerichtete Begriff Gültigkeit eine Denkfigur bildet, die das Problem löst, das mit dem Stichwort „Kriterien" angezeigt ist. Die ausführliche Besprechung des Handlungsraumes 1 sollte nur erhellen, welcher Art die Probleme sein können, die sich für die Theorie stellen. Sicher scheint lediglich die Konsequenz zu sein, daß weder eine Theorie der Kulturgüter, der Werte oder der Persönlichkeit im Sinne einer Ziellehre (Axiologie), noch eine Theorie der Entscheidungen (im Curriculumprozeß), oder der Informationsvermittlung zwischen Personen (im Curriculumprozeß) allein das Problem lösen kann, das sich bei der Bestimmung von Lernzielen ergibt. Im gleichen Zuge werden auch zwei andere Positionen fragwürdig: die Unterscheidung der kybernetischen Pädagogik Franks zwischen der „Pädagosophie" als primär wertsetzender Axiologie und der „Pädagogistik" als primär empirisch-objektiver Wissenschaft (1969a, 57).

Problematisch wird auch die Meinung, im Basaltext zur CAI (Computer assistierten Instruktion) würden die Ziele gesetzt, während die Programmgestaltung lediglich der Optimierung diene. Die zweite Position, welche verunsichert wird, ist jene von H. Blankertz, die er in der Auseinandersetzung mit der „Taxonomy of educational objectives" eingenommen hat. Er lehnte die Zuständigkeit der Taxonomie als Kriterium für Lernzielentscheidungen mit der Begründung ab, sie erfasse nur den psychologischen, nicht aber den inhaltlichen Aspekt. Dahinter steht die Auffassung, daß es „inhaltliche Lehrplanentscheidungen" brauche, die „vorweg" zu fällen seien, um nachher z. B. die psychologische Taxonomisierung vorzunehmen (1969, 155f.). Diese Dichotomie dürfte in bezug auf die dargelegte Curriculum-

1 An dieser Stelle drängt sich auch die Überlegung auf, ob Diskussionen über den Sinn von wissenschaftlichen, religiösen oder politologischen Erkenntnisbeständen für die Bildung überhaupt relevant sind, wenn es nicht primär Diskussionen über Curriculum und mögliche Lernprozesse sind. Zumindest dürften solche Diskussionen nicht als Curriculumstudien zu bezeichnen sein.

problematik bei der Lernzielbestimmung wenn nicht unhaltbar, so doch wenig begründet erscheinen.

2. Lernwirkung

Das Stichwort für den Handlungsraum 2 ist „Lernwirkung". Es kennzeichnet die Problematik, die entsteht, wenn Hypothesen darüber zu formulieren sind, welcher „Unterricht" zu den Lernzielen führt. Am Anfang steht die Analyse der Lernziele. Dabei ist z. B. das Verhältnis von Lernprozeß und Lernobjekt festzulegen. Ein häufiges Problem ist die Divergenz zwischen Sachstruktur und Lernstruktur. Es tritt die Frage auf: wie dürfen Sachzusammenhänge aufgelöst oder modifiziert werden, um sie lernbar zu machen? Wie sind die kognitiven, emotionalen oder motorischen Anforderungen eines Lernzieles mit den ebenfalls gewünschten „Sachinformationen" zu verbinden? Hier erhebt sich der bislang ungelöste Gegensatz, der in der angelsächsischen Literatur als „learning experience" und „content" beschrieben wird.
Die Beantwortung solcher Probleme kann das Curriculum und die Instruktion mehr determinieren als ein Bildungsziel. Mit anderen Worten, das Vorhandensein eines Lernziels ist ein curricular unbegründetes Postulat, wenn nicht bekannt ist oder nicht bekannt gemacht werden kann, welche Bereiche von Unterricht darin angesprochen sind.

3. Steuerung

Das Problem „Steuerung" im Handlungsraum 3 ist mit von der Lösung der Probleme in 2 abhängig. Wenn unklar bleiben muß, welche sachlogischen und/oder lernorganisatorischen Sequenzen zugrundeliegen, kommt der Konstrukteur bei der Darstellung der beabsichtigten Bildung in Verlegenheit. Er beeinflußt wegen der ungelösten Probleme von 2 die Informationsvermittlung in die Instruktion. Nehmen wir nun aber an, es wäre bekannt, wie der Unterricht beschaffen sein müßte, um die Lernziele zu erfüllen, dann ergibt sich das Problem der Informationsform. Ist das Curriculum als detaillierte Disposition von Lektionen zu präsentieren? Sollen die Lehrer nur ein einziges Curriculum erhalten? Oder sind Alternativen zur Wahl vorzugeben? Hat der Lehrer mit der Klasse die gesamte Zeit auf das Soll des Curriculums auszurichten oder kann er neben einem Minimum von vielleicht 1/3 der Lernziele 2/3 selber gewichten? Damit ist eines der Probleme angedeutet.

4. Evaluation

Der Handlungsraum 4 trägt das Stichwort „Evaluation". Die damit verbundene Problematik wurde schon zu Beginn des Abschnittes besprochen. Hier sei nur ein Punkt besonders genannt, die Frage: was wird in der Evaluation erfaßt? Die Dozimologie als Lehre von der Schülerbeurteilung liefert zahlreiche Meßverfahren. Doch wird in der neueren pädagogischen und lernpsychologischen Forschung immer deutlicher, daß unklar ist, was überhaupt gemessen wird, sei es in einem Schulleistungstest am Ende der Stunde oder wenn überprüft wird, ob die in der Schule gelernten mathematischen Formeln im Betrieb richtig verwendet werden (z. B. Husén, Dahllöf 1960b), oder wenn man untersucht, ob die indirekte Gruppentherapie ihre positiven Auswirkungen auf Stressituationen im Sport zeitigt (vgl. Haseloff 1960; Glaser 1963). Hier wird wiederum klar, daß nicht die Tätigkeiten als Verfahren im Curriculumprozeß problematisch sind, sondern deren Voraussetzungen und Konsequenzen. Im Schaubild lokalisieren sich die Probleme vor allem in den Räumen zwischen den Handlungen. Dort liegen zugleich die Probleme für die Curriculumtheorien. Die Probleme sind zweifacher Natur:

a) Begründungs- und Rechtfertigungsprobleme und
b) Prozeß- oder Wirkungsprobleme.

Daneben gibt es eine dritte Art (c) von Problemen im Curriculumprozeß. Es sind die Probleme der Handlungsorganisation und der technischen Durchführung der Handlungen, die zugleich wirtschaftliche Probleme sind. Im Vordergrund steht die Frage nach dem optimalen Einsatz der Arbeitskräfte und Sachinvestitionen. An zweiter Stelle ist es auch eine Frage der Zuverlässigkeit im Curriculumprozeß, konkret des Informationsverlustes zwischen den einzelnen Handlungsträgern. In den Curriculumtheorien haben sich zwei Gruppen herausgebildet. Die eine Gruppe befaßt sich mehr mit den Problemen der Form (a) und (b), die andere dagegen mehr oder ausschließlich mit (c). Der folgende Abschnitt enthält eine Gegenüberstellung der beiden Gruppen, um die Problematik und Aufgabe der Curriculumtheorien weiter zu vertiefen.

C. Strategie und Theorie des Curriculums

Eine Strategie ist eine Handlungsbeschreibung oder -anweisung unter Berücksichtigung der beteiligten Personen und Institutionen mit der Abfolge der Verhaltensereignisse und ihren Zusammenhängen in Hinsicht auf das zu erreichende Ziel. Der Schwerpunkt der Definition liegt auf der Abfolge der Handlungen. Die Form der Probleme, die sich dabei ergeben, entspricht (c). Die Lösung der Probleme mündet in einer „präskriptiven Theorie“ (Grandstaff 1968) oder einer „Strategie“. Typisch für Strategien sind die Anweisungen im Lehrbuch von Neagly und Evans (1969). Im deutschen Sprachraum ist die „Technik der Lernplanung“ von C. Möller (1969) charakteristisch. Dazu gehören die meisten Schemata, welche die Handlungsabläufe im Curriculumprozeß darstellen. Sie dienen nicht der Erkenntnisgewinnung über curriculare Phänomene. Häufig sind die Zusammenhänge zwischen den Handlungen und die Bedingungen der Handlungen nicht erklärt. Die meisten Strategien setzen bei der Lernzieldefinition an, um daraus die übrigen Elemente abzuleiten (z. B. Alberty, Alberty 1962, 34). Kaum jemand erklärt aber, warum gerade mit den Lernzielen begonnen werden soll. Auch die 4 Grundfragen von R. W. Tyler, welche als Ausgangspunkte für die theoretische Betrachtung des Curriculums gelten und als solche häufig zitiert werden, sind primär strategisch orientiert. Die Grundfragen von Tyler heißen:

„1. Welche Ziele soll die Schule zu erreichen suchen?
2. Welche Lernerfahrungen können als fruchtbar für das Erreichen dieser Ziele vorausgesehen werden?
3. Wie können diese Lernerfahrungen effektiv organisiert werden?
4. Wie können wir überprüfen, ob die Ziele erreicht worden sind?“ (1949, 1).

Die Frage 1 zielt auf eine Handlung. Sie ruft als Antwort die Definition von Lernzielen. Die Frage 2 ist zweiseitig orientiert. Sie bedingt als Antwort die Planung von Lernerfahrungen, bezweckt aber ebenso eine Theorie, welche die Prognose erlaubt. Im zweiten Teil der Frage ist also ein theorierelevantes Problem angesprochen. Die Fragen 3 und 4 sind auf Tätigkeiten ausgerichtet. Sie beziehen sich auf die Organisation des Unterrichts und die Erfolgskontrolle. Wenn man die Fragen von Tyler mit den Problemen vergleicht, die in den Handlungsräumen auftreten, zeigt sich ein Unterschied. Tylers Fragen implizieren Handlungen, deren Realisierung Probleme mit sich bringt. Doch ist nicht die Handlung als solche in Frage gestellt wie bei den Problemen, die wir mit dem Beispiel der Handlungsreihe aufgezeigt haben. Die Arten des Verfahrens, der Arbeitsorganisation, aber nicht die Voraussetzung und Konsequenz der Tätigkeiten werden problematisiert. Es versteht sich, daß es bei Anwendung entsprechender Denkkategorien möglich ist, auch solche strategisch orientierte Handlungsschemata in Hinsicht auf die Voraussetzungen und Konsequenzen, d. h. in Hinsicht auf Erklärung zu problematisieren. Im Moment ist nur wichtig, die *unterschiedliche Art der Sehweise bei strategischen und erklärungs- oder theorieorientierten Problemen zu verdeutlichen.*

Aufschlußreich für das Verständnis der unterschiedlichen Problemlage bei strategischer und theoretischer Betrachtungsweise des Curriculumprozesses ist das „Schema fortlaufender Curriculumreform“, das Doris Knab (1969b, 177) im Rahmen der Berliner Curriculumgruppe entwickelt hat.

Schema fortlaufender Curriculumreform

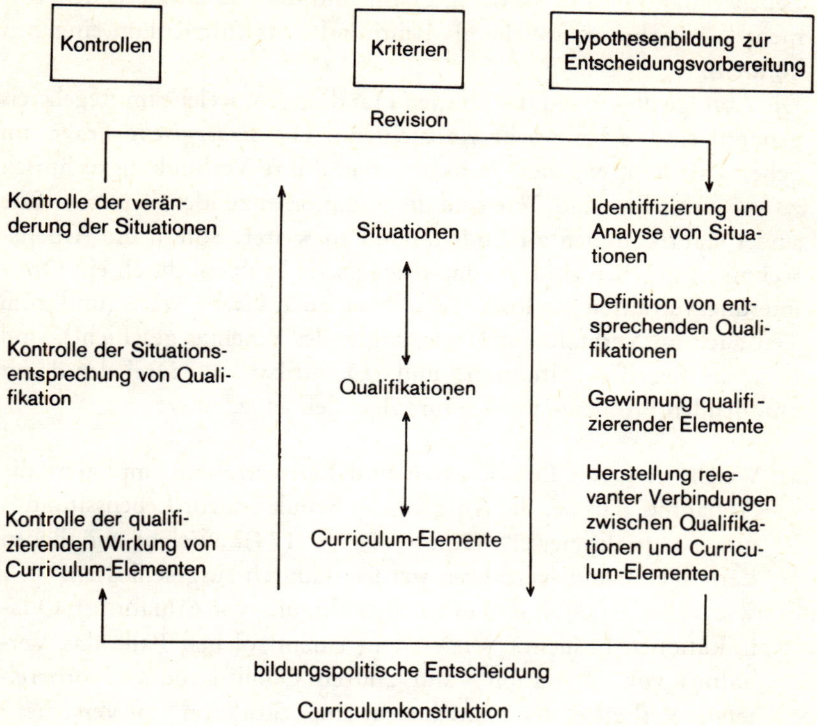

Wir geben das gesamte Schema wieder, obwohl im Moment nur der Regelkreis mit den darin enthaltenen Handlungen bedeutsam ist. Die übrigen Teile kommen im Teil II über die Strukturtheorien zur Sprache. Das Schema beschreibt den Prozeß „fortlaufender Curriculumreform". Wörtlich genommen bietet das Schema also keinen Anfang. Sofern aber das System der vorgeschlagenen Curriculumreform in einem Land neu eingeführt würde, müßte man mit den Tätigkeiten von oben rechts im Schema beginnen. Die erste Aufgabe ist dann „Identifizierung und Analyse von Situationen". Mit „Situation" sind wohl primär „Lebenssituationen" gemeint. Es sind also Lebenssituationen ausfindig zu machen, für deren Bewältigung die Schule einen Beitrag leisten kann. Der zweite Schritt besteht in der Bestimmung der „entsprechenden Qualifikationen“, welche notwendig sind, um die Lebenssituation zu bewältigen. Dann sind die „qualifizierenden Elemente“ zu erheben, welche als Lehrinhalte ins Curriculum eingehen könnten.

Die Abfolge dieser und der übrigen Handlungen, welche im Regelkreis genannt sind, scheint sehr einleuchtend. Die *strategische Frage* am Schema ist nun, wie diese Funktionen und ihre Verbindung technisch zu verwirklichen sind. Wie sind die Situationen zu identifizieren? Wie sind Qualifikationen zu finden? Und so weiter. Sofern die Arbeitstechniken gegeben sind, ist das strategische Problem durch ein Optimierungsverfahren zu lösen. Was aber zu *erklären* wäre (und zum Teil auch im Verlaufe der Darlegungen des Schemas geschieht), sind u. a. die Begriffe „Situation“ und „Qualifikation“. Drei der damit anfallenden Probleme werden im folgenden angedeutet:

a) Welche Art von Lernobjekten und Lernverfahren impliziert die Annahme, daß „es die Aufgabe der Schule ist, für Lebenssituationen zu qualifizieren“ (Knab 1969b, 174)? Welche möglichen Lernobjekte und -verfahren werden dadurch ausgeschlossen?
b) Wie ist begründbar, daß es zur Bewältigung von Situationen Qualifikationen braucht? Wie sind in einem solchen Falle das Verhältnis von „Situation“ und „durch Qualifikationen vorbereitetem Verhalten des Menschen in einer Situation“ zu verstehen? Es wird angenommen, daß das Verhalten der Person in der Situation durch gelernte Qualifikationen verbessert bzw. gesteuert werden kann. Das ist eine Aussage, die es zu belegen gilt, wenn sich die zwei ersten Schritte im Schema (Identifizieren von Situationen und Definitionen von Qualifikationen) als gültig erweisen wollen.
c) Eine dritte Frage hat U. Isenegger in seiner Arbeit über die Lernzielerhebungen (1971) herausgearbeitet: welchen Wahrheitsgehalt und welche inhaltlichen Trends bringt die Anwendung der verschiedenen Methoden zur „Identifikation von Situationen“ mit sich? Dabei ist z. B. an klassische Arbeitsplatzanalysen mit Vorgabe von Berufsspezifikationen, an Rollenanalysen oder Persönlichkeitsinventare zu denken. Inhaltliche Trends können sein „auf Zukunft orientiert“, „emanzipatorisch“, „systemimmanent“,

„auf das Verhalten des Kollektivs ausgerichtet". Der Wahrheitsgehalt kann sich auf Vorentscheidungen wie „christlich", „emanzipatorisch" oder „Erfüllung von vorhandenen Berufsfunktionen" beziehen, aber auch auf die Wahrscheinlichkeit, aufgrund der erhobenen Situation oder Qualifikation das gültige Curriculumelement bzw. den validen Unterricht zu finden. An einem Beispiel erläutert: es ist leichter, für die Qualifikation „die Signifikanztabelle für Chi-Quadrate benützen können" die gültigen Lernobjekte und -verfahren zu finden (und zu evaluieren), als für die Fähigkeit „eine Vielzahl und Vielfalt von Informationen rasch zu erfassen und unter übergeordneten Gesichtspunkten zu ordnen" (Knab 1969b, 175).

Diese Art von Problemen kann nicht allein durch die Optimierung von Handlungsabläufen gelöst werden. Sie benötigt eine Erklärung. *Diese ist etwa dadurch zu erreichen, daß man eine vorhandene Theorie zuzieht, die alle Bedingungen erfüllt und zureichende Erklärungen liefert, oder dadurch, daß man die Annahmen, d. h. die Probleme, selber zum Gegenstand von Hypothesen macht, bestimmte Lösungen als Gesetze auszuweisen sucht und zu einem theoretischen Kontext ausbaut.*

Weil diese Erklärungen und notwendigen Theorien im Berliner Schema von Knab nicht gegeben sind[1], kann nicht gefolgert werden, daß

1 Auch die anderen Schriften der Berliner Gruppe, die bis zum Sommer 1970 veröffentlicht waren, enthalten diese Thematik nicht. Vgl. u. a.:
Robinsohn S. B.: Bildungsreform als Revision des Curriculum. Neuwied 1967.
Robinsohn S. B.: Ein Struktur-Konzept für Curriculum-Entwicklung. In: Zeitschrift für Pädagogik. 15 (1969) 631—653.
Knab D.: Möglichkeiten und Grenzen eines Beitrags der Curriculum-Forschung zur Entwicklung von Bildungsplänen. In: Sonderheft 5 zu Rundgespräch. Frankfurt 1969, 26—40.
Huhse K.: Theorie und Praxis der Curriculum-Entwicklung. Berlin 1968. (Institut für Bildungsforschung).
Lenné H.: Analyse der Mathematikdidaktik in Deutschland. Stuttgart 1969.
Zimmer J.: Zur Bedeutung der Humanwissenschaften für die Curriculum-Forschung und Entwicklung. In: Sonderheft 5 zu Rundgespräch. Frankfurt 1969, 41—53.

das Schema als Handlungsschema falsch ist. Vielleicht dient der vorgesehene Handlungsablauf vorzüglich dem rationalen Entscheiden, was offensichtlich ein Hauptziel des Berliner Modells ist. Möglicherweise ergibt sich damit ein optimaler Einsatz von Arbeitskräften und eine hohe Durchsichtigkeit der Entscheidungskompetenzen der beteiligten Personen. Es dürfte auch möglich sein, mit Hilfe dieses Handlungsschemas exakte Beschreibungen von bestimmten Tätigkeiten bei der Curriculumvorbereitung zu erreichen, so daß über diesen Weg das Schema als solches mit den darin angezeigten Handlungen als optimal ausgewiesen werden könnte.

In diesem Falle dürfte sich aber ein ähnliches Phänomen ergeben, wie es H. Albert bei deutschsprachigen Soziologen in Hinsicht auf die Wirtschaft festgestellt hat. Es besteht die Tendenz, die wissenschaftlichen Aussagen über das wirtschaftliche oder, in unserem Zusammenhang, curriculare Handeln „auf eine reine *Entscheidungslogik* zu reduzieren, die nicht auf die Erklärung gewisser Phänomene des sozialen Geschehens abzielt, sondern auf Lösungen für Probleme des rationalen Verhaltens“ (Albert 1964 a, 11).

Man könnte abschließend die damit entstehenden Probleme als solche des rationalen Verhaltens im Curriculumprozeß bezeichnen. Sie kommen in der Curriculumstrategie vor und unterliegen etwa dem Kriterium der Entscheidungslogik, des rationalen Verhaltens, der Optimierung des Kräfteeinsatzes oder der Zuverlässigkeit der Informationsvermittlung. Die anderen Probleme beziehen sich auf die Erklärung von Handlungsabläufen sowie deren *Voraussetzungen und Implikationen*. Sie zentrieren sich auf Begründung und *Erklärung von Phänomenen*. Ihr Ort ist weniger die Strategie als die Theorie.

D. Das Curriculum als Prognose

Mit der Zuordnung der zwei Problemformen zur Strategie und zur Theorie soll zumindest auf der Seite der Theorie nicht endgültig festgelegt sein, daß sich die Theorie nur mit jenen Problemen beschäftigt, die Erklärungen verlangen. Die Darstellung des Einzugsbereiches der Theorien hat gezeigt, daß faktisch verschiedene Problemreformen Gegenstand von Theorien sind. Allerdings stellen sich überall im Curriculumprozeß Probleme der genannten Form, die als Lösung eine Erklärung erfordern. Das Grundanliegen des Curriculums selbst, eine gewisse Bildung zu erreichen, setzt eine Erklärung voraus. Es ist noch mehr als eine Erklärung, eine Prognose. Das Curriculum enthält immer eine ausdrückliche oder unausgesprochene Voraussage, sofern Lernen nicht einen Selbstzweck darstellt. Ohne eine tiefgreifende Analyse der Prognoseformen und -bereiche anzustellen, kann man drei offensichtliche Prognosen unterscheiden. Im Schema *„Drei Prognosen des Curriculums"* ist die einfachste Form jene vom Curriculum zum Abschluß des Unterrichts (I). Sie erscheint in der Praxis bislang am häufigsten und besteht in der Voraussage eines bestimmten Verhaltens

Drei Prognosen des Curriculums

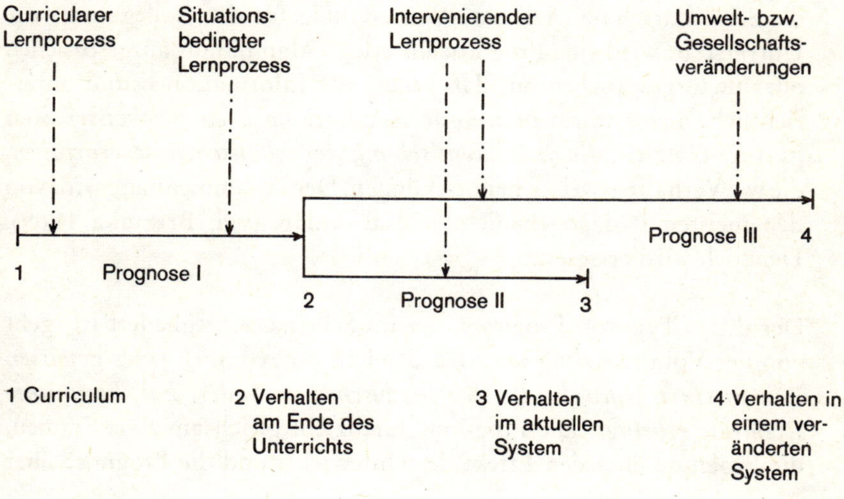

für den Zeitpunkt am Ende des Lernprozesses. Die typische Form für die Erfolgskontrolle der Prognose sind die Schultests oder Lehrerprüfungen am Ende des Unterrichts.

Die Prognose II im Schema löst in den letzten Jahren die Prognose I in der Curriculumtheorie ab[1]. Man hat festgestellt, daß eine genaue Prognose I, deren Erfüllung abgetestet worden ist, noch keineswegs das gewünschte Verhalten des Individuums in der konkreten Lebenssituation, im einfacheren Falle im aktuellen Gesellschaftssystem, garantiert. Bei industriellen Curricula, welche vorwiegend Arbeitstechniken anlernen, kann mit der Prognose I einiges gewonnen sein, indem die Prüfsituation am Ende von I die reale Verhaltenssituation relativ genau simulieren kann. Dennoch richtet man die Prognosen des Lerneffekts immer häufiger auf die reale Lebenssituation aus und überspringt die simulierte am Ende des Unterrichts in der Schule.
Ein Beispiel solcher Prognose des Typs II impliziert das Berliner Modell, das wir im vergangenen Abschnitt anhand von Knab (1969b) behandelt haben. Man spricht dort von den Qualifikationen, die jemand besitzen muß, um sich in Situationen richtig zu verhalten. Das gleiche geschieht, wenn J. Dewey von der Schule eine Demokratisierung des sozialen Verhaltens erwartet. Auch wenn man annimmt, die Sekundarschule leiste eine Vorbereitung für das College oder die Universität, wird eine Prognose unterlegt. Man nimmt ausgesprochen oder unausgesprochen an, daß bestimmte Informationen und unterrichtliche Lehrformen *bestimmte Resultate nach einer gewissen Zeit in einer Umwelt, die nicht identisch mit der schulischen ist, erbringen*, die wir Verhaltensweisen nennen können. Der Zusammenhang wird von den meisten Pädagogen nicht kausal erklärt (vgl. Brezinka 1969). Dennoch wird er gesetzt.

Der dritte Typ von Prognose, der im Schema ausgegliedert ist, geht von der Voraussetzung aus, daß der Lernprozeß *nach einer gewissen Zeit in einer Umwelt, die sich inzwischen verändert hat, bestimmte Resultate erbringt.* Die Prognose durchzieht gleichsam zwei Stadien, die Prognose über den Effekt des Unterrichts und die Prognose über

---

1 R. Gagné bezeichnet die Prognose II als „t + 2“ im Gegensatz zu I als „t + 1“;
Gagné R. M.: Instruction and the conditions of learning. In: Siegel L. (Ed.): Instruction. San Francisco 1967, 291—313, 292.

die Veränderung der Umweltbedingungen. Betrachtet man das gewünschte Endverhalten am Schluß von III, als Funktion verschiedener Faktoren, dann wird deutlich, daß noch mehr Elemente in die Prognose eingehen. Man muß voraussetzen, daß das Endverhalten eine Funktion des im Curriculum vorgesehenen Lernprozesses ist (1 = curricularer Lernprozeß). Bekanntlich wird der im Curriculum vorgesehene Lernprozeß in der Praxis durch spontane, situations-, lehrer- und schülerbedingte Lernprozesse ergänzt. Der Endeffekt ist also auch eine Funktion des spontanen Lernprozesses (2 = situationsbedingter Lernprozeß). Dazu kommen die Lernprozesse in der Zeit zwischen dem Ende des curricular geplanten Lernprozesses und dem Verhalten am Schluß von III. Der Schlußeffekt ist somit eine Funktion der intervenierenden Lernprozesse (= 3). Die Richtigkeit der Prognose ist weiter eine Funktion der Einflüsse, welche die situationsstiftende Umwelt in der Zeit zwischen dem Curriculum und dem konkreten Verhalten am Ende von III gestalten (4 = Umweltveränderung). Ohne weitere Faktoren zu berücksichtigen, wird deutlich, daß die Prognose verschiedenste Determinanten einplanen muß, die nicht im engen Sinne curricular sind. Das Endverhalten ist in unserem Beispiel die Funktion von mindestens 4 Faktoren. Schematisch zusammengefaßt:

Endverhalten III = F (curricularer Lernprozeß + situationsbedingter Lernprozeß + intervenierender Lernprozeß + Umweltveränderung).

Wie sollen nun diese Prognosen bzw. die Determinanten in den Griff genommen werden? Die meisten Curriculumautoren beanspruchen dafür die Wissenschaft. Diese liefert entweder die Theorie, welche die Prognose begründet, oder die Programmierungstechnik für Fortschreibungen, Extrapolationen oder andere Prognoseformen. Da die Arbeitstechniken bei der Prognosebildung sehr kompliziert sind, schlägt man auch vor, die Wissenschaft in Form von Experten zuzuziehen und diese in prospektivem Geiste die Prognosen formulieren zu lassen. Aber in jedem Falle bleibt der Anspruch der wissenschaftlichen Begründung.
Wie kann die Wissenschaft aber eine solche Prognose leisten? Geht es hier nicht gleichsam um eine historische Voraussage, um einen Vorblick in die Geschichte von Personen, die für sich die Freiheit postulieren?

Die Fragen liegen im Problemraum, den K. R. Popper bei jenen Historikern und Politologen gefunden hat, die es als Notwendigkeit voraussehen, in der Zukunft unter kollektivistischen und autoritären Gesellschaftssystemen leben zu müssen. Die wissenschaftstheoretische Grundfrage, die Popper an solche Prognosen stellt, gilt in gleicher Weise für die Prognosen des Curriculums, insbesondere für jene des Typs II und III: „Liegt es in der Macht einer Sozialwissenschaft, solche anspruchsvollen historischen Voraussagen zu machen?" (Popper 1949, 2). Es versteht sich, daß es hier um „eine Methodenfrage der Sozialwissenschaft" (1949, 3) im allgemeinen geht, die das Curriculum als Theorie betrifft. Konkret heißt das Problem: *kann die Theorie des Curriculums die Prognosen im Curriculum begründen?* Oder: *kann das Curriculum als Theorie solche Prognosen leisten?*

Wenn wir in einer abschließenden *Zusammenfassung* alle Problemfelder der aktuellen Curriculumtheorien nebeneinanderstellen, zeichnen sich einige Gruppen ab. Zuerst sind es die Probleme in Verbindung mit den Handlungen im Curriculum. Die Tätigkeiten im Curriculumprozeß stellen sowohl an den Praktiker wie an den Theoretiker Fragen. Sie beziehen sich auf die optimale Organisation der Handlungen, die Zuverlässigkeit und die Rationalität von Verhalten. Ein Stichwort in diesem Zusammenhang ist die Forderung nach rational begründeter Entscheidungslogik.
Diese Probleme sind eher den Curriculumstrategien zuzuordnen, während eine zweite Gruppe eher bei den Theorien gefunden worden ist. Das Charakteristikum der letzteren ist die Forderung nach Erklärung. Diese Probleme verlangen nicht nur eine rationale Legitimierung und Transparenz, sondern eine Erklärung von Phänomenen.
Eine dritte Gruppe von Problemen ist methodologischer Art. Sie zeigte sich besonders deutlich beim Vergleich der Strategie mit der Theorie des Curriculums und im zweiten Abschnitt über die Probleme in den Handlungsräumen. Die Wahl der Bereiche, die im Curriculumprozeß problematisiert werden (z. B. Handlungstechniken oder Wirkungen), und die Aussageform, die man in der Curriculumtheorie machen will (z. B. Prognose oder Zustandsbeschreibung) bestimmen die Verfahren, mit denen die Probleme anzugehen sind. Im einen

Falle können es Programmierungstechniken, im anderen Fall Verfahren der Hypothesenbildung sein.

Für den Fortgang der Arbeit hat die Darstellung von Problemen des Curriculums Erschließungsfunktion. Die Probleme können vielleicht später in einigen Punkten beantwortet werden. Die beschriebenen Probleme machen aber schon jetzt die Fragen und Aufgaben deutlich, die sich für die Curriculumtheorien stellen: Soll und kann sich eine Theorie des Curriculums primär oder ausschließlich mit den Tätigkeiten im Curriculumprozeß beschäftigen und damit zu einer Strategie des Curriculums werden? Ist das Curriculum ein optimierbares System oder ein Feld willkürlich angesetzter Handlungen, die nur in ihren Zielsetzungen rational einsichtig sein müssen? Muß sich die Theorie des Curriculums als Theorie verstehen, die Prognosen ableiten läßt? Oder überläßt die Theorie die Prognosen einem technologischen Ansatz, um sich auf die Zielproblematik zurückzuziehen? Es stellt sich aber auch schon jetzt die Frage: können alle diese Probleme in einer einzigen Theorie oder in einer einzigen Strategie untergebracht werden oder drängt sich nicht zum voraus eine Aufteilung in mehrere Gebiete auf, die separat behandelt werden?

Diese Fragen werden bei der Analyse der einzelnen Curriculumtheorien und Theorieformen detailliert aufgegriffen. Da dem Teil I der Zweck einer einleitenden Übersicht über die Ziele und Probleme der Curriculumtheorien zukommt, soll in den folgenden Abschnitten versucht werden, die Curriculumtheorien zu klassifizieren.

4. Methoden der curricularen Theorienbildung

Gegenwärtig dürften etwa 15—20 Arbeiten den ausgebauten Stand von Theorien erreicht haben. Weitere 20—30 Arbeiten präsentieren sich als Ansätze, die soweit entfaltet sind, daß ersichtlich wird, welche Endformen die Theorie erreichen wird. Die Ansätze enthalten meistens relativ exakte begriffliche Grundlagen, Hinweise auf die Schwerpunkte der Theorien, deren Einzugsbereich, Abstraktionsebene und die Methoden.

Darüber hinaus bestehen mehrere Dutzend Aufsätze und Bücher, die Teile oder Voraussetzungen von Theorien behandeln. Dazu kommen noch viele experimentelle Untersuchungen, die einzelne Hypothesen oder Variablen herausgreifen.

Die Systematisierung bezieht sich auf die ersten beiden Gruppen. Sie beschränkt sich im übrigen auf typische Positionen, so daß verschiedene Arbeiten nicht in der Systematik genannt werden, obwohl sie bedeutsam sind. Der erste Systematisierungsversuch nimmt die Methoden der Theorienbildung zum Gegenstand.

Die Methoden der Theorienbildung sind nicht identisch mit den Methoden zur Konstruktion eines Curriculums. Die Curriculumkonstruktion umfaßt die Entwicklung von konkreten Curricula, die weder aus einer Theorie abgeleitet, noch ihrerseits Gegenstand einer Theorie sein müssen (Goodlad 1964; Fraser 1964, 89). Die Methoden der Theorienbildung führen zu Sätzen über das Curriculum. Da die Methoden, welche zu solchen Sätzen führen, differieren, fallen auch die Formen der Sätze, deren Verbindungen und Aussagebereiche unterschiedlich aus. Mit anderen Worten, die Theorieformen stehen mit in Abhängigkeit von Methoden. Insofern liefert die Systematisierung der Methoden auch Hinweise auf systematisierende Tendenzen der fertigen Theorien. Es läßt sich insbesondere feststellen, daß die

Methoden der Theorienbildung die Funktionen der Theorien mitbestimmen und umgekehrt. Bei den aktuellen Curriculumtheorien kommen 4 Methoden schwerpunktweise zur Anwendung. Man kann sie in einer Formel folgendermaßen bezeichnen:

(1) nomothetische Methode,
(2) rationalisierende Methode,
(3) agothetische Methode,
(4) globalisierende Methode.

A. Nomothetik

Die nomothetische Methode (Gesetze aufstellende Methode) sucht nach den überdauernden Merkmalen. Sie zentriert sich auf die Formulierung von Sätzen, die nicht nur für ein einziges Curriculum gültig sind. In welcher Form die Sätze verbunden sind, ist unbestimmt. Immerhin sollen sich die Sätze nicht widersprechen. Idealerweise führt die Kombination einzelner Sätze zur Postulierung neuer Sätze, die aber nicht unmittelbar als solche angenommen werden. Man setzt als Kriterium für die Annahme eines Satzes die experimentelle zwischenmenschliche Überprüfbarkeit.
Zudem vermeidet man im allgemeinen, Axiome an den Anfang zu setzen, so daß sich von daher keine Möglichkeit ergibt, aus Kombinationen von Sätzen gewonnene Sätze unmittelbar als gültig anzusehen. Die Methode entspricht in den wesentlichen Zügen der sogenannten hypothetisch-deduktiven Methode (Bochenski 1959, 101). Doch liegt das Charakteristikum nicht in diesem Aspekt. Auch die globalisierende Methode kann hypothetisch-deduktiv ausgerichtet sein.
Bezeichnend ist der Gegensatz zur idiographischen Methode (Eigenheiten oder Eigenschaften beschreibende Methode). Das kann in zwei Richtungen verstanden werden, einmal daß nicht Eigenheiten eines Mathematikcurriculums oder eines Vorschulcurriculums oder eines schwedischen Curriculums behandelt werden. In der anderen Richtung kann das bedeuten, daß man die Gesetze nicht nur auf einen be-

liebig kleinen Zeitpunkt im Curriculumprozeß, z. B. auf die Lernzieltaxonomisierung oder auf die Schlußevaluation, bezieht. Vielmehr wird versucht, die Gesetze auf längere Perioden im Curriculumprozeß oder mehrere Komponenten des Curriculums auszudehnen[1].
Es versteht sich, daß die Gesetze unter Hinzunahme weiterer Erkenntnisse oder Postulate zu Theorien ausgebaut werden sollen. Doch kann dieser Schritt weniger direkt gegangen werden als der von den Protokollaussagen zu den Gesetzen. Diese Problematik ist in der allgemeinen Wissenschaftstheorie eingehend besprochen worden und stellt sich für die Curriculumtheorien gleich dar (von verschiedenen Gesichtspunkten aus beschreiben das Problem: Reichenbach 1952; Bunge 1967; Carnap 1960; Stegmüller 1965; Kneller 1963; Luyten 1969).

Die Resultate der nomothetischen Methode müssen somit nicht nur feststellende Sätze etwa im Sinne der Protokollaussagen bleiben. Sie können darüberhinausgehen und auf Erklärung von Phänomenen tendieren. Erklären versteht sich hier im Sinne, wie es W. Stegmüller in der Unterscheidung von „Begründen" und „Erklären" dargelegt hat (1969, 75). Es erscheint zweckmäßig, diese beiden Tendenzen (Erklären und Begründen) nicht als einander ausschließende Bestrebungen zu betrachten, sondern in der Suche nach Erklärungen spezielle Fälle des Suchens nach Gründen zu erblicken, nämlich ein Forschen nach Gründen, das zugleich ein Forschen nach Ursachen bildet" (1969, 75).
Typische Vertreter der nomothetischen Methode sind G. A. Beauchamp[2] und M. Grandstaff (1968). Beauchamp akzentuiert die nomo-

---

1 Der Gegensatz von nomothetischer und idiographischer Methode stellt sich ähnlich in der psychologischen Persönlichkeitstheorie.
Thomae H.: Das Individuum und seine Umwelt. Göttingen 1968, vor allem 10—102.

2 Beauchamp G. A.: Curriculum Theory. Wilmette (Ill.) 1968².
In den allgemeinen Methodenfragen beruft sich Beauchamp auf z. T. widersprüchliche Referenzen wie
Logan F., Olmstead D.: Behavior theory and social science. New Haven 1955.
Hall C. S., Lindzey G.: Theories of personality. New York 1957.
Homans G.: The human group. New York 1950, oder T. Parsons Werk.

thetische Methode vor allem in seinen Ausführungen zur Methode der Theorienbildung, während er bei seinem konkreten Entwurf eher mehrere Methoden verwendet. Grandstaff setzt die nomothetische Methode voraus und beschäftigt sich hauptsächlich mit dem Aufweis von Problemfeldern, in denen nomothetische Verfahren fruchtbar eingesetzt werden können.

B. Rationalisierung

Während die nomothetische Methode eher ihre Gegenstände sucht und sie nach vielfältigen Abklärungen herausschält, geht die rationalisierende Methode von vorgegebenen curricularen Zuständen (z. B. Komponentensystem) oder Ereignissen (z. B. Handlungen) aus. Ihr Ziel ist mehr die Legitimierung als die Erklärung, mehr die Begründung als die Analyse.

Sie nimmt häufig Tätigkeiten im Curriculumprozeß als Objekt und legt sie als Entscheidungsabläufe aus. Die Aufgabe der rationalisierenden Methode besteht dann darin, die Determinanten aufzudecken, welche die Curriculumentscheidungen beeinflussen können, oder die Wahlmöglichkeiten auszugliedern oder die ideologiekritischen Angelpunkte bloßzulegen. Doch das Endergebnis der rationalisierenden Methode ist nicht nur ein formales Instrumentar zum Auffinden von Begründungselementen, gleichsam eine Heuristik. Das Resultat ist in der endgültigen Form vielmehr ein Aussagesystem, das aufzählt, welche Gesichtspunkte und Alternativen bei den Entscheidungen bzw. Handlungen zu berücksichtigen sind.

Die rationalisierende Methode läßt sich häufig einige Ziele vorlegen, um ausgehend von diesen eine System- oder Determinantenanalyse durchzuführen. Man befaßt sich mit Prozeßanalysen wie Bengtsson und Lundgren (1969) oder Dahllöf (1967), um die Mechanismen des Curriculumprozesses durchsichtig zu machen. Zu den rationalisierenden Verfahren gehört auch das Identifizieren von Ressourcen und Rückkoppelungsabläufen (z. B. ASCD 1962; Platt 1964). Dabei ist das Entscheidende an der rationalisierenden Methode nicht ihr Gegenstand, nämlich Determinanten oder Ressourcen (wie Kind, Gesellschaft, Recht, Finanzen usw.), sondern die Kombination von a) der Sicht des Curriculums als Determinantensystem, Entscheidungsprozeß etc., b) der Analyse der Determinanten etc. und c) des intendierten Resultates, nämlich in Verbindung mit vorgegebenen Zielen Begründungen (rationales) und Entscheidungskriterien zur Verfügung zu stellen.

C. Agothetik

Das Verfahren stiftet Handlungen und Aufgaben, welche eine Führung, d. h. eine Tätigkeit verlangen. Vordergründige Funktion der Theorie ist nicht die Begründung von Handlungen, die als offensichtlich notwendig erscheinen, sondern der Aufweis der Notwendigkeit von Handlungen. Auf welche Motive sich die einzelnen Handlungen abstützen, ist zweitrangig.

Die Methode dient der Suche von Gebieten, in denen Handlungen erforderlich werden. Die Methode beginnt im allgemeinen mit der Annahme eines Idealtyps von Curriculum oder mit einem Globalmodell des Curriculumprozesses oder mit der Fixierung einiger Ressourcen wie Finanzierung, Informiertheit der Arbeitskräfte. Innerhalb der groben Umrisse beginnt dann eine Analyse des Systems. Die Systemanalyse setzt sich selber auch einige Ziele. Man erstrebt etwa einen möglichst transparenten Curriculumprozeß, so daß überall dort Handlungen einzusetzen sind, wo diese leicht kontrollierbar sind, und dort, wo der Curriculumprozeß ohne eingreifende Handlungen den dazwischenkommenden Variablen ausgesetzt ist. Eine andere Zielsetzung kann der minimale Kostenaufwand sein. Ein anderes denkbares Ziel ist die möglichst einfache Einführung des Curriculums in die Alltagsarbeit. Einen solchen Weg haben z. T. C. Möller (1969), R. Emans (1968), Wood (1960) und Neagly, Evans (1969) begangen.

Nicht zu verwechseln mit der agothetischen Methode ist das Verfahren, das Macdonald (1965) anwendete. Er brauchte die Systemanalyse nur, um die theorie- oder systemrelevanten Gebiete abzugrenzen. Aus seinen Analysen entstehen keine Handlungsanweisungen. Hingegen ist der informationstheoretische Ansatz von Ryans (1965) insofern agothetisch, als er aufgrund gewisser Vorgaben und Analysen des Curriculumprozesses handlungsstiftende Ergebnisse zu Tage fördert. Ryans kommt vor allem aufgrund zweier Postulate zur agothetischen Methode. Er fordert im Curriculumprozeß eine optimale Informationsvermittlung und postuliert, daß der informationstheoretische Ansatz dieses Problem am besten erhellt. Das Resultat ist eine Folge von notwendigen Handlungen. Hier ist die agothetische Methode wesentlich durch das zugezogene Verfahren (informationstheoretisch orientierte Systemanalyse) bedingt. Die Wahl des Verfahrens beruht aber wieder auf einer Vorentscheidung, nämlich, daß Curriculum primär Curriculumprozeß ist und daß dabei die Informationsvermittlung den Hauptgesichtspunkt darstellt.

Kennzeichen für die agothetische Methode ist a) die Annahme einer Anzahl von Zielsetzungen oder eines Organisationsrahmens des Curriculums, b) die Betonung des Prozeßcharakters des Curriculums (ausgelegt als Entscheidungsprozeß, Informationsprozeß, Handlungsstrategie usw.), c) Analyse der Prozesse und Funktionen unter vorgegebenen Gesichtspunkten (z. B. Transparenz, optimale Arbeitsökonomie), d) wobei meistens Vorschläge für Organisationsformen, Entscheidungen oder andere Tätigkeiten im Curriculum resultieren. Die Wahrheit der Resultate erweist sich aus den Vorgaben (a), der Analyse (c) und der Evaluation in der Praxis.

Die Input-Output-Modelle basieren als solche nicht auf der agothetischen Methode. Sie können handlungssetzende Wirkung haben. Auch die Evaluationsmodelle zählen nicht unmittelbar dazu. Sie bilden eine Mischform von verschiedenen Methoden. Die kybernetische Pädagogik und die sogenannte „mechanische Didaktik" (Cube 1961) sind insofern der agothetischen Methode verpflichtet, als sie zuerst gewisse Prämissen vorlegen, dann Analysen von Prozessen vornehmen und diese in Hypothesen über die notwendige Programmation der Programmbildung umsetzen, um die Hypothesen empirisch zu überprüfen. Dieses Verfahren läßt sich in der Pädagogistik von H. Frank (1969b) und insbesondere in der Praxis der kybernetischen Pädagogik beobachten (z. B. Frank 1966; Blischke et al. 1968). Die Theorie bzw. Logistik der Computer Assistierten Instruktion (CAI) ist, wenn auch nicht ausschließlich, dem agothetischen Verfahren verpflichtet (vgl. Lumsdaine, Glaser 1960). Es bleibt allerdings die Frage, ob diese Formen der Unterrichtsplanung als Curriculum zu bezeichnen sind.

D. Globalisation

Globalisieren hat hier die Bedeutung von „verallgemeinernder Synthese". Grundlage ist ein Ansatz, der auf alle curricularen Bereiche ausgedehnt wird. Der Ansatz umfaßt einen bestimmten inhaltlichen Einzugsbereich und/oder ein Problemgebiet.

Typisch für die Kombination beider Aspekte des Ansatzes ist die „zätetische Taxonomie" von Tykociner (1964)[1]. Tykociner stellt die Annahme auf, das das Erkenntnisfördernde in der Wissenschaft liegt. Zugleich erklärt er als Ziel des Lernens, die vorhandenen Erkenntnisbestände aufzunehmen und weiter zu ergänzen. Um dieses Ziel zu erreichen, müssen die Wissenschaften unter dem Gesichtspunkt der Erkenntnissuche (Zätetik) ins Curriculum umgesetzt werden. Dabei liefert die Theorie der Zätetik selber die Kriterien, nach denen die richtigen Themen aus den Wissenschaften ausgewählt werden.

Der inhaltliche Ansatz liegt im Beispiel von Tykociner in der Auswahl der Lernobjekte (a). Der Problemansatz bezieht sich auf die Kriterien und Ressourcen für die Auswahl der Lernobjekte (b).

Zu a: die Auswahl der Lernobjekte in Zusammenhang mit einer zätetisch orientierten Analyse der Wissenschaft bildet das Fundament des Curriculums. *Der Autor stellt den gesamten Curriculumprozeß als diese auswählende Aufnahme des „Zätetischen" aus den Wissenschaften dar.* Er sagt nicht, die Bestimmung der zätetischen Elemente für das Curriculum repräsentiere den gesamten Curriculumprozeß. Doch baut er diese auswählende Bestimmung, welche in unserer Bezugsdefinition nur einen kleinen inhaltlichen Teil des Curriculums bzw.

---

1 Zätetisch = Erkenntnis suchend; Taxonomie = theoretisch begründete Klassifikation.

des Curriculumprozesses ausmacht, zu einem *Konzept für das gesamte Curriculum* aus.
Zu b: die globalisierende Methode wird leicht verständlich, wenn das Schema „Probleme in den Handlungsräumen" zugezogen wird. Dabei wird deutlich, daß der Autor nicht das Problem der Auswahlkriterien an Stelle aller curriculumtheoretischen Probleme insgesamt ansieht. Vielmehr nimmt er dieses Problem auf und überzieht die übrigen Probleme mit der Lösung des genannten Ansatzproblems. Er analysiert die übrigen Probleme nicht für sich, um dort Teiltheorien des Curriculums zu plazieren wie z. T. G. A. Beauchamp (1968) oder H. Taba (1962), D. K. Wheeler (1967) oder B. O. Smith, W. O. Stanley und J. H. Shores (1957).
Das globalisierende Verfahren ist somit nicht die reine Verallgemeinerung eines Ansatzes, aber auch nicht die Analyse jedes Problembereiches. Man könnte sie eher beschreiben als *kreative Übertragung oder verallgemeinernde Synthese aufgrund eines Ansatzes in Hinsicht auf andere Probleme bzw. inhaltliche Bereiche des Curriculums.*

Die globalisierende Methode kann Handlungsanweisungen oder theoretische Sätze für Gebiete außerhalb des Ansatzes erbringen. Die globalisierende Methode ist nicht identisch mit der retroduktiven, die E. S. Maccia (z. B. 1965 a) für die curriculare Theorienbildung vorgeschlagen hat. Die retroduktive Methode greift eine bestehende Theorie auf und führt sie auf ihre wesentlichen formalen Aufbauelemente zurück. Diese bilden ein Modell für eine Theorie des Curriculums. Die Curriculumtheorie beruht also auf einem bestimmten Ansatz. Doch ist dieser nach Ansicht von Maccia nur formaler, methodologischer Natur. Immerhin kommt an der retroduktiven Methode ein Charakteristikum der Globalisation zum Vorschein. Häufig liefern außercurriculare Theorien oder Denkmodelle den Einstieg in die globalisierende Methode. Deutlicher als in der zätetischen Taxonomie fällt der Fremdbestand beim „Strukturansatz" auf, der im Anschluß an J. S. Bruners Untersuchungen (z. B. 1956; 1962) entwickelt worden ist. Die Struktur ist bei Bruner ursprünglich aus einem psychologischen Kontext entstanden, näherhin aus der Psychologie der Begriffsbildung im Anschluß an Piaget. Das Wort Struktur, das im

genannten psychologischen Zusammenhang die Aufbauform beim Lernen eines Begriffes meinte, ist zu einer allgemeinen Theorie des Curriculums ausgebaut worden, indem die Wahl der Themen, die Ausgliederung der Themeninhalte, die Anlage des Lernweges usw. in der Strukturtheorie aufgehoben worden sind.
Neben der zätetischen Taxonomie und der Strukturtheorie trägt auch der Theorieversuch von King und Brownell (1966) globalisierende Züge. Ausgangspunkt ist dort der bekannte Satz, daß die Schule der Mikrokosmos der Welt des Intellekts sei. Die globalisierende Methode läuft auch hier darauf hinaus, daß der Ansatz verallgemeinernd und synthetisierend auf alle curricularen Gebiete und Probleme ausgedehnt wird.

Von keiner der 4 dargelegten Methoden könnte man zum voraus sagen, daß sie die anderen übertreffe. Die Funktionen der resultierenden Curriculumtheorien unterscheiden sich in z. T. unvergleichbarer Weise. Die ungeprüften Vorgaben, auf die sich die Methoden stützen, differieren. Das gleiche gilt vom Wahrheitsanspruch der gefundenen Sätze und der Form der Theorien. Allen Methoden ist gemeinsam, daß sie auf einen Curriculumbegriff ausgerichtet sind, der nicht mit einer einfachen Erklärung oder einem einzigen Prinzip darzulegen ist. Das kommt auch bei den unterschiedlichen Funktionen der Theorien zum Ausdruck, die mit den einzelnen Methoden verbunden sind.
Anzumerken ist vielleicht noch, daß die 4 Methoden (nomothetisch, rationalisierend, agothetisch und globalisierend) nicht sämtliche Teilmethoden und Methodenvarianten vollständig in sich aufnehmen, die bei der Bildung von Curriculumtheorien zu beobachten sind. In der Systematik gingen vor allem die Verfahren ein, die für die curriculare Theorienbildung charakteristisch sind und als solche zu Theorien führen. Methoden, die nur einen Teil des Weges zur Curriculumtheorie erfasssen, etwa als Evaluationsmodell (Tyler 1964), als Entwicklung von formalen Theoriemodellen oder als Ableitung von Curriculumprinzipien aus einer Gesellschafts- oder anderen Theorie (Acland 1966; Hentig 1965; Hunt 1962; Ausubel 1967) sind nicht als eigene Methodentypen herausgestellt worden.

5. Systematik der Curriculumtheorien

A. Die Problematik einer Systematisierung

Die Übersicht über die Curriculumtheorien in den einleitenden Kapiteln hat mehrere mögliche Ansätze aufgezeigt, die zu einer Systematik ausgebaut werden können, um darin die vorhandenen Theorien einzutragen. Solche Merkmale, nach denen sich Theorien unterscheiden lassen, sind der Grad der idiographischen Konkretheit, der inhaltliche Einzugsbereich oder auch die 4 Methoden der Theorienbildung (Nomothetik, Agothetik, Globalisation, Rationalisierung).

Die Merkmale stehen in unterschiedlichen Bezugsrahmen. Ein Bezugsrahmen ist die Theorienbildung, ein anderer der Umfang der Aussagen (inhaltlicher Einzugsbereich), ein anderer das Abstraktionsniveau. *Die Systematisierung der Curriculumtheorien muß also entweder ein übergeordnetes Systematisierungsgitter voraussetzen, das die verschiedenartigen Bezugssysteme in sich aufhebt, oder sie muß sich auf einzelne Merkmale beschränken.* Im letzteren Falle erfolgt die Systematisierung z. B. in Hinsicht auf das Merkmal Abstraktionsniveau oder den Einzugsbereich oder die Methode der Theorienbildung. Solche Systematisierungen haben Smith, Stanley und Shores (1957), Goodlad und Richter (1966) und Beauchamp (1968) vorgenommen. Eine Systematik nach mehreren Merkmalen, d. h. eine mehrdimensionale Systematik ist nicht bekannt.

Immerhin tut sich bei den bisher behandelten Merkmalen ein Ansatz für die Systematisierung auf. Die Merkmale treten in verschiedener Intensität auf. Es lassen sich zwei Pole definieren. An einem Pol befindet sich die Theorie, die das Merkmal am schwächsten repräsentiert. Am andern Pol liegt die Theorie mit dem größten Intensitätsgrad. Eine solche Systematisierung auf einer Skala ist bei einem Merkmal wie

idiographische Konkretheit oder Globalisation anwendbar. Bei Merkmalen wie inhaltlicher Einzugsbereich oder Objektivationsform muß eine Norm gesetzt werden, die den optimalen Intensitätsgrad fixiert. Im Falle des Merkmals Abstraktionsniveau könnte das geringe Abstraktionsniveau im Gebiet der experimentellen Theorienbildung liegen (entsprechend den experimentellen Postulaten von Beauchamp). Das andere Extrem könnte bei einer einfachen mathematischen Formel (nach dem Muster von Maccia et al. 1966) oder der Systemtheorie festgesetzt werden.
Im folgenden sollen einige solcher Systematisierungsansätze dargestellt werden.

B. Ansätze der Systematisierung

1. Immanenz der Problemressourcen

Dieses Merkmal basiert auf der Beobachtung, daß verschiedene Curriculumtheorien Probleme zum Ausgang und Gegenstand der Theorienbildung machen. Solche Probleme sind u. a. der Entscheidungsprozeß angesichts der verschiedenen möglichen Entscheidungsträger, Informationsvermittlung im Curriculumprozeß. Problemorientiert sind zum Teil die Arbeiten von Robinsohn (1967), Herrick (1965), Tyler (1949), Grandstaff (1968).
Als Bezugspunkt für die Bestimmung der Immanenz wird das Curriculum als kodifizierte Bildungsabsicht genommen, wie es durch Johnson (1967), Beauchamp (1968) und die hier zugrundeliegende Definition aufgewiesen ist.
Es ist in einer Theorie *dann* eine hohe Immanenz der Problemressourcen vorhanden, wenn diese aus dem Gebiet der kodifizierten Bildungsabsicht, also der Darstellung der anvisierten Bildung, gewonnen sind. Hochimmanente Probleme sind somit z. B. der Aufbau des Komponentensystems, die Informationsstruktur des Curriculums — oder prozessual betrachtet, die Voraussetzungen und Wirkungen des Cur-

riculums als Dokument. Eine Theorie benützt *dann* wenig immanente Problemressourcen, wenn sie sich auf Probleme stützt, die nicht spezifisch curricular sind, sondern primär in anderen Sachbereichen vorkommen und nur per Analogie oder Retroduktion mit dem Curriculum in Verbindung gebracht werden (z. B. Maccia et al. 1965). Die Im-

Immanenz der Problemressourcen

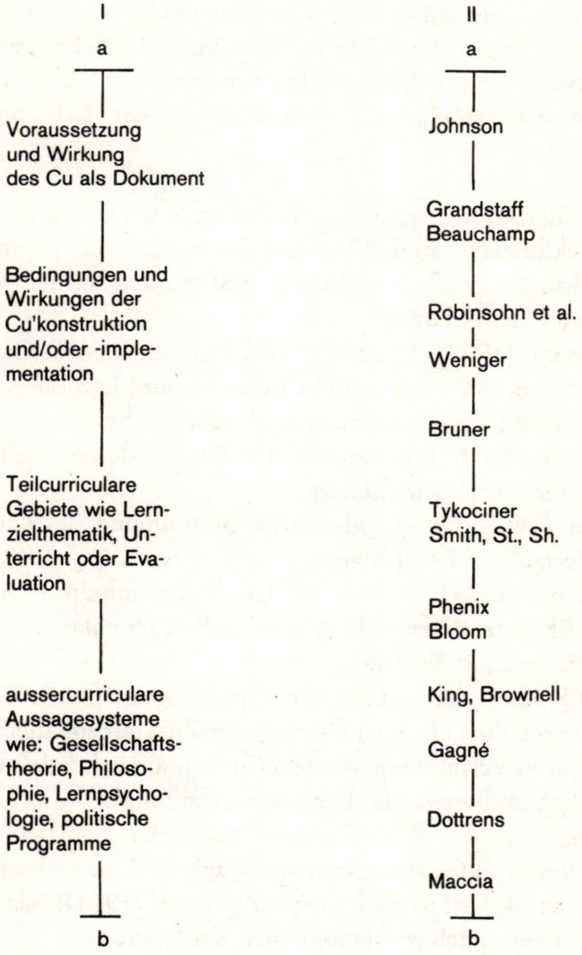

manenz nimmt auch ab, wenn die behandelten Probleme nur Teile des Curriculumprozesses aufgreifen, die überdies mit dem Curriculum als Dokument nur indirekt zu tun haben. Dazu gehören etwa die Lernzielthematik oder die Implementationskontrolle.
Im Schema „Immanenz der Problemressourcen" stehen unter I einige Ressourcen, unter II einige Autoren bzw. Autorenkollektive. „a" bildet den Pol mit hoher Immanenz, „b" den Pol mit geringer Immanenz. Da unter I im Schema nicht sämtliche Ressourcen aufgeführt werden können, die den einzelnen Autoren entsprechen und deren Position in der Systematik erklären, sind kurz die Schwerpunkte der Problemressourcen der Werke in II zu nennen. Die Theorien der einzelnen Autoren werden ausführlich in den Teilen II, III und IV behandelt.

— Johnson (1967): Curriculum als Dokument, als Output aus einem Entwicklungssystem und Input in ein Instruktionssystem;
— Grandstaff (1968): inhaltliche Bestimmung und Aufbau des Komponentensystems;
— Robinsohn (1967); Knab (1969b); Zimmer (1969): Curriculumentwicklung mit Schwerpunkt Lernziel- und Lernobjektauswahl;
— Beauchamp (1968): Curriculum als Dokument;
— Weniger (1951): Problematik der Entscheidungsträger und der Ressourcen der Entwicklung;
— Bruner (1962, 1966): inhaltliche Bestimmung des Curriculums und Verlauf des Lernprozesses;
— Tykociner (1964): Aufbau der Curriculuminhalte und Lernzielthematik unter Verwendung eines außercurricularen Ansatzes in der Wissenschaftstheorie;
— Smith, Stanley, Shores (1957): verschiedenartige Problemressourcen, die mehrheitlich aus nichtcurricularen Zusammenhängen resultieren, aber in Verbindung mit dem Curriculum behandelt werden — vor allem im Bereich der Lernzielbegründungen;
— Phenix (1964): Klassifikation möglicher Curriculuminhalte unter Verwendung einer Systematik aus den Einzelwissenschaften;
— Bloom et al. (1956) und Krathwohl et al. (1964): Klassifikation der Lernziele nach psychologischen Kriterien;

- King und Brownell (1966): Klassifikation von möglichen Curriculuminhalten, besonders nach einer vorgegebenen Systematik der Kultur des „Intellekts";
- Gagné (1969): Hierarchie der Lernbedingungen (Lernarten) nach lernpsychologischen Gesichtspunkten;
- Dottrens (1946): Lernzielthematik unter gesellschaftlichen und psychologischen Perspektiven mit starker Berücksichtigung von Dewey;
- Maccia et al. (1966): Determinanten des Curriculumprozesses mit Verwendung außercurricularer Theorien.

Es sind hier nur typische Autoren oder Werke ausgewählt worden. Die Liste ist nicht vollständig. Sie spiegelt auch keine qualitativen Merkmale wieder. Zwischen Beauchamp und Bruner könnten z. B. auch Glaser (1966), Flechsig, Garlichs, Haller, Heipcke (1970), Tyler (1949) oder Wheeler (1967) lokalisiert werden. In der Nähe von Phenix und Gagné wären auch verschiedene Taxonomien, Ausubels Theorie der kognitiven Strukturen (1967), die stochastischen Lernmodelle (z. B. Kelbert 1969) oder Curriculumstrategien eintragbar.

Die Aufreihung der Autoren im Schema macht deutlich, daß mit diesem Verfahren eine gewisse Systematisierung der vorhandenen Curriculumtheorien erreicht werden kann. Die Positionen der einzelnen Theorien überschneiden sich aber häufig. Eine zuverlässige Klassifizierung wäre höchstens nach 3 Klassen möglich: „sehr immanent", „immanent" und „schwach immanent", wobei die Kriterien exakt zu definieren wären. Die daraus resultierende Feststellung, daß es unmöglich ist, die vorhandenen Curriculumtheorien stringent zu systematisieren, zeigt die Vielschichtigkeit der curricularen Phänomene und der theoriebildenden Objektivierungsformen. Das Merkmal „Immanenz der Problemressourcen" läßt sich nicht isolieren, um unabhängig von anderen Merkmalen die Theorien zu unterscheiden und nach einem Kriterium zu klassifizieren. Die Systematik leistet nur die Angabe einer Tendenz zu Immanenz oder Nicht-Immanenz. Ähnlich ist die Situation bei anderen Merkmalen wie „inhaltlicher Einzugsbereich".

2. Inhaltlicher Einzugsbereich

Unter Inhalt wird der Gegenstand der Theorie verstanden. Inhalt sind die Gebiete, über welche die Theorie Aussagen liefert. Der größtmögliche Einzugsbereich ist z. B. der gesamte Curriculumprozeß, von der Entscheidung für die Entwicklung eines Curriculums bis zur Schlußevaluation. Nimmt man als optimalen Einzugsbereich, der dem Pol a im Schema entspricht, den gesamten Curriculumprozeß, kann als Pol b ein kleines Gebiet stehen wie die Informationsstruktur des Lernziels, eine Berechnungsformel in der Evaluation oder die Sequenz einer bestimmten Curriculumeinheit. Das Schema für dieses Merkmal soll nicht mehr entwickelt werden, da der Aufbau und die Problematik am Beispiel der „Immanenz der Problemressourcen" erläutert werden konnte. Dafür sollen noch einige weitere Merkmale zur Sprache kommen.

3. Weitere Systematisierungsmerkmale

Ein aufschlußreiches Merkmal ist der *„Anspruch auf erklärende Aussagen"* in der Curriculumtheorie. Dieses Merkmal ist im Abschnitt über die Probleme in den Handlungsreihen entwickelt worden. „Erklären" setzt sich von „Begründen" ab. Eine Vorstufe zu erklärenden Sätzen sind beschreibende. Noch weiter entfernt vom optimalen Pol a befinden sich die präskriptiven, normativen Sätze. Beauchamp hat die vorhandenen Curriculumtheorien am eingehendsten unter diesem Merkmal analysiert.

Viele Curriculumtheorien haben eine Tendenz zur *„Prozeßorientierung"* oder zur *„Strukturorientierung"*. Aspekte der Prozeßorientierung sind die Behandlung der Verfahrensfragen bei der Curriculumkonstruktion, der Handlungsabläufe, der Entscheidungsträger, der Ökonomie der Arbeitskräfte, der Arbeitstechniken, der Implementation und Innovation. Im Extremfall wird vom Inhalt, der Relevanz und der Rechtfertigung des Curriculums abgesehen. Die Kriterien für die Theorienbildung rekrutieren sich aus dem Verfahrensbereich (z. B. Handlungstheorien, Informationstheorie).

Aspekte der Strukturorientierung sind die Behandlung der Lernobjekte, der thematischen Strukturierung der Lernobjekte, der Beziehung von Lernobjekt und Lernverfahren, der Sachlogik, der Lernzielinhalte, d. h. dessen, was im Curriculum bezüglich Bildung ausgesagt ist.

Ein weiteres Merkmal ist die *„Idiographische Konkretheit“* der Theorien a) bezüglich der jeweiligen kulturellen Gegebenheiten, b) bezüglich der einzelnen Handlungen und/oder Probleme im Curriculumprozeß.

Beim Merkmal *„Objektivationsform“* können verschiedene Bezugspunkte fixiert werden wie beim Merkmal *„Abstraktionsniveau“*. Als Optimum (a) kann z. B. die Theorieform festgelegt werden, die aus der hypothetisch-deduktiven Methode entsteht. Schließlich bieten sich auch die 4 Methoden der Theorienbildung an: *Nomothetik, Rationalisierung, Agothetik* und *Globalisation.*

4. Merkmalskombinationen von Curriculumtheorien

Nachdem einige mögliche Merkmale ausgesondert sind, die erstens Theorien unterscheiden und zweitens die Position der Theorien zwischen den Polen a und b auf der Merkmalsachse situieren lassen, werden in der zweiten Phase die Merkmale zueinander in Beziehung gebracht. Sie werden so angeordnet, daß die Position der Theorie A auf der Merkmalsachse 1 mit der Position von A auf den Merkmalsachsen 2,3 usw. verglichen werden kann. Die graphische Darstellung „Merkmalskombinationen von Curriculumtheorien“ enthält 10 bisher genannte Merkmale als Beispiele. Die Curriculumtheorien von King und Brownell (1966) und von Beauchamp (1968) fungieren als Exempel im Schema. Die geschätzten Positionen der beiden Theorien sind auf den Merkmalachsen eingetragen. Die Lagen der beiden Theorien weichen bei den meisten Merkmalen erheblich voneinander ab. Eindeutige Differenzen erbringen die Merkmale „Immanenz der Problemressourcen“, „Objektivationsform“, „Rationalisierung“, „Globalisation“, „Prozeßorientierung“ und „Idiographische Konkretheit bezüglich der Elemente des Curriculums wie bezüglich der kulturellen Gegebenheiten“.

Die Verlaufslinien I und II kreuzen sich an verschiedenen Stellen, was darauf hinweist, daß die „Ansätze" der beiden Theorien nicht zu einer gleichförmigen Position auf den Merkmalsachsen führen. Beauchamps Theorie besitzt z. B. eine hohe Immanenz der Problemressourcen und ein hohes Anspruchsniveau bezüglich Nomothetik, verliert aber im Merkmal Inhaltlicher Einzugsbereich die gute Ausprägung. Die Theorie von King und Brownell weist eine starke Strukturorientierung auf, bleibt dafür in der Prozeßorientierung schwach. Ähnliche Feststellungen lassen sich auch mit anderen Merkmalen und anderen Theorien nachweisen.

Merkmalskombinationen von Curriculumtheorien

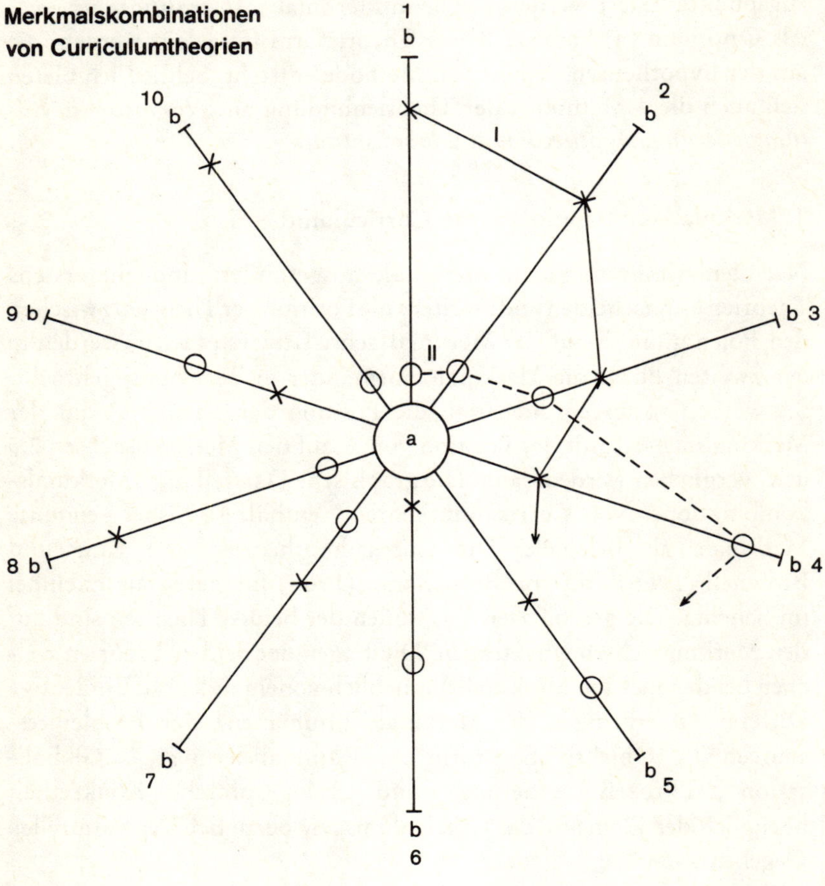

Abkürzungen zum Schema:
Merkmalskombination von Curriculumtheorien

a Optimale Ausprägung des Merkmals
b Minimale Ausprägung des Merkmals
x Curriculumtheorie von King und Brownell (1966)
o Curriculumtheorie von Beauchamp (1968)

II Verlaufslinie „King/Brownell
II Verlaufslinie „Beauchamp“

Merkmalssachen:

1 Immanenz der Problemressourcen
(Norm für a = Cu als Dokument)
2 Objektivationsform
(Norm für a = hypothetisch-deduktiv)
3 Nomothetik
4 Rationalisierung
5 Agothetik
6 Globalisation
7 Inhaltlicher Einzugsbereich
(Norm für a = gesamter Cu'prozeß)
8 Prozeßorientierung
9 Strukturorientierung
10 Idiographische Konkretheit

Zusammenfassung: Die Merkmalsanalyse demonstriert, daß die behandelten Curriculumtheorien erstens die 10 Merkmale in unterschiedlichen Ausprägungsformen aufweisen, zweitens die Position von einem Merkmal zum andern vertauschen können, drittens keine Gesetzmäßigkeit über die Position auf den Merkmalachsen enthalten, viertens nur mittels eines Schätzverfahrens systematisiert werden können und fünftens differierenden Merkmalen oder Merkmalskombinationen unterworfen werden können und keine einheitliche Systematik aus sich erschließen lassen.

6. Zusammenfassung

1. Der Teil I dient der Darstellung von allgemeinen Problemen und Formen der Curriculumtheorien.
   Dazu gehören eine Bedeutungsanalyse des Begriffes Curriculum, eine Einführung in die Problemfelder der Curriculumtheorien und der Aufweis der verschiedenen Ansätze, mit denen Curriculumtheorien gebildet und analysiert werden können. Ein besonderes Gewicht wird auf die Behandlung der Methoden der Theorienbildung und die Diskussion der möglichen Kriterien zur Systematisierung der Curriculumtheorien gelegt.
2. Eine erste Problematik der gegenwärtigen Curriculumtheorien liegt in der Vielfalt der Ansätze. Sowohl das, was man unter Curriculum versteht, wie die Gesichtspunkte und Bezugssysteme, unter denen man das Curriculum betrachtet, divergieren. In der Curriculumforschung überziehen die Variationen sowohl den Untersuchungsgegenstand, die Methoden, die Interpretationsmuster von Untersuchungsbefunden wie das Theorieverständnis.
   Aufgrund dieser vielfältigen und zum Teil sich widersprechenden Positionen entstehen erste Fragen für die Untersuchung: auf welche Erkenntnisformen stützen sich die Theorien ab? Wie werden „Curriculum“ und „Theorie“ verstanden? Sind die bestehenden Theorien des Curriculums überhaupt Theorien, wenn man darunter z. B. Aussagesysteme versteht, die Phänomene erklären, oder handelt es sich nicht vielmehr um Systeme, welche Elemente verbinden, oder um Algorithmen, die Anweisungen zur Abfolge von Tätigkeiten liefern?
3. Daraus entsteht die Grundfrage der gesamten Untersuchung: wie muß eine Theorie des Curriculums gestaltet sein, sofern sich das Curriculum überhaupt in Form einer Theorie erfassen läßt?

4. Im Blickpunkt auf diese Fragestellung werden zwei Gesichtspunkte definiert, nach denen die Curriculumtheorien und die damit zusammenhängenden Probleme analysiert werden. Der erste Gesichtspunkt ist der wissenschaftsmethodische Aufbau. Dabei stehen die Methoden der Theorienbildung im Vordergrund. Der zweite Gesichtspunkt, der an die Curriculumtheorien angelegt wird, ist der thematische Ansatz oder die Bildung von Konstrukten. Dieser Gesichtspunkt legt sich nahe, weil der Gegenstand der Theorienbildung beim Curriculum ungeklärt ist.

5. Daß der Gegenstand nicht eindeutig fixiert ist, zeigt sich schon an den verschiedenartigen Verwendungsbereichen des Begriffes Curriculum. Die gegenwärtige Situation wird anhand von drei Verwendungsbereichen des Begriffes dargelegt.

   a) In der Umgangssprache und in der Literatur, welche sich auf die Durchführung von Unterricht bezieht, ist Curriculum ein Programm, das es zu realisieren gilt oder sich in Realisierung befindet.
   b) Im Verwendungsbereich der Schultechnologie und angewandten Wissenschaften stellt das Curriculum wesentlich ein Planungsobjekt dar.
   c) In den Wissenschaften, die sich an der Theoriebildung orientieren, ist das Curriculum beabsichtigtes Lernresultat, wobei das beabsichtigte Lernresultat geordnet formuliert ist.

6. Den verschiedenartigen Begriffsbestimmungen liegen folgende Tendenzen zugrunde. Zuerst im wissenschaftlichen Bereich: soll die Theorie Prozesse oder Zustände erklären oder zumindest beschreiben, wird der Begriff eher eng gefaßt. Soll die Theorie Aspekte oder Bereiche systematisch in Verbindung bringen oder Tätigkeiten im Curriculumprozeß ordnen, erfährt der Begriff eher eine weite Interpretation.
   Allgemein läßt sich sagen: allen genannten Verwendungsbereichen des Wortes Curriculum scheint ein Aspekt gemeinsam zu sein — die Bildungsabsicht. In keinem Wortfeld markiert Curriculum den fertigen Lernprozeß, der ein Ziel mit Sicherheit erreicht hat. Curriculum enthält immer einen Teil intendierte Bildung und Erziehung.

7. Ein umfangreicher Abschnitt von Teil I ist der Verhältnisbestimmung von Curriculumentwicklung, Curriculum und Instruktion gewidmet. Die Problematik wird anhand der Aktionsräume von Macdonald dargelegt, um anschließend die Situation in der englischen und deutschen Curriculumforschung näher zu behandeln. Abschließend wird die Definition von M. Johnson kritisch referiert.
8. Aufgrund der verschiedenen Analyseresultate wird eine „Bezugsdefinition" formuliert: Das Curriculum ist die systematische Darstellung des beabsichtigten Unterrichts über einen bestimmten Zeitraum als konsistentes System mit mehreren Bereichen zum Zwecke der optimalen Vorbereitung, Verwirklichung und Evaluation des Unterrichts.
9. Die Probleme im curricularen Bereich nehmen eine Sonderbedeutung in der Theorienbildung ein. Die Tragweite der Probleme wird deutlich, wenn diese mit den Handlungen im Curriculumprozeß in Verbindung gebracht werden.
   Die Voraussetzungen, Implikationen und Wirkungsformen der Handlungen bieten sich als Probleme an, welche eine Theorie verlangen. Im Schaubild „Probleme in den Handlungsräumen" sind vier solche Probleme in Stichworten angezeigt: Kriterien, Lernwirkungen, Steuerung und Evaluation.
10. Das Curriculum enthält drei Arten von Problemen:
    a) Begründungs- und Rechtfertigungsprobleme,
    b) Prozeß- oder Wirkungsprobleme,
    c) Probleme im Curriculumprozeß bzw. in der Handlungsorganisation.
11. Den drei Problemformen entsprechen in der Curriculumliteratur verschiedene Objektivationsformen. Die Probleme vom Typ a und b kommen hauptsächlich in den „Curriculumtheorien" zur Sprache, während die Probleme vom Typ c eher in der „Curriculumstrategie" oder im „Curriculumdesign" behandelt werden.
12. Die Probleme des Typs a und b erfordern primär Erklärungen, z. T. auch Begründungen. Anhand von Knabs Schema „Fortlaufender Curriculumreform" kann diese Tatsache veranschaulicht werden. Die Analyse der Curriculumprobleme führt abschließend zu einer Feststellung und einer Frage. Die Feststellung: die Wahl der

Bereiche, die im Curriculumprozeß problematisiert werden (z. B. Handlungstechniken oder Wirkungen), und die Aussageform, die man in der Curriculumtheorie benutzen will (z. B. Prognose oder Zustandsbeschreibung), bestimmen die Verfahren, mit denen die Probleme anzugehen sind. Im einen Falle können es Programmierungstechniken, im anderen Falle experimentelle Verfahren sein.
Die Frage: können alle diese Probleme in einer einzigen Theorie oder in einer einzigen Strategie aufgenommen werden, oder drängt sich nicht angesichts der heterogenen Problemfelder eine Aufteilung auf, die z. B. mehrere Teiltheorien bzw. -strategien mit sich bringt?

13. Das Curriculum enthält immer eine ausdrückliche oder unausgesprochene Voraussage, sofern Lernen nicht einen Selbstzweck darstellt.
Unter dem Gesichtspunkt der Prognosedauer unterscheiden sich drei Arten von Prognosen. Die erste Prognose betrifft den Lernprozeß, der zum Lernziel führen soll. Die zweite Prognose ist eine Voraussage auf die Anwendbarkeit der am Ende des Lernprozesses vorhandenen Verhaltensdispositionen auf Situationen zu einem späteren Zeitpunkt, wobei sich die Umwelt bzw. die Situation nicht verändert. Die dritte Art von Prognosen geht von der Voraussetzung aus, daß der Lernprozeß nach einer gewissen Zeit in einer Umwelt, die sich inzwischen verändert hat, bestimmte Resultate erbringt.
Daraus entsteht die allgemeine Formel:
„Endverhalten III = F (curricularer Lernprozeß + situationsbedingter Lernprozeß + intervenierender Lernprozeß + Umweltveränderung)“.

14. Bei den aktuellen Curriculumtheorien kommen vier Methoden schwerpunktweise zur Anwendung. Es sind:
a) Nomothetik,
b) Rationalisierung,
c) Agothetik,
d) Globalisation.

15. Der Versuch, die vorhandenen Curriculumtheorien zu systematisieren, stößt auf Schwierigkeiten. Die Systematisierung setzt ent-

weder ein übergeordnetes Systematisierungsgitter voraus, das die verschiedenartigen Bezugssysteme der Theorien in sich aufhebt, oder muß sich auf einzelne Merkmale beschränken, nach denen die Theorie aufgebaut ist.

Ein Systematisierungsversuch mit 10 Merkmalen zeigt folgende Ergebnisse. Die behandelten Curriculumtheorien besitzen die 10 Merkmale in unterschiedlichen Ausprägungsformen. Es besteht keine Gesetzmäßigkeit über die Position der Theorien auf den einzelnen Merkmalsachsen. Die Theorien können nur mittels eines Schätzverfahrens systematisiert werden. Die vorhandenen Curriculumtheorien können nach differierenden Merkmalen oder Merkmalskombinationen betrachtet werden. Die Curriculumtheorien selber liefern keine Anhaltspunkte, mit welchen die Systematik begründet und realisiert werden könnte.

Teil II

Struktur- und inhaltsorientierte Theorien

Sachlogische und psychologische Strukturtheorien; Wissenschaftsdisziplinen; Theorien über Kriterien und Ressourcen mit Implikationen für den Curriculuminhalt

1. Strukturorientierte und prozeßorientierte Theorien

Als wichtiger Befund aus Teil I resultiert, daß die vorhandenen Curriculumtheorien kein durchgehendes Merkmal aufweisen. Es gibt kein Systematisierungskriterium, nach dem alle Theorien erfaßt werden könnten. Freilich lassen sich formale Gesichtspunkte der allgemeinen Wissenschaftstheorie beiziehen. Man kann z. B. empirische und präskriptive Theorien, oder solche, die Axiome verwenden, differenzieren.

Wir haben versucht, Merkmale zu eruieren, die für das Curriculum spezifisch sind, um nach diesen Merkmalen Darstellung und Diskussion der einzelnen Curriculumtheorien in der vorliegenden Arbeit zu gruppieren. Eindeutige Merkmale ergaben sich nicht. Deshalb sind drei Merkmale mit weitem Einzugsbereich ausgewählt worden, die etwa gleich häufig vertreten sind:

— struktur- und inhaltsorientierte Theorien (Teil II)
— prozeß- und systemorientierte Theorien (Teil III)
— taxonomische Theorien (Teil IV).

Die Unterscheidung erfolgt primär zu Ordnungszwecken. Die Lektüre wäre unübersichtlich, wenn alle Theorien ungegliedert hintereinander abgehandelt würden.

1. *Struktur- und inhaltsorientierte Theorien*: Bei diesen steht der Inhalt des Curriculums im Vordergrund, und zwar als Beschreibung der beabsichtigten Bildung. Gemeint ist weder der formale Aufbau noch die Informationsform der Mitteilungen an Lehrer im Curriculum. Es gibt Theorien, nach denen alle Curricula gleiche inhaltliche Aufbauformen besitzen können oder müssen. Man kann sie als *Strukturen der*

Curriculuminhalte bezeichnen. Es können bestimmte Lernformen oder Lernobjekte oder Strukturen der Lernobjekte sein. Der bekannteste Typ dieser Theorien ist die Brunersche Strukturtheorie (1966). Inhaltlich können auch Theorien sein, welche vorschlagen, bestimmte Personenpopulationen bei der Lernzielerhebung zu konsultieren oder bestimmte Informationsressourcen zu verwenden, um dadurch den Aufbau des Curriculuminhalte zu bestimmen. Zur gleichen Kategorie können Verfahren der Curriculumkonstruktion zählen, welche als Ziel nicht die optimale Arbeitsorganisation, sondern bestimmte Formen von Curriculuminhalten nach sich ziehen. Als Beispiel sei die Wissenschaftsanalyse nach der Art von Tykociner (1964) oder Wilhelm (1969) genannt.

Die Verhältnisbestimmung von Lernverfahren (learning experience) und Lernobjekt (subject matter) besitzt ebenfalls inhaltliche Konsequenzen.

Im Teil II kommen auch jene Theorien zur Sprache, welche für alle Schulen einen bestimmten Curriculuminhalt fixieren wollen. Das geschieht etwa, wenn das Lernen in Problemlösungsprozessen oder Begriffen wie „Aktivität" geplant wird (eine Übersicht gibt Taba 1962).

2. *Die prozeß- und systemorientierten Theorien* gehen primär auf den Curriculumprozeß ein und gewinnen aus diesem Kriterien für die Theorienbildung. Dazu gehören Theorieansätze, die den optimalen Gebrauch der Ressourcen z. B. unter dem Gesichtspunkt der Informationszuverlässigkeit behandeln.

Eine Prozeßorientierung benützen jene Theorien, die das Curriculum als Informationsprozeß, als Lehre von der Erschließung und Realisierung von Lernzielen, als Entscheidungsprozeß, als Input-Output-Modell, als Steuerungsinstrument oder Regulationssystem für Rollenkonflikte im sogenannten „policy-" und „decision-making" betrachten.

Eine besondere Gruppe von theorieähnlichen Ansätzen bilden die systemtheoretischen Entwürfe der letzten Jahre.

Die struktur- und inhaltsorientierten Theorien auf der einen Seite und die prozeß- und systemorientierten auf der anderen Seite überschneiden sich häufig. Daher ist es im einzelnen Fall oft schwierig, Theorien den drei Gruppen zuzuteilen. Da die Gesichtspunkte bei der Behandlung nicht nur aus dem Problembereich der Struktur- oder Prozeßtheorien stammen, ist die Behandlung einer Theorie in Teil II oder III nicht weiter bedeutsam.

3. *Die Taxonomien* in Teil IV sind mit den struktur- und inhaltsorientierten Theorien verwandt. Das gilt sowohl für die psychologischen wie die inhaltlich-thematischen Taxonomien. Wegen der verschiedenen Eigengesetzlichkeiten und besonderen Probleme der Taxonomien ist deren Behandlung als eigener Teil gesondert worden.

4. Die Theorien werden je nach ihrer Bedeutung hinsichtlich der Untersuchungsfrage im jeweiligen Zusammenhang einzeln oder in Gruppen besprochen. Innerhalb der drei Gruppen (Teil II, III, IV) erfolgt der Aufbau nach Problemkomplexen, die meistens anhand von typischen Theorien aufgerollt werden. Als Gesichtspunkte für die Referate und Analysen der Theorien werden hauptsächlich die Begriffe, Definitionen und Problemstellungen verwendet, die im Teil I erarbeitet worden sind.
Es ist aus Platzgründen unmöglich und erscheint in Hinsicht auf den wissenschaftlichen Gewinn wenig sinnvoll, aufgrund von Teil I eine Liste von 10—30 Kriterien zu formulieren, um sämtliche Theorien nach diesem Schema zu behandeln. Deshalb werden je nach Relevanz der einzelnen Theorien für den jeweiligen Problemkontext einzelne Gesichtspunkte bevorzugt.

5. Zum Aufbau von Teil II über Inhalts- und Strukturtheorien: Als Einführung in die Inhaltstheorien erfolgt in den beiden nächsten Kapiteln eine kurze Darstellung des sachlogisch orientierten und des psychologisch orientierten Strukturansatzes, um im Anschluß daran die Verhältnisbestimmung der beiden Ansätze zu erörtern. (Wer die inhaltlichen und psychologischen Strukturansätze in der Curriculumtheorie bereits kennt, wird direkt mit dem Kapitel 4 über das Verhältnis von „Inhalt“ und „Verfahren“ bzw. „Subject matter“ und „Learning experience“ beginnen.)
Inhaltliche Fixierungen des Curriculums bringen häufig jene Theorien mit sich, die sich mit den Kriterien, Ressourcen und Prioritäten be-

schäftigen (Kapitel 5). Eine weitere Kategorie sind die „Curriculumdesigns“, welche die Komponenten des Curriculums beschreiben und dadurch inhaltliche Implikationen aufweisen (Kapitel 6).

2. Disziplinen und Sachstrukturen

A. Die Disziplinen

In einer groben Einteilung lassen sich die Curriculumansätze, welche das Lernobjekt zum Mittelpunkt machen, in zwei Kategorien unterscheiden, jene, die sich ausdrücklich an die Disziplinen halten und jene, die auch anders geordnete Sachkenntnisse als Grundlage des Curriculums ansehen. Beiden ist die Grundthese gemeinsam, daß der Aufbau des Curriculums und die Auswahl der Curriculumelemente anhand vorhandener Kenntnisbestände, die sich auf Sachverhalte beziehen, vorgenommen werden. Dabei sind die Kenntnisbestände, z. B. in Wissenschaft und Kultur, nicht zuerst oder überhaupt nicht in ihrer psychologischen oder (wissens-)soziologischen Entstehungsart bedeutsam, sondern als Abbilder von Sachen, als Objektivationen, aufgedeckte Sachzusammenhänge, Logik der Dinge. Wie die Verbindung mit dem Erkennenden und dem Erkenntnisprozeß mitgedacht wird, hängt von der jeweiligen epistemologischen Position des Autors ab.
Verallgemeinernde Stichworte für den Ansatz sind: Sachlogik, Kenntnisstruktur (structure of knowledge), Disziplin, „subject matter approach“ (für diesen Zusammenhang zu übersetzen als: Lernobjekt-Ansatz).
Welche praktische Realität der Ansatz nach Disziplinen implizieren kann, ist aus den meisten heutigen Schulen ersichtlich. Das Unterrichtsgefüge ist in „Fächer“ aufgeteilt, die „Disziplinen“ entsprechen. Die Disziplinen korrespondieren ihrerseits meistens mit „Einzelwissenschaften“ wie Chemie, Geographie, Literaturwissenschaft, Geschichte.
Diese Strukturen (die auf den Wissenschaften aufbauen) stammen historisch gesehen, hauptsächlich aus den Universitäten. Die universi-

tären Disziplinen lieferten viele und thematisch bereits geordnete Informationen, die in die Schulen übernommen worden sind. Zudem sind die Schulen, hauptsächlich auf der Sekundarstufe, „von oben nach unten und innerhalb der Wissenschaftsstrukturen“ (Goodlad 1966, 49) geplant worden[1].

Goodlad und Huhse (1968, 117 ff.) haben diesen Zusammenhang aber überzeugend für die neuere Zeit der angelsächsischen, besonders amerikanischen, Curriculumpraxis belegt. Der Einfluß der Wissenschaftsstrukturen hat sich in den letzten Jahrzehnten auch wegen eines gewissen Gesinnungswandels der Universitätsprofessoren verstärkt. Sie interessieren sich selber für die Curricula des Gymnasiums und beginnen anzuerkennen, wenn sich einige ihrer Kollegen hauptsächlich mit dieser Aufgabe befassen. Zuerst beschäftigten sich in den USA die Gelehrten der „Mathematik, Biologie, Chemie, Physik und neuerdings auch von Englisch, Wirtschaft, Geschichte, Geographie, Anthropologie und Soziologie“ (Goodlad 1966, 45) mit dem gymnasialen Curriculum.

Die Tendenz wird überdies durch die Lehrer aller Stufen gefördert. Sie möchten eine „Beschreibung einiger univoker ‚Strukturen‘ für jede der Disziplinen, die normalerweise im Curriculum vorkommen“, haben (Schwab 1964, 6).

Die kurz beschriebene Curriculumpraxis ist vor allem in zwei Richtungen theoretisch reflektiert und unterbaut worden. Auf der einen Seite ist versucht worden, *den gesamten Bildungskanon (von einzelnen Schulstufen) als Abbild oder Surrogat der Wissenschaften* darzustellen. Auf der andern Seite sind *die Methoden theoretisch bearbeittet worden, mit denen die Wissenschaften als Disziplinen des Unterrichts* aufzubauen sind.

Eine der bekanntesten Arbeiten des ersten Typs sind die „Realms of meaning“ von Phenix (1964). Er entwickelt darin ein System von Bereichen, in denen gelernt werden soll. Als Grundprinzip bzw. Über-

---

1 Dieser Zusammenhang ist in der Geschichte nicht überall aufweisbar. In verschiedenen Perioden bestimmten ganz andere Mächte den Kanon. Vgl. Paulsen F.: Geschichte des gelehrten Unterrichts. Bd. 1. Berlin 1965³. Dolch J.: Lehrplan des Abendlandes. Ratingen 1967².

struktur formuliert er zuerst einige ethische Postulate, um danach die Wissenschaftsdisziplinen zu einem Bildungskanon zu komponieren, der für jede Allgemeinbildung verbindlich sein soll. Da die „realms of meaning" als theoretisch begründete Klassifikation von Lerninhalten strukturiert sind, wird das Buch von Phenix im Teil über die Taxonomien ausführlicher besprochen.

Tykociner (1964) hat unter dem Ordnungsgesichtspunkt der „Erkenntnissuche" (Zätetik) ebenfalls die Wissenschaften zur Grundlage eines Curriculumsystems gemacht. Die Wissenschaften bestreichen das gesamte Feld von curricularen Lerngebieten. Sie sind Kriterium für die Einteilung des Curriculums und zugleich Aufbauprinzip der einzelnen „Curriculumeinheiten", wobei der Aufbau an der Zätetik orientiert ist. Diese bildet nach Tykociner ein Konstitutivum der Wissenschaften und überdies des menschlichen Fortschrittes überhaupt.
Die Curriculumtheorie von Tykociner basiert somit auf zwei Elementen, dem Prinzip der Zätetik und den einzelnen wissenschaftlichen Disziplinen. Die beiden Elemente kennzeichnen das Curriculum. Sie bestimmen den *Inhalt* und die *Struktur* des Curriculums. Das Curriculum wird in der zätetischen Inhaltstheorie gleichsam präformiert. Es sind nicht einige Lernziele, die funktional im Blick auf bestimmte Verhaltensweisen formuliert worden sind, welche den Aufbau des Curriculums gestalten. Solche Lernziele liefern höchstens Schwerpunkte oder Prioritäten. Die Struktur liegt in den zätetisch organisierten Wissenschaften. Allerdings läßt sich die Inhaltstheorie von Tykociner auch als Taxonomie auslegen, insofern sie in gewisser Weise hierarchisiert ist und eine Klassifikation bildet (1964, 134). Die Arbeit von Tykociner wird unter diesem Gesichtspunkt in ausgedehnterem Maße in Teil IV über die Taxonomien behandelt.
Der Disziplinenansatz braucht hier nicht weiter ausgeführt zu werden. Er kommt in den angelsächsischen Curriculumtheorien, die nicht psychologisch ausgerichtet sind, im „Strukturansatz" überall vor. Wenn der Strukturbegriff allerdings sehr weit gefaßt wird und auch die Lernbedingungen der Schüler und den Ablauf des Lernprozesses mitberücksichtigt, geht das Charakteristikum der „Disziplinen-Struktur" verloren. In diesem Falle sind die Disziplinen ein Strukturierungsprinzip

unter anderen. Sie übernehmen dann mehr die Funktion von Ressourcen oder Auswahlkriterien, wie das etwa Robinson (1967, 47), Roth (1968) und Wilhelm (1969) anvisieren. Ob Fraser im NEA-Bericht „Deciding what to teach“ (1963) die Strukturen auch nur als Ressourcen versteht, wenn sie sagt, daß die Strukturen der Disziplinen Ausgangspunkt aller Curriculumarbeit bilden, bleibt unklar. Sicher kommt den Wissenschaftsdisziplinen konstitutive Bedeutung in der Curriculumtheorie zu.

Dasselbe gilt für die meisten „Fachdidaktiken“ in der deutschsprachigen Pädagogik. Doch entstehen auch im angelsächsischen Raum ähnliche Werke, denen, oft unausgesprochen, eine Strukturtheorie des Curriculums zugrundeliegt. So hat z. B. A. Kuhn in einem umfangreichen Werk versucht, mit Hilfe von Begriffssystemen eine Struktur der Sozialwissenschaften zu entwickeln, um damit ein Curriculum für das Collegeniveau zu schaffen (1963).

E. G. Begle begründet den Ansatz von seiten der Wissenschaftsdisziplinen mit den neueren Forschungsergebnissen. Er folgert aus den Forschungen auf dem Gebiet der Mathematik, daß die Ergebnisse nicht in andere Fachgebiete transponiert werden können. Der Aufbau eines mathematischen Curriculums ist eigengesetzlich (1968, 48). Doch demonstriert gerade ein Buch über die Mathematik, die man häufig als Disziplin mit den ausgeprägtesten „sachlogischen“ Strukturen angesehen hat, daß die vermeintlichen Strukturen der Disziplinen im curricularen Bezugsrahmen je nach Gesichtspunkt verschiedenste Ausprägungen oder sogar Strukturveränderungen erfahren. H. Lenné (1969) hat diesen Beweis in der „Analyse der Mathematikdidaktik in Deutschland“ eindeutig geführt.

Ohne die grundsätzliche Diskussion um die Problematik der Strukturen logischer und psychologischer Natur des Abschnittes 4 vorwegzunehmen, seien hier die kritischen Gesichtspunkte kurz weitergeführt: D. Knab sieht den Nachteil der nach wissenschaftlichen Disziplinen aufgebauten Curricula im Bereich der Validierung. Der Disziplinenansatz“ bedingt eine weitgehende Beschränkung auf behavioristisch zu formulierende, leicht testbare Ziele“ (1969a, 30 f.). Der weitere Einzugsbereich an möglichen Lernzielen und tatsächlichen Lerneffekten im außerkognitiven Gebiet wird erschwert. Nach Knab behindert die strenge Fachbezogenheit „außerdem den Blick auf das Gesamtcurriculum und seine Umstrukturierung" (1969a, 31). Von den vielen praktischen Problemen, z. B. der Frustration der Jugendlichen bei disziplinorientierten Curricula kann hier nicht die Rede sein (Seelig 1968; Segel 1951 zit. nach Ausubel 1968, 457). Aufschlußreicher für die curriculumtheoretische Fragestellung ist die systematische Erschließung der Disziplinen von J. J. Schwab. Schwab sieht 3 Probleme. Es sind das Probleme:

1. „der Organisation der Disziplin" (1964, 7),
2. „der substantiven Struktur der Disziplinen" (1964, 8),
3. „der syntaktischen Struktur jeder Disziplin" (1961, 11).

Die 3 Probleme werden vom Autor anhand von konkreten Fragen erhellt.

Zu 1: „Sind lebende Organismen und nicht-lebende Organisationsformen von Materie so voneinander unterschieden, daß sie unterschiedliche Begriffsgerüste und verschiedene Methoden für ihre Untersuchung erfordern? Falls ja, welcher Natur ist dann die Beziehung zwischen biologischen und physikalischen Wissenschaften? Falls nein, wie müssen wir die bislang weitgehend unabhängige Entwicklung dieser beiden Disziplinen erklären?" (Schwab 1964, 7). Es geht also um die Frage: aufgrund welcher Kriterien werden die Disziplinen abgegrenzt? Legitimieren wissenschaftsmethodische oder geschichtliche Faktoren die Beibehaltung der Organisationsformen der Disziplinen im Curriculum?

Zu 2.: Die substantiven Probleme beziehen sich auf die Fragen nach dem Vorverständnis, dem Grundkonzept, der Forschungsstrategie und der Art der Experimente. Praktisch ergibt sich das Problem, die Determinanten zu identifizieren, die zu bestimmten Strukturen von Erkenntnisbeständen geführt haben. Wenn die Determinanten nicht bekannt sind, lassen sich weder die Disziplinstrukturen als curricular legitim erklären, noch in der Implementation des Curriculums (analog) wiedergeben (1964, 9).

Zu 3.: Das Problem der syntaktischen Strukturen geht noch mehr ins Detail der Entstehung der Disziplinen. Es geht um die Frage nach den Verfahren der Erkenntnisgewinnung im einzelnen. Welches sind die Gültigkeitskriterien für bestimmte Sätze? Wie sind der Entdeckungszusammenhang, der Begründungszusammenhang angelegt? Nach welchen Gesetzmäßigkeiten werden einzelne Erkenntnisse zu weiterführenden Erkenntnisschritten zusammengefügt?
Während das zweite Problem die Voraussetzungen und wissenschaftlichen Grundpositionen einer Disziplin betrifft (substantive Strukturen), befaßt sich das dritte mit der Komposition der Struktur, gleichsam mit der Entstehungsstruktur der Disziplin (syntaktische Struktur).
Die drei Problemstellungen von Schwab erschließen die theoretische Seite der Disziplinen im Blick auf deren Transparenz bei der Weiterverwendung. Er zeigt, wo die Disziplinen Implikationen hervorbringen können, wenn man sie ins Curriculum übernimmt (auch Kerr 1968, 16). Mit diesen Problemstellungen sind die spezifisch curricularen Fragen, die in Verbindung mit den Disziplinen auftreten, noch nicht angesprochen. Sie kommen deutlicher beim nachfolgend dargelegten Ansatz zum Vorschein, in dem nicht nur disziplingebundene Sachstrukturen als Aufbauprinzip des Curriculums ausgegeben werden, sondern solche, die aus irgendwelchen Erkenntnisbeständen bzw. Objektivationen gewonnen werden.

B. Die Sachstrukturen und das Core-Curriculum

Allen curriculumtheoretischen Ansätzen, die sich auf die Sachstrukturen beziehen, ist die Annahme gemeinsam, daß die Gesetzmäßigkeit, welche den Aufbau eines Curriculums bestimmt, in den jeweiligen Sachzusammenhängen liegt. Was „Sachzusammenhang“ oder „Sachstruktur“ bedeutet, wird jeweils verschieden oder nicht definiert. Bei Sachstruktur ist am ehesten an den Aufbau eines Atoms, die Elemente eines Staates oder die Entstehung des Regens zu denken, also an Objekte, Prozesse in der Natur, kulturelle Objektivationen usw.
Der geeignetste Oberbegriff für die „Sachen“ ist vielleicht „kulturelle

Objektivation", denn das „Atom" oder die „Entstehung des Regens" kommen ja in einer symbolisch, z. B. sprachlich, vermittelten Form ins Curriculum. Und hier liegt auch die Problematik der Idee von den Sachstrukturen. Was einzelne „Sachen" für den einzelnen Curriculumtheoretiker oder -konstrukteur bedeuten, hängt von der Erkenntnistheorie, der Menge der Informationen, die Form der Information und vielen weiteren Faktoren ab.

Curriculumtheorien, die ausschließlich die Sachstrukturen berücksichtigen, existieren nicht. Nachweisbar ist lediglich eine Orientierung auf die Seite der sogenannten Sachstrukturen. Ein typischer Curriculumansatz, der häufig auf Sachstrukturen aufbaut, ist das „Core-Curriculum", d. h. eine Art „Minimum-" oder „Fundamentalcurriculum". Es geht vom Prinzip aus, daß die wesentlichen Begriffe, Denkfiguren und Aufbauformen, die zu einem bestimmten Sachbereich gehören, als Kern strukturell aufgebaut sind (als Bsp. das IPN-Curriculum für Physik 1970).

Prinzipiell besteht die Möglichkeit, das „Core-Curriculum" auch als sogenanntes problemorientiertes oder aktivitätsorientiertes Curriculum aufzubauen. Doch würde ein solches (lern-) psychologisch fundiertes Curriculum umfangreiche Kenntnisse über die bedeutsamen Probleme und Aktivitäten im anvisierten Sachzusammenhang voraussetzen (Lurry, Alberty 1957). Deshalb bleibt der Core-Ansatz im allgemeinen begriffsbestimmt (vgl. die Übersichten bei Taba 1962 oder Neagly, Evans 1969, 12).

Verschiedene Curriculumtheoretiker teilen den Core-Ansatz der Sekundarstufe zu, während sie für die Primarschule eher den „Lebensproblem-Ansatz und den Ansatz der entwicklungsbedingten Bedürfnisse (emerging needs approach)" (Herrick 1965, 18) vorsehen. Eine solche Aufteilung wird in der heutigen Schulpraxis noch häufig verwirklicht. Ob sie theoretisch haltbar ist, soll im Abschnitt 4 über das Verhältnis der sachlogischen und psychologischen Strukturen näher abgeklärt werden.

Auf theoretischer Ebene scheinen A. R. King und J. A. Brownell in ihrem Buch „The curriculum and the disciplines of knowledge" (1966) die Sachstrukturen als hauptsächlichste Grundlage verwendet zu haben, obwohl sie an mehreren Stellen psychologische, soziologische und

andere Betrachtungsweisen eingeführt haben. Die Autoren stellen die grundsätzliche Frage, auf welche Weise die Schule sinnvoll die moderne Welt unterstützen kann, um zugleich eine apriorische Antwort schon im Satz bereit zu halten: „... die *Theorie* der Natur der Welt des Intellekts wird zum *Modell* für eine Theorie des Curriculums“ (1966, 67). Obwohl in diesem Satz die Welt des Intellekts nur Modell der Theorie des Curriculums sein soll, fungiert sie praktisch als Kriterium, Ressource und Ordnung für die Theorie des Curriculums.
Strukturen, die sich auf „Sachzusammenhänge“ beziehen, entstehen auch aus der „Wissenschaftsanalyse“ von T. Wilhelm (1969). M. Johnson strebt ausdrücklich solche Strukturen an, wenn nach ihm das Curriculum eine strukturierte Serie von Lernzielen darstellt. Allerdings könnte man vermuten, daß sich die Lernziele als Verhaltensdispositionen verstehen, was aber bei näherer Betrachtung nicht der Fall zu sein scheint.
Johnson bezieht sich nämlich auf Phenix (1964) und Schwab (1964), welche aufgezeigt haben, daß in den Lernzielen selber Strukturen enthalten sind. Diese stammen bei den beiden Autoren aber aus dem „Sachbezug“, nämlich den Wissensgebieten oder Disziplinen. Da nach Johnson die Lernziele zu Bündeln zusammengefügt werden (1967, 131), bilden sich in den Gruppierungen die Lernziele ab. Die so entstandenen Strukturen umfassen nicht die Relationen, Aufbauformen und Abfolgen im Lernprozeß, denn diese Aspekte sind nach Johnson ex definitione nicht im Curriculum enthalten. Das Curriculum weist nur „die organisatorischen (d. h. strukturellen) Beziehungen zwischen den angestrebten Lernprodukten“ (131) auf.
An den curriculumtheoretischen Diskussionen über den sachorientierten Strukturansatz ist die Verwandtschaft zur deutschen „Didaktik“ auffällig. Viele Positionen und Überlegungen, die sich in der angelsächsischen Curriculumliteratur zu diesem Thema finden, besitzen direkte Parallelen zu den Arbeiten, welche in Verbindung mit den Begriffen des „Fundamentalen“, „Elementaren“, „Exemplarischen“, „Zu-den-Sachen“ u. ä. publiziert worden sind (vgl. Klafki 1964).

3. Der psychologische Strukturansatz

In einem weiten Ausgriff kämen hier die Ganzheits- und Gestaltpsychologen zur Sprache, die sich mit Unterricht beschäftigt haben, ebenso die „Strukturalisten" unter den Persönlichkeitstheoretikern und verschiedene anthropologisch orientierte Psychologen, die den lernenden Menschen in Strukturbildern gezeichnet haben und diesen entsprechende Lernformen verlangen. Das Thema soll aber nicht in diesem umfassenden Sinne angegangen werden. Es soll nur die theoretisch und praktisch einflußreichste Position der neueren Zeit berücksichtigt werden. Es ist der Strukturansatz, der mit dem Namen von J. Bruner verbunden wird, und in ähnlicher Weise von anderen Psychologen vertreten wird. Da die Brunerschen Vorstellungen von den curricularen Strukturen bereits allgemein bekannt sind, hebt der folgende Abschnitt nur einige Charakteristika hervor.

A. Der Brunersche Strukturbegriff

Bruner und Mitarbeiter haben psychologische Untersuchungen über Lernprozesse, vor allem im kognitiven Bereich, veranstaltet. Im Vordergrund standen Experimente auf dem Gebiet, das man einsichtiges Lernen oder Denken nennt. In den zwei Schriften „The process of education" (1962) und „Toward a theory of instruction" (1966) hat Bruner die eigenen Befunde einschließlich einiger Erkenntnisse von J. Piaget, auf die er z. T. aufbaut, *verallgemeinert.* Die daraus entstehenden Thesen für das Curriculum lauten in verkürzter Form: Grundlage des Curriculums sind irgendwelche Objekte, z. B. Mathematik oder Geschichte. Bedeutsam sind aber nicht die Objekte, sondern die

Strukturen, welche den Objekten zugrundeliegen. Ein Curriculum konstruieren heißt somit „die Strukturen erschließen und optimal anlegen". Da nicht die Objekte als solche bedeutsam sind, sondern die inhärenten (lern-) psychologischen Strukturen und diese (in verschiedenen Aggregatszuständen) in jedem Lebensalter aktiviert werden können, besteht das Curriculum aus einem Plan der Strukturen (1966, 33). Was bedeutet nun aber „Struktur" näherhin?

Bruner charakterisiert die bedeutsamen Elemente beim Unterricht „der fundamentalen Struktur eines Objektes" in 4 Punkten: Es sind a) die *„Grundlagen"* (fundamentals) des Objektes zu verstehen, b) die Einzelheiten in *„strukturierte Muster"* (structured pattern) einzutragen, c) *„fundamentale Prinzipien und Ideen"* des Gegenstandes zu verstehen, um die Übungsübertragung zu fördern, d) der *„fundamentale Charakter"* zu erfassen, um den Unterschied zwischen dem Lernen auf der Primar- und Sekundarstufe zu überbrücken (1962, 23—26).

Hinter diesen Sätzen steht die Konzeption, daß aufgrund der aktiv gewordenen Symbolfunktion des Lernenden und dem vorhandenen Repertoire an „Strukturen" der Sinn bzw. die Struktur eines Objekts konstituiert wird. In der frühen Kindheit erfolgt die Verleihung der Bedeutung „im Handeln" nach der Art operativen Lernens (vgl. Aebli 1951). Das Kind repräsentiert den Gegenstand aus dem „Umgang" mit diesem heraus. Bruner nennt diese Form „enactive representation". Später erfolgt die Repräsentation mehr anschaulich durch Vorstellung (ikonic representation). In einer dritten Stufe vollzieht sich die Repräsentation in Formen, die vom Objekt relativ unabhängig sind (symbolic reprensentation) (Bruner 1964). Ob und wie diese Repräsentationsformen stufenmäßig aufeinanderfolgen, bleibt bislang ungeklärt. Immerhin soll diese Stufenlehre die Brauchbarkeit der „gleichen" Strukturen eines Objektes in verschiedenen Lernaltern belegen. Wichtig ist das Repertoire an Referenzrahmen, Einheiten oder eben Strukturen, die beim früheren Lernen entwickelt worden sind und künftiges Lernen disponieren und ausrichten (vgl. Berlyne 1965).

Bruner hat an mehreren Stellen von den Strukturen der Objekte und sogar der Disziplinen gesprochen (1962, 1966). Was er damit im einzelnen meint, bleibt für die Leser zweideutig. Die Physiker, Historiker und anderen Fachvertreter interpretieren die Brunerschen Strukturen als Wissenschaftsstrukturen, die sich in bestimmten begrifflichen Definitionen, Forschungsmethoden oder einer Systematik der Resultate niederschlagen. Wenn Bruner die Verallgemeinerung nicht überzieht und nur in Konsequenz seiner experimentellen Befunde spricht, meint er mit Strukturen die Muster des Symbolisierungsprozesses (aufgrund des Repertoires an Strukturen) und die Repräsentation. *Die Theorie des Curriculums besteht dann aus einer Theorie der Symbolfunktion, der Repräsentationsmodi und der Erschließung von Strukturen im Kontext von Objekten für die Repräsentation bzw. des Verhältnisses von Objekt und psychologisch verstandener Struktur.*

Bruner hat in seinen Untersuchungsberichten zu jedem Theoriebereich mehrere Aussagen geliefert. Dabei kommt auch heraus, daß unter bestimmten psychologischen Gesichtspunkten zwischen den Objektstrukturen und den Repräsentationsstrukturen Identität besteht bzw. daß die Sachstrukturen auf psychologisch erfaßbare logische Strukturen reduzierbar sind (vgl. Aebli 1970). In den verallgemeinernden und popularisierenden Schriften „The process of education" und „Toward a theory of instruction" wird von nicht-psychologischer Seite leicht herausgelesen, daß nach Bruner nur der Aufbau des betreffenden Objektes (nach frei gewählten Kriterien), zu bestimmen sei, um zu den Strukturen zu gelangen, welche im Curriculum fixiert werden.

Unter diesen Gesichtspunkten muß man festhalten, daß Bruners Strukturbegriff entweder zu unrecht zu einer allgemeinen Curriculumtheorie ausgeweitet wird, weil Bruner selber nur den psychologischen Aspekt begründen kann, oder einer Ergänzung durch weitere Begriffe und Aspekte bedarf.

B. Der R-S-Ansatz von Grandstaff und andere Ergänzungen zum Brunerschen Strukturbegriff

Grandstaff übernimmt die Idee von Bruner in „Toward a theory of instruction" und sagt weiterführend: Der Curriculuminhalt sind die Objekte, und zwar verstanden als Darstellung (Repräsentation = R) von Objekten, Relationen zwischen den Objekten und innerhalb der

Objekte. Grandstaff bezeichnet die Objekte, welche in die Repräsentation eingehen, als Disziplinen, so daß sich in dieser Hinsicht „die Curriculumtheorie als die Reduktion von Disziplinen" (1968, 41) ausgibt.

Zu den repräsentierten Objekten (R) kommt die Situation (= S), in der die Schüler lernen, hinzu. Sie ist mit zu berücksichtigen, wenn die Objekte repräsentiert werden, denn das Curriculum erreicht seine angestrebte Lernwirkung nur, wenn das Lernangebot auf das Repertoire so abgestimmt ist, daß die *gleichen Strukturen im repräsentierten Lernobjekt und im Adressaten* vorhanden sind.

Die Theorie des Curriculums sollte sich nach Grandstaff mit diesen Strukturen beschäftigen. Als Ansatzpunkte schlägt er die Repräsentation und die Situation oder besser das Schülerrepertoire vor. Die Theorie selber soll eine Art „Taxonomie von organisatorischen Prozessen" (40) sein, d. h. eine Lehre, wie Objekte zu repräsentieren und mit den Strukturen des Schülerrepertoires abzustimmen sind. Diese Auffassung von Curriculum ist die Konsequenz aus Bruners Idee von den Strukturen. Die Curriculumtheorie schränkt sich dann auf die „allgemeine Operation von inhaltlichen Entwürfen (material design)" (43) ein; oder konkreter auf „die begrifflichen Aspekte des Unterrichtsplanes" (43). (Mit den begrifflichen Aspekten ist die Begriffsbildung gemeint.)

Was eine solche begriffliche Struktur sein kann, soll anhand eines Schaubildes von Aebli dargestellt werden, der durch seine Untersuchungen zur Strukturenbildung eine Ergänzung zu Bruners Konzept leistet. Eine seiner Grundthesen bedeutet, daß „wohl letztlich alle ‚sachlichen' Begriffe auf logisch-mathematische Strukturen zurückgeführt werden können" (1970a, 49). Die logische Definition der Strukturen soll durch Angabe „der Elemente und ihrer Verknüpfungen geschehen". Ein vereinfachtes Beispiel einer Struktur legt Aebli im Schema *„Die logische Struktur des Begriffes ‚Schutzfarbe'"* (1970a, 50) vor. „Man erkennt die schrittweise Verknüpfung von Elementen. Deren Ergebnisse konstituieren Elemente höherer Ordnung, die ihrerseits verknüpft werden können. Die ‚Höhe' der Ordnung ist im Schema durch Indices angegeben. Wo ein Element der Ordnungen n auftritt, da ist das Ergebnis seiner Verknüpfung von der Ordnung n + 1. Elemente einer gegebenen Verknüpfung können von verschiedener Ordnung sein“ (1970a, 51).

Die logische Struktur des Begriffes „Schutzfarbe“ (in starker Vereinfachung)

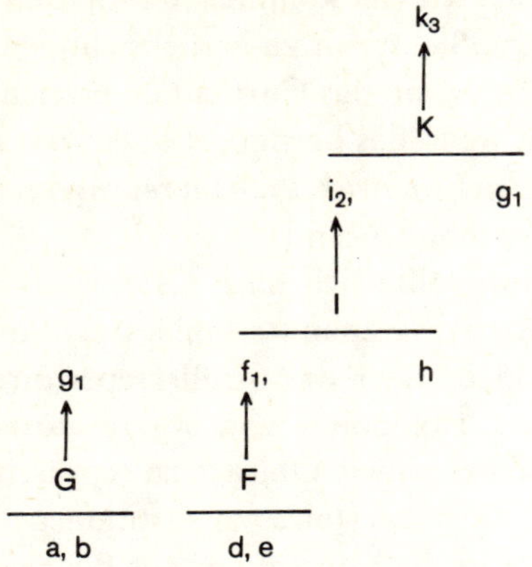

Die Symbole bedeuten:

a	:	Farbe des Tieres d (Element)
b	:	Farbe der Umgebung (Element)
G	:	Ähnlichkeit (Verknüpfung)
g_1	:	Ergebnis der Verknüpfung: „Die Farbe des Tieres ist der Farbe der Umwelt ähnlich“.
d	:	Das Tier mit der Farbe a (Element)
e	:	Ein anderes Tier (Element)
F	:	Verhältnis des „Opfers“ zu seinem „Agressor“ (Verknüpfung)
f_1	:	Ergebnis der Verknüpfung: Das Tier d ist ein mögliches Opfer des Tieres e.
h	:	Das Entdecken (Element)
I	:	Voraussetzung (Verknüpfung)
i_2	:	Ergebnis der Verknüpfung: Voraussetzung dafür, daß der Agressor sein Opfer angreifen kann, ist, daß er es entdeckt.
g_1	:	Siehe Siehe oben
K	:	Verunmöglichung (Verknüpfung)
k_3	:	Ergebnis der Verknüpfung: Die Ähnlichkeit der Farbe des Tieres mit der Farbe der Umwelt verunmöglicht es, daß es entdeckt und angegriffen wird, mit andern Worten: Es wird durch seine Farbe, die derjenigen der Umwelt ähnlich ist, geschützt. Die Farbe ist eine „Schutzfarbe“.

Grandstaff sieht die Struktur der Begriffe scheinbar zusätzlich unter „sachlogischem“ Gesichtspunkt und nicht wie Aebli oder Ausubel (1967) unter primär psychologischen Aspekten. Das wird deutlich, wenn Grandstaff von den Disziplinen spricht und die Curriculumtheorie in der umfassenden Erziehungstheorie lokalisiert. Grandstaff sieht die allgemeine Erziehungstheorie unter zwei Konstituanten, den Operationen und den Relationen. Die Theorie kann sich mit Operationen beschäftigen, die direkt oder indirekt auf den Lerner eingehen. Die ersteren sind die „D-Operationen“, die zweiten die „I-Operationen“. Die Curriculumtheorie gehört in die Kategorie der „I-Operationen“, da das Curriculum nur einen Plan für den Unterricht bildet. Die „Relationen“ werden ebenfalls in zwei Kategorien eingeteilt. Es sind a) Relationen zwischen Verfahrenstheorien und erzieherischen Operationen (= M-Relationen) und b) Relationen zwischen „material ressource theories“ (1968, 42) und erzieherischen Operationen (= R-Relationen). Die Curriculumtheorie bezieht sich auf die zweite Kategorie, die „R-Relationen“ (1968, 46). Dazu gehören alle Fragen, die mit der Gewinnung und der Beziehung von Begriffen zusammenhängen. Dabei fallen die Fragen nach den Trägern von Curriculumkonstruktionen, der Gruppenorganisation, der Steuerung von Instruktion im Curriculum und der Implementation aus. Grandstaff hat zwar unabhängig von Bruner die Kategorien „Operation“ und „Relation“ eingeführt. Dennoch scheint er die Konsequenz aus dem Brunerschen Strukturbegriff richtig auszuziehen.

Grandstaff bringt gegenüber Bruner lediglich eine kleine Differenzierung an. Er unterscheidet „kleine Strukturen“ und „große Strukturen“. Erstere kommen in den einzelnen Begriffen vor. Deshalb nennt er diese Strukturen „concepts“ und setzt sie z. T. mit der enaktiven Repräsentation von Bruner identisch. Die großen Strukturen, die mehrere, systematisch verbunde Begriffe (z. B. in der Physik) umfassen, bezeichnet Grandstaff als „structure“ und sieht diese im Schema z. T. in Deckung mit der ikonischen und symbolischen Repräsentation.

Das Repräsentationsphänomen ist nach Grandstaff durch eine spezielle psychologische Theorie zu erklären, „in welcher die (Lern-) Objekte Relationen zwischen den begrifflichen und sprachlichen Antworten und Gruppen von Stimuli sind, welche vom Inhalt der akademischen

Disziplinen abgeleitet werden“ (1968, 41). In dieser Hinsicht führt er den Strukturbegriff von Bruner weiter. Er sieht auch die curriculare Problematik, indem er die „Begriffe“ und „Strukturen“ in den Kontext der „Operationen“ stellt und konsequenterweise eine „Taxonomie von Begriffen und Strukturen“ (47) anstrebt. Insofern ist der Prozeßcharakter und die Problemorientierung des Curriculums als Gegenstand der Theorie berücksichtigt.

Begriff und Struktur der Allgemeinen Erziehungstheorie und der Curriculumtheorie

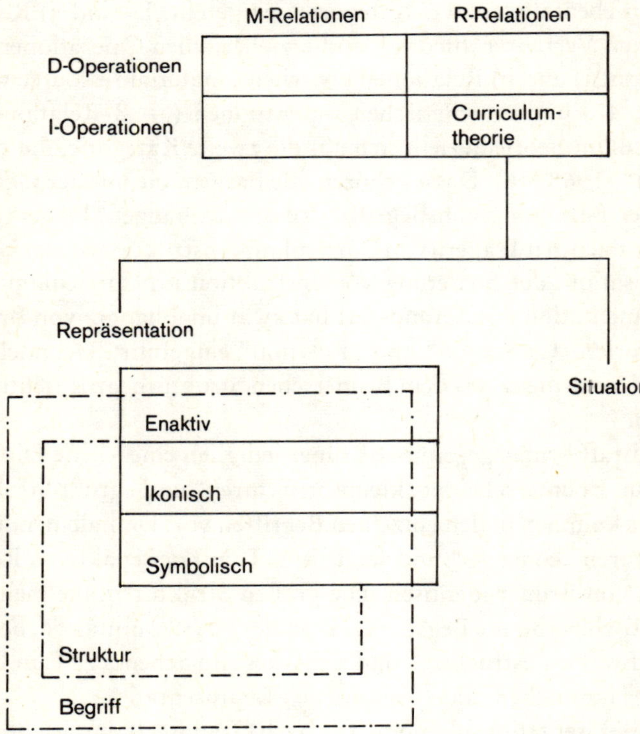

Allerdings sind durch den Ansatz von Grandstaff der Inhalt und der Aufbau des Curriculums in den Umrissen fixiert. Das Curriculum ist eine systematische Sammlung von „Begriffen“ und „Strukturen“. Zudem steht das Curriculum im Horizont der akademischen Disziplinen. Es bildet die *Reduktion psychologisch gedachter Strukturen der akademischen Disziplinen*. Hier wird also die Offenheit auf jedwelche Curriculuminhalte, die in den „Prozeßtheorien“ prinzipiell gegeben ist, eingeschränkt. In diesem Sinne haben wir es beim Brunerschen Strukturansatz wie bei jenem von Grandstaff mit einer Art „Inhaltstheorie“ zu tun. Der Ausgangspunkt ist eine psychologische Theorie der Strukturenbildung und der (entwicklungsbedingten) Veränderung des Symbolisierungsprozesses. Ähnliche inhaltsbestimmende Wirkungen können die stochastischen Lernmodelle haben, in denen die Lernschritte nach dem Modell der hierarchischen Strukturen aufgebaut sind (vgl. Bush, Mosteller 1955; Kelbert 1969; Heipcke 1970).

Die Determination der Auswahl bestimmter Objekte im Sinne von Sachen oder Begriffen dürfte dabei etwas weniger stark ausfallen als beim Brunerschen Konzept. Das gleiche gilt von den „Lernstrukturen“, die Gagné (1969, 26) bezüglich der Lernbedingungen aufstellt, obwohl auch bei ihm Sachlogik eingeschlossen ist. Der Curriculuminhalt wird aber nicht nur dann bestimmt, wenn Sachen, kulturelle Objektivationen angesprochen sind wie bei Phenix, Tykociner, King, Brownell und anderen, sondern auch dann, wenn die Lernprozesse, welche im Curriculum planerisch entworfen werden, durch die Curriculumtheorie präformiert bzw. in der Auswahl gelenkt werden. Das kann, wie die letzten beiden Kapitel gezeigt haben, entweder durch sachbezogene oder psychologische Theorien geschehen. Eine dritte Form von inhaltsbestimmenden Ansätzen sind jene, die weder nur psychologisch oder sachlich ausgerichtet sind, sondern das Verhältnis zwischen „Sachen“, „Lernobjekten“, „Kulturgütern“, „subject matter“ auf der einen Seite und „Psychologie“, „Lernerfahrung“, „Methode“, „learning experience“ auf der andern Seite theoretisch beschreiben.

4. Verhältnisbestimmungen von „subject matter" und „learning experience"

A. Begriffe und Problemstellung

Den Begriff „subject matter" könnte man für die vorliegende Fragestellung als „Lern*objekt*" übersetzen oder noch besser als „Objekt, das in einen Lernprozeß eingebracht werden soll". „Learning experience" entspricht ungefähr dem deutschen „Lernerfahrung".
Subject matter und Learning experience sind zwei Begriffe, die einen Teil des Problems ausdrücken. Sie zeigen den größeren Zusammenhang an, in dem analoge Begriffspaare stehen, etwa „Inhalt" versus „Verfahren", „Didaktische Analyse" versus „Methodische Analyse", „Sachen" versus „Erleben, Aktivität", „Sachzusammenhang" versus „Lernzusammenhang", „Prozeß" versus „Inhalt". Wir haben Subject matter und Learning experience gewählt, weil die Problematik in der Curriculumliteratur an diesen Begriffen am deutlichsten aufscheint.
Bei Learning experience ist zu beachten, daß der Ausdruck zwei Bedeutungen aufweisen kann, hier aber nur eine wichtig ist. Der erste Aspekt betrifft die Lernprozesse, die nicht mit dem planmäßigen Unterricht zusammenhängen. Dazu gehören Erlebnisse in der Pause, ungeplante Interaktionen im Schulzimmer, Lernwirkungen, die aus der Umwelt resultieren, die zufällig mit der Schule vorkommt. Der zweite Aspekt, der hier relevanter ist, bezieht sich auf die Lernwirkungen, die in Verbindung mit geplantem, objektorientiertem Lernen auftreten. Objekte sind z. B. chemische Formeln, geschichtliche Daten, ein Prosatext, eine graphische Darstellung. Learning experience ist jene Lernerfahrung, die nicht ohne besondere Aufbereitung aus einem Objekt erwächst, aber in Verbindung mit einem Objekt hervorgerufen wird. Was Learning experience z. B. im kognitiven Bereich sein kann, wird an Aeblis logischer Analyse des Begriffes „Schutzfarbe" deutlich.

Im folgenden geht es nicht um die Lösung des Problems vom Verhältnis zwischen Lernerfahrung und Objekt. Ziel ist hingegen der Aufweis, daß *die Verhältnisbestimmung, die in vielen Curriculumtheorien ausgesprochen oder unausgesprochen vorhanden ist, den Inhalt des Curriculums beeinflußt oder sogar determiniert.* Dabei soll das Problem nicht auf der erkenntnistheoretischen Ebene diskutiert werden, von wo aus es in einem Vorgriff erledigt werden könnte. Im Vordergrund bleiben die konkreten Fragen der Planung von Instruktion im Curriculum.

B. Ausubels Theorie der kognitiven Struktur

D. P. Ausubels Theorie der kognitiven Strukturen beschränkt sich auf „sinnvolles" (meaningful) oder einsichtiges Lernen (1967, 215). Sie ist somit nicht für alle curricularen Lernbereiche gültig, dient aber hier als Beispiel, weil die Problemstellung klar herausgearbeitet werden kann und weil die Forschungsergebnisse auf diesem Gebiet relativ weit vorangetrieben sind.
Ausubel läßt das Verhältnis zwischen den Sachstrukturen, den Lernobjekten bzw. dem Subject matter und dem Lernprozeß nicht offen. Die „Sachen", die in bestimmten Zeichen repräsentiert sind, bilden den Ausgangspunkt für das sinnvolle Lernen: Der „Sinn geht auf einen artikulierten und differenzierten kognitiven Inhalt zurück, der durch ein einzelnes oder eine Gruppe von Symbolen hervorgerufen wird" (216). Das symbolische Material besitzt aber nur „potentiellen oder logischen Sinn" (216), wenn es mit kognitiven Denkstrukturen des Menschen in Verbindung gebracht werden kann.
Der Sinn und damit die Möglichkeit zu Lernerfahrung kommt aus den vorhandenen Strukturen des Lernenden. Im Objekt bzw. Subject matter liegt nur potentieller Sinn. Dabei muß der logische Aufbau nicht mit jenem im Lernen identisch sein. Die „substantive und logische Validität" muß nicht mit dem „logischen Sinn", d. h. im weiteren mit den Lernstrukturen zusammenfallen (216). Hat ein Instruktionsmaterial „logischen Sinn" nach der Art von Denkstrukturen, dann ist die Bildung von Lernfortschritten möglich. Der „Sinn" wird aber erst im Ler-

nen hervorgebracht (218). Das Material ist nur „potentiell sinnvoll" (218). Niemals ist der Sinn von den Strukturen der Disziplinen her eindeutig gegeben (Ausubel 1964).
Ausubel hat das Verhältnis zwischen den logischen und psychologischen Strukturen außer anhand des Merkmals „Sinn" noch an 3 weiteren Merkmalen formuliert:

a) „Prozeß der Organisation" bzw. Entstehung,
b) „Arrangement der konstituierenden Elemente" und
c) „kognitive Reife von Inhalt" (1964, 223).

Als unterscheidendes Charakteristikum von a) erscheint die Tatsache, daß die sachlichen Strukturen im Subject matter auf der Logik der Klassifikation aufbauen, während die psychologischen u. a. nach den Prinzipien des Einsichtnehmens entstehen.
Zu b) „Die psychologischen und logischen Strukturen der Kenntnisse differieren bezüglich der Abfolge, Anordnung und Verbindung der konstituierenden Elemente (1964, 225). Die psychologischen Strukturen sind hierarchisch im Blick auf Differenzierung angelegt, während sich die logischen Strukturen eher nach dem Prinzip der engen Beziehung und der Homogenität ausrichten.
Zu c): Die psychologischen Strukturen können, besonders im Bereich von Konkret und Abstrakt, einen gewissen Reifeprozeß durchlaufen. „Die logische Struktur des Objektes (subject matter) weist hingegen keine entwicklungsbedingten Veränderungen in der kognitiven Reife des Inhalts auf" (227).
Daß die Implikationen aus einer solchen theoretischen Verhältnisbestimmung für den Inhalt jedes Curriculums im kognitiven Bereich sehr weittragend sind, ist offensichtlich. Ausubel zieht selber einige Konsequenzen (239 ff.). Zuerst fällt auf, daß die „interne Logik" (247) des Curriculums aufgrund der psychologischen Prärogativen entwickelt wird. Letztere basieren auf den dargelegten kognitiven Strukturen. Mittelpunkt des Curriculums sind nicht jene Begriffe und Denkfiguren, die im „sachlichen" Aufbau (z. B. der Kartographie einer Seelandschaft oder der Architektur einer römischen Basilika) im Vordergrund stehen, sondern jene begrifflichen Vorstellungen, welche „die ausholendste

Erklärungskraft, den weitesten Einzugsbereich, die größte Allgemeinheit und Verwandtschaft zum Lerngehalt des betreffenden Bereiches" (1964, 239) besitzen.
Die Präformierung des Curriculums schlägt sich auch in der Sequenzenbildung, im Plan des Lernbeginns (z. B. „advanced organizer" auf hohem Abstraktionsniveau) und im Abschluß des Curriculums nieder, wo nicht Schwerpunkte des Sachzusammenhanges, sondern psychologische Gesetzmäßigkeiten der Strukturenbildung bedeutsam werden.

C. Die Dominanz des „subject matter" in der geisteswissenschaftlichen Lehrplantheorie und in verwandten Ansätzen

Mit Ausubels Theorie der kognitiven Strukturen ist ein Beispiel für eine Verhältnisbestimmung gegeben worden, die den Inhalt des Curriculums auf die Seite der Lernorganisation, der Begriffsbildung, auf die Förderung der Denkstrukturen und die Entwicklung von Lerndispositionen gelegt hat. Die Verhältnisbestimmung von Subject matter und Learning experience, oder im Sinne Ausubels von „logischen" und „psychologischen" Strukturen, impliziert die Zurücksetzung der „objektiven" Sachverhalte. Von dieser Implikation sind auch die Zielsetzungen und effektiven Leistungen des Curriculums betroffen. Nun gibt es eine Verhältnisbestimmung, welche das Gegenteil nach sich zieht, nämlich die Bevorzugung des Subject matter.
Dazu gehören die genannten Theorieansätze von Phenix (1964), das Konzept des „structure of knowledge" von King und Brownell (1966), die Klassifikation der Fächer von Peterson (1960) und Schwab (1964), der zwar die Disziplinenstruktur durch kritische Fragen erschließt, aber die Ergänzungsbedürftigkeit des Ansatzes für die Curriculumtheorie ungenügend herausstellt.
Beispiele für die Vorausbestimmung des Curriculuminhaltes auf der Seite des Sachzusammenhanges finden sich vor allem auch in der geisteswissenschaftlich orientierten Lehrplantheorie im deutschen Sprachgebiet. Bei Weniger, der sich am eingehendsten mit der Lehrplantheorie beschäftigt hat, ist die Verhältnisbestimmung ähnlich wie bei Ker-

schensteiner (1899) an verschiedenen Stellen unterschiedlich formuliert. Wenn von den Funktionen der Schule und des geplanten Lernens die Rede ist, stehen Verhaltensdispositionen und „Vermögen“ im Vordergrund, die ganz oder weitgehend unabhängig von irgendwelchen kulturellen Objektivationen, also Disziplinen, Erkenntnisbeständen oder bestimmten inhaltlich fixierten Begriffen gelernt werden können. Man spricht psychologisch von Fähigkeiten der Persönlichkeit von Verhaltensstilen in der Gesellschaft und ethischen Postulaten in Form von Tugenden, die als Verhaltensweisen ausgelegt sind. Bei der Diskussion der Ressourcen für die Entwicklung der Lehrpläne stehen aber eher die (wissenschaftlichen) Disziplinen oder das einzelne (Lern-) Objekt im Vordergrund, was nicht nur für Weniger und Kerschensteiner gilt, sondern ebenso für neuere Autoren wie Klafki (1967), Roth (1968), und Blankertz (1969). Wieweit das auch für Nipkow (1969) und Flechsig und Mitarbeiter (1969) gilt, die ja ein eher prozeßorientiertes, abgewandeltes Curriculumkonzept besitzen, müßte näher abgeklärt werden.

Die spezifisch curriculumtheoretischen Grundlagen, welche die genannten Autoren verwenden, zeigen sich bei den Ressourcen und Auswahlkriterien. An dieser Stelle wird offensichtlich auch die Notwendigkeit von Theorie gesehen. Aufgrund unserer bisherigen Befunde ist allerdings nicht klar, ob nur dort oder dort mit Vorrang theoretische Grundlagen verlangt werden dürfen. Dieser Sachverhalt soll an mehreren Beispielen erläutert werden.

Die entscheidende Position wird in Blankertz' Kritik an C. Möllers Verwendungsweise der TEO (Bloom (1956); Krathwohl (1964)) dargelegt. Blankertz lehnt die Möglichkeit ab, ein bestimmtes Lernziel deshalb als gültig für das Curriculum zu qualifizieren, weil es in der TEO-1 (Bloom 1956) z. B. in die Klasse 2.10 (Übertragung, Translation) gehört. Er vergleicht diese Unmöglichkeit mit der formalen Bildung: „Wir sehen, daß die ganze Problematik einer Theorie der formalen Bildung als Ansatz für die Entwicklung der Didaktik sofort wieder aufbricht, sobald man die Taxonomie benutzen will wie B. und Chr. Möller, nämlich um von hieraus den Lehrplan aufzubauen. Tatsächlich brauchen wir die inhaltlichen Lehrplanentscheidungen vorweg, etwa, um unser Beispiel weiter auszuführen, die Entscheidung für den Geographieunterricht. Um das Lernziel des Geographieunterrichtes operationabel zu formulieren, wird man es in als Verhalten beschreibbare Teillernziele aufgliedern; in diesem Zusammenhang wird dann vielleicht auch die Klasse ‚translation‘ vorkommen, die Umsetzung von Ortsbeschreibungen in Landkarten und umgekehrt“ (1969), 155).

Der entscheidende Satz besagt, daß wir „die inhaltlichen Entscheidungen vorweg“ benötigen. Blankertz nennt als Beispiel für eine solche inhaltliche Entscheidung jene für Geographie. Damit werden zahlreiche Implikationen für den Curriculuminhalt fixiert. Blankertz erliegt diesen Implikationen in seinem praktischen Beispiel „Strategie zur Entwicklung des Lehrplans für das Fach ‚Arbeitslehre‘“ (1969, 172ff.) aber nicht, weil er dort nicht jene „inhaltlichen Entscheidungen“ an den Anfang setzt, sondern „Aufgabenstellungen“ (180), die „inhaltlich“ weitgehend offen sind.

Blankertz lehnt die Verwendung der TEO nicht ab, macht ihren Einsatz hingegen von einer Bedingung abhängig: „Auf jeden Fall sind dafür Größen erforderlich, die die Formalbegriffe von Verhalten wieder auf konkrete Aufgaben beziehen. Dazu benötigen wir ein klares Modell für die Zuordnung der einzelnen Größen und Bedingungsfaktoren, also ein Modell für die inhaltlichen Lehrplanentscheidungen. Sofern ein solches Modell nicht vorliegt, nützen auch keine Taxonomie und keine mathematischen Methoden“ (156).

Eine ähnliche Verhältnisbestimmung nimmt Klafki in seinen früheren Schriften vor, wenn er der „Didaktischen Analyse“ vor der „Methodischen Analyse“ den Vorrang gibt (1967, 126ff.). Die Funktionen des Unterrichts werden primär anhand des Lernobjektes abgeklärt. Es sind a) die Bedeutung des Gegenstandes im Leben des Kindes, und b) die Bedeutung des Gegenstandes für die Zukunft (1967, 135f.). Die methodische Analyse bezieht sich vorwiegend auf organisatorische Probleme wie die Bildung von Abschnitten, den Einsatz der Hilfsmittel und die Sicherstellung der organisatorischen Voraussetzungen des Unterrichts.

Beckmann, der aus der gleichen Schulrichtung kommt, nimmt an, daß „formale Ziele ... nur an Inhalten zu erwerben“ sind (1969, 91). „... Darüber hinaus haben Inhalte einen Selbstzweck und können nur nach ‚Nützlichkeit‘ ausgewählt werden“ (91). Knab vertritt eine vergleichbare Auffassung, wenn sie postuliert, daß Listen von Informationen aus der Fachdidaktik, den wissenschaftlichen Disziplinen und anderen Quellen aufgestellt werden sollen, um in Hinsicht auf die vorher identifizierten Verwendungssituationen bzw. Qualifikationen die geeigneten Inhalte auszuwählen (1969 a).

Die Beispiele können beliebig vermehrt werden, ohne aber übersehen zu können, daß selbst die vorgeführten Autoren, die zum Teil extreme Gewichtsverteilungen vornehmen, die Problematik ausdrücklich hervorheben, welche in der Verhältnisbestimmung von Inhalt und Lernerfahrung liegt (z. B. Spranger 1964, 119; Klafki 1964, 295 ff.). Trotz der Problemsicht dürfte aber die Feststellung zutreffen, welche Taba für die amerikanische Curriculumliteratur formuliert: „Diskussionen über und Beschreibungen von Themenbereichen und -abfolgen nehmen in den Curriculumtexten mehr Platz ein als jede andere Komponente des Curriculums" (1962, 383). Dieser Sachverhalt dürfte möglicherweise mit der Ausbildung und der damit zusammenhängenden Informationslage der Curriculumautoren und -theoretiker verbunden sein. Ehemalige Psychologen messen der Planung der Lernerfahrungen mehr Bedeutung zu, während die ehemaligen Historiker, Philosophen, Theologen und die sogenannten Fachwissenschaftler dem inhaltlichen und thematischen Aspekt mehr Vertrauen entgegenbringen.

Die Primärinformationen der Curriculumautoren und -theoretiker dürften die Gewichtsverteilung stark beeinflussen. Das kann im deutschen Sprachraum auf dem Gebiet der Primarschule und noch deutlicher auf dem Sektor der Vorschulerziehung nachgewiesen werden. Während bis gegen Ende der sechziger Jahre die Diskussion um die Disziplinen, Unterrichtsthemen, weltanschaulichen Horizonte und konkret z. B. die literarischen Gehalte der Lesebuchtexte verlief, hat sich seit Ende der sechziger Jahre mit der großen Dissemination und Popularisierung lern-, sozial- und entwicklungspsychologischer Erkenntnisse bzw. Denkformen die Lehrplanthematik mit Schwergewicht auf die Seite des Learning experience verschoben. Im Vordergrund stehen inzwischen Bildung von Denkstrukturen, Verhaltensdispositionen, Attitüden, Perzeptionsmustern, Sozialisationsformen usw., die häufig mit wechselnden Objekten oder oft ohne kulturelle Objektivationen im klassischen Sinne geplant und instruiert werden (Glaser 1966, 226). Doch dieser mehr wissenssoziologische Gesichtspunkt soll nicht darüber hinwegtäuschen, daß die Verhältnisbestimmung von Subject matter und Learning experience auch curriculumtheoretische Wurzeln haben kann. Eine solche Wurzel kann dann gegeben sein, wenn man den Curriculumprozeß zum Theoriegegenstand macht, eine möglichst objektive Verarbeitung der Daten axiomatisch postuliert und nachweisen kann, daß der Aspekt des Learning experience weniger objektiv erfaßt werden kann als des Subject matter. Blankertz reißt in seiner Kritik an B. Möllers „Analytischen Unterrichtsmodellen“ (1966) diesen Gedankengang auf (Blankertz 1969, 156ff.). Ob die Argumentation gegenüber Möller, wie sie an der genannten Stelle geführt wird, prinzipiell haltbar ist, müßte näher untersucht werden. Immerhin haben die theoretischen Überlegungen von Blankertz eine Verhältnisbestimmung zwischen dem Aspekt der Lernerfahrung und deren psychologischer Erfassung und dem Aspekt des Inhalts zur Folge.

Die Verhältnisbestimmung kann auch die Konsequenz aus der Wahl des Gegenstandes der Curriculumtheorie sein. Ist die Identifikation und Selektion der Lernziele und der dazugehörigen Lernthemen Objekt der Curriculumtheorie, ohne die Lernorganisation, die Implementation und Evaluation zu berücksichtigen, erscheint je nach Ansatz der Lernzielerhebung die Seite Learning experience oder Subject matter im Vordergrund.

Die sogenannten außercurricularen Ansätze, welche die Theorie des Curriculums als abgeleitetes Ergebnis einer Theorie der Kultur, des Menschen, der Sozialisation, einer Religion oder des Staates anlegen, implizieren häufig direkt eine solche Verhältnisbestimmung.

D. Vermittlungsversuche

Die inhaltlichen Implikationen einseitiger Akzentsetzungen auf Learning experience oder Subject matter sind sowohl in experimentellen wie in hermeneutischen Studien schon früh erkannt worden. Vor allem die Problematik des überbewerteten Subject-matter-Ansatzes wurde häufig nachgewiesen. Thorndike (1924) hat in seinen Untersuchungen über die Auswirkungen von an Disziplin orientierten Fächern festgestellt, daß die Förderung von Intelligenzaspekten der Jugendlichen nicht primär auf kognitiv scheinbar hochstehende Fächer wie Mathematik oder Sprache zurückzuführen ist, sondern auf den Sprachstil des Lehrers und ähnliche Faktoren. Aus den Befunden des Jacob-Berichts ist gefolgert worden, daß Änderungen von Attitüden und Verhaltensweisen in der Collegeausbildung nicht notwendigerweise mit den Themen des Curriculums in Verbindung gebracht werden können (Jacob 1957). Die Untersuchungen von Peck und Havighurst haben gezeigt, daß das Studium von besonderen geschichtlichen und literarischen Themen praktisch keinen Einfluß auf die Werthaltungen von 16jährigen Jugendlichen hat (Peck, Havighurst 1960 zit. nach Musgrove 1968). Solche Ergebnisse können nicht zur Konsequenz haben, daß der Akzent vom Subject matter genommen und auf das Learning experience verschoben wird. Sie belegen nur die Tatsache, daß gewisse Ziele des Curriculums möglicherweise mit der Wahl bestimmter Themen nicht erreicht werden, was nahelegt, daß Learning experience und Subject matter in einer gewissen Verbindung gesehen werden müssen. Hier gibt es aber die bekannten diametral entgegengesetzten Positionen etwa von Blankertz (1969) auf der einen Seite und von Ausubel (1964) auf der anderen.

Blankertz spricht dem Gebiet des Learning experience die Möglichkeit einer objektiven psychologischen Planbarkeit und Erfassung in „Formalbegriffen von Verhalten“ (1969, 156) ab, während auf der anderen Seite vorgegeben wird, daß im Gebiet des Subject matter und der sogenannten Inhalte die Objektivität verloren geht und daß dazu die (verhaltensorientierte) Psychologie geeignet ist (Ausubel 1964; Bellack 1964; Miller, Folley 1951; Miller 1962).

Nach Herrick ist das Problem in der Curriculumpraxis häufig durch eine bewußte Zweiteilung gelöst worden. Man formulierte „Ziele des Prozesses“ und „Ziele des Inhalts“ (1962, 64f.). Herrick hält allerdings dafür, daß Ziele des Inhalts und des Prozesses nur zwei Aspekte des selben Bereiches sind. McClellan analysiert zahlreiche Verhältnisbestimmungen und kommt ebenfalls zum Schluß, daß zumindest die vorliegenden Verhältnisbestimmungen zwischen dem „Logischen“ und „Psychologischen“ einen unhaltbaren Dualismus heraufbeschwö-

ren (1961). Er vermag aber kein Vermittlungskonzept anzugeben, welches diesen Dualismus überbrücken könnte.
Vermittlungsversuche sind z. T. jene Beschreibungen von Disziplinen, die sich unter den Begriff „Kenntnisstruktur“ (structure of knowledge) stellen. Der Sammelband von Elam (1964) über die Erkenntnisstrukturen enthält solche Ansätze zur Physik und zu den Sozialwissenschaften. In gewisser Weise intendierte auch Bruner mit seinem Ansatz eine solche Verbindung, die er aber nicht erreicht, weil sein Denkinstrumentar psychologisch ist. Saylor und Alexander möchten die psychologischen Aspekte des Learning experience und die sogenannten inhaltlichen Aspekte den „structures of a discipline“ aufheben (1966, 166f.). Die Disziplinen bilden dabei nur den eingrenzenden Rahmen, in dem die verschiedensten Aspekte des Unterrichts, einschließlich des Learning experience, aufgehängt werden können. Diesem Konzept entspricht eine Zielsetzung, die Skowronek in einem anderen Zusammenhang so formuliert hat: es geht um die „Aufklärung und Nutzung der in der Aufnahme und Verarbeitung von Lerngegenständen involvierten psychologischen Prozesse und Strukturen“ (1968, 11).
Während der Begriff „structure of knowledge“ meistens mit sich bringt, daß Learning experience und Subject matter eine untrennbare Einheit bilden, die auch als solche gedacht werden muß, stellen Beauchamp und Beauchamp die These auf, daß die Curriculumkonstruktion Inhalt (content) und Verfahren (instructional methods) trennen könne, wobei aber die Verfahren vom Inhalt abhängen (1967, 80).
Smith, Stanley und Shores entwickeln insofern einen interessanten Vermittlungsansatz, als sie den Begriff „Subject matter“ selber übernehmen und ihn mit Elementen des Learning experience anreichern. Sie denken das Subject matter in Kategorien einer genetischen Epistemologie. Subject matter bildet sich immer auch aus Denkprozessen und Einstellungen oder deren Resultaten. Subject matter „schließt das ein, was die Menschen denken und glauben, ihre Ideale und ihre solidarischen Gesinnungen (loyalities). Dazu gehört aber nicht alles, was von den Menschen geschaffen ist. Eine Institution wie die Familie als solche ist nicht Subject matter, sondern was man über die Familie weiß und von ihr erwartet wie die Ideale, die wir in das Familienleben setzen; das alles ist — ‚Subject matter‘ —. Das Subject matter ist auch nicht

identisch mit Werkzeugen und Maschinen, sondern mit der Kenntnis, die wir über Werkzeuge und Maschinen besitzen — darüber, wie sie gemacht sind, wie sie funktionieren und wie sie einzusetzen sind" (1957, 127). Dem Vermittlungsvorschlag läßt sich entgegenhalten, daß er ein Abkömmling einer bestimmten Erkenntnislehre und praktisch der Aktivitätsschule im Gefolge von Dewey und Meriam sei (1957, 267). Man könnte damit einwenden, daß ein wissenschaftstheoretischer Standort gefunden, aber kein Lösungsvorschlag für das curriculare Verhältnis von Learning experience und Subject matter geschaffen sei. Wenn wir die Aussagen der drei amerikanischen Autoren in der vorliegenden Form nehmen, ohne alle dahinterstehenden philosophischen Positionen mitzudenken, und auf die deutschsprachige Diskussion übertragen, fällt eine Verwandtschaft auf. Die Verwandtschaft bezieht sich zum Beispiel auf den Lösungsansatz von Derbolav (1959, 1960) im Gebiet des „Gewissens". Auch Klafkis Vorschlag befindet sich in der Nähe, indem das Verhältnis mehr dialektisch und im Zuge des bekannten „Sowohl (Inhalt) als auch (Verfahren)" bestimmt wird (1964, 298f.). Auch Wilhelms Überhöhung des Gegensatzes von Inhalt und Lernzusammenhang im Raum des Intentionalen, das er bei seiner Kritik an der Theorie des „Elementaren" und „Fundamentalen" anbringt, läßt sich mit der Absicht von Smith, Stanley und Shores vergleichen (1969; auch Heimann 1968).

Das Verhältnisproblem von Verfahren und Inhalt spiegelt sich auch in der Diskussion um die Beziehung von „Didaktik" und „Methodik" in der deutschsprachigen Pädagogik. Die Begriffe „Didaktik" und „Methodik" implizieren heute noch als Titel von Disziplinen Schwerpunkte in der Lehrerbildung (Frey 1969a). W. Glogauer bezeichnet die Stellung der beiden zueinander als „korrelatives Verhältnis", das sich nach O. Hammelsbeck in der Spannung von „Theorie" und „Praxis" konkretisiert (1967, 184). Im gleichen Zusammenhang bezieht sich Glogauer auf E. Weniger und zitiert dessen Satz von den „didaktischen Voraussetzungen der Methode" (1964, 184f.).

Methodische Fragen sind erst diskutierbar, wenn die Inhalte fixiert sind. Darin scheint die klassische Zweiteilung von Inhalt und Methode auf, bei der im deutschen Sprachraum meistens das inhaltliche Element die Priorität erhält, und zwar absolut wie verfahrenstechnisch. Glogauer

versucht, die Zweiteilung zu überwinden, indem er von einer eigenen „Korrelationsmethode“ spricht und sich dadurch von der „dialektischen“ Interpretation des Verhältnisses im Sinne von Derbolav oder Klafki abhebt. Ob sich dieses korrelative Verständnis theoretisch begründen und mit der curricularen Wirklichkeit in Kontakt bringen läßt, bleibt allerdings eine Frage. Die gleiche Frage gilt für den Ansatz von Smith, Stanley und Shores: wird das curriculumtheoretische Problem nicht auf einer Ebene gelöst, die allzuweit von der Realität des Curriculums entfernt liegt?
Diese Fragen bleiben auch nach dem Versuch von Parker und Rubin weiter bestehen. Die beiden Autoren heben die Verhältnisbestimmung im Prozeß des Lernens auf. Dieser ist ein „Bündel von verschiedenen Verfahren, welche den Erwerb und Gebrauch der Kenntnis“ (1968, 131) betreffen. Damit erweist sich der Prozeß „als die höchste Form von Inhalt und die günstigste Form für Curriculumveränderung“ (131). W. Jung spricht bei seinem Versuch, eine didaktisch orientierte Taxonomie von Qualifikationen (für die Bewältigung von „Verhaltenssituationen“) im Gebiet von Mathematik aufzustellen, vom Eigenwert von bestimmten Unterrichtsinhalten. Jung unterscheidet zwischen „verhaltensbezogenen“ und „inhaltsbezogenen“ Qualifikationen (1969, 71). „Zu den allgemeinen verhaltensbezogenen Qualifikationen gehört z. B. Anschauungsvermögen, Logisch-Denken-Können, ...“ (1969, 71). Zur ersten Dimension von Qualifikationen zählen nach Jung auch inhaltsbezogene Qualifikationen. „Sie beinhalten nicht primär die Disposition zu einem bestimmten Verhalten in Situationen, sondern sie drücken einen inhaltlichen Besitz aus, der an und für sich, auch ohne aus ihm fließende Verhaltensweisen, als wertvoll angesehen wird“ (72). Jung problematisiert seine Aussage aber im gleichen Zusammenhang und fügt bei: „Die Frage, ob ein derartiger Besitz, z. B. eine Einsicht, seinen Wert nicht letzten Endes doch aus gewissen sehr allgemeinen Verhaltensdispositionen, die er vermittelt, empfängt, soll offen bleiben“ (72). Damit ist aber die Grundfrage berührt, welche unsere Untersuchung durchzieht: *Ist es curriculumtheoretisch legitim, die Verhältnisbestimmung von Subject matter und Learning experience, bzw. Inhalt und Methode usw. so theoretisch auszubauen und zu fixieren, daß daraus Implikationen für jedes Curriculum entstehen?* Ist es

theoretisch haltbar, daß durch eine Theorie von Subject matter und/oder Learning experience die Inhalte des Curriculums festgelegt werden? Oder werden dadurch viele mögliche Funktionen eines Curriculums zum voraus verschlossen oder das Erreichen verschiedener gegebener Ziele verhindert?

Aufgrund der experimentellen Befunde über Wirkungen von bestimmten Lernobjekten im Sinne des Subject matter muß die letzte Frage bejaht werden: Verhältnisbestimmungen zwischen Learning experience und Subject matter beeinflussen die möglichen (expliziten) und faktischen (impliziten) Zielsetzungen des Curriculums. Da es noch keine allgemeingültigen Gesetzmäßigkeiten über das Verhältnis von Learning experience und Subject matter in Hinsicht auf den optimalen Lernerfolg gibt, haben die vorläufigen Verhältnisbestimmungen nicht nur instrumentelle und theoretische Funktionen als Prognosebasis in der Curriculumskonstruktion, sondern ausdrücklich zielsetzende Wirkung (vgl. Foppa 1970). Sie können theoretisch begründet sein und verwenden dabei vor allem rationalisierende und retroduktive Methoden der Theorienbildung. Sind diese Ansätze nicht durch weitere, etwa zur Zielfindung und Evaluation, ergänzt, bestreichen sie nur einen Teil des Curriculumprozesses. Die Verhältnisbestimmungen können zwar auch Aussagen in Hinsicht auf den Curriculumprozeß enthalten, ihr Haupteinfluß geht aber in den Inhalt der jeweiligen Curricula ein.

5. Prioritäten, Ressourcen- und Kriteriensysteme

Die Curriculumtheorien, welche die wissenschaftlichen Disziplinen zu ihrem Mittelpunkt erheben, den sogenannten „Subject-matter-approach" theoretisieren oder sich psychologische Strukturtheorien zugrundelegen, machen direkte Aussagen über den Inhalt des Curriculums. Phenix' „realms of meaning" (1964) sind in diesem Sinne eine Art kurzgefaßtes Curriculum. Sie stellen die Curriculuminhalte dar. Ausubels Beschreibungen der kognitiven Strukturenbildung (1964) legen einen Teil des Planes für die Instruktion dar, wie er in einem Curriculum vorhanden sein kann. Das gleiche gilt für Tykociner (1964) und die meisten anderen Autoren, welche bis jetzt behandelt worden sind.
Nun gibt es Ansätze, die sich ebenfalls am „Inhalt" des Curriculums orientieren und auch Aussagen über diesen Inhalt anstreben, dies aber *indirekt* tun. Sie stellen einen Katalog oder ein System von Prioritäten auf, oder bestimmen einzelne Ressourcen oder zeichnen ein Determinantensystem, das bei der Curriculumkonstruktion zu berücksichtigen ist. Diese Ansätze sind Gegenstand der folgenden Abschnitte.
Das Kapitel behandelt also jene Theorienansätze und Systeme, welche Aussagen über Kriterien, Ressourcen, Prioritäten (Prinzipien) und Determinanten enthalten. Die Ansätze kommen unter dem Gesichtspunkt zur Sprache, daß sie Implikationen für die Curriculuminhalte aufweisen oder ausdrücklich die Inhalte des Curriculums behandeln wollen. Sie orientieren sich in diesem Falle nicht am Prozeß der Konstruktion oder Implementation. Das Kapitel ist in 4 Abschnitte aufgeteilt. Die beiden ersten bieten eine Übersicht über die Prioritäten und Ressourcen und deren Problematik. Der dritte Abschnitt behandelt eine besondere Form von Priorität, die Goodlad in seine Vorstellung vom „organizing center" einbringt. Der vierte Abschnitt geht auf das Berliner Modell (von Robinsohn und Mitarbeitern) ein.

A. Der Prioritätenansatz

Den Prioritätenansatz postulieren ausdrücklich H. B. Alberty und E. J. Alberty (1962). Sie verbinden die Prioritäten mit den Ressourcen, geben den ersten aber zugleich den Vorrang vor den zweiten. Es sind also Prioritäten über die Nutzung verschiedener Ressourcen zu setzen. Als Ressourcen sind die folgenden vorgesehen: die individuellen Lerninteressen, die Bedürfnisse der überdauernden Alltagssituationen und die kulturelle Tradition. In der Prioritätensetzung wird entschieden, welche Ressource bei der Informationsgewinnung zur Curriculumkonstruktion den Vorrang erhält (Alberty, Alberty 1962, 34).
Die beiden Autoren treffen selber keine inhaltliche Entscheidung, präjudizieren aber eine solche in gewisser Weise, indem sie die 3 Wahlmöglichkeiten vorgeben und überhaupt eine Prioritätensetzung verlangen. Die 3 verfügbaren Prioritätsbereiche von Alberty und Alberty erscheinen relativ unbestimmt. Werden sie aber nach den Vorstellungen der Autoren realisiert, indem nur die in der Priorität festgelegten Ressourcen genutzt werden, erhält das Curriculum eine eindeutige inhaltliche Richtung[1].
Die Prioritäten erscheinen in den Curriculumtheorien auch als Prinzipien, „aims", „Zentrierungen" und Werte. Die „Werte" werden von Goodlad und Richter (1966) an die Spitze gestellt. Die Autoren sehen in der Curriculumkonstruktion zuerst die Fixierung der Werte vor, um anschließend ähnlich wie bei C. Möller (1969) die weniger allgemeinen Lernziele ableiten oder formulieren zu lassen.
Zur gleichen Kategorie gehören jene theoretischen Ansätze, welche an den Anfang aller curricularen Verfahren die Entscheidungen über eine „Zentrierung" verlangen, z. B. für ein „child-centered" oder „subject-centered" Curriculum (Neagly, Evans 1969, 9 ff.). Häufiger als die explizite theoretische Begründung von Prioritätensetzungen sind die

---

1 Alberty und Alberty wenden ihren eigenen Ansatz im Buch über die High School-Reform nicht konsequent an, sonst würde sich das High School-Curriculum einseitiger präsentieren. Der theoretische Vorspann mit dem Prioritätenansatz ist aber auch in diesem Werk enthalten.
Alberty H. B., Alberty E. J.: Reorganizing the high-school curriculum. New York 1967[5].

impliziten Annahmen dieses theoretischen Ansatzes. So berichtet Goodlad in seinem Referat über „School curriculum reform in the United States“ (1964, 54), daß mit Begriffen wie „demokratisches Leben“ die curricularen Inhalte in eine bestimmte Richtung gelenkt werden.

Smith, Stanley und Shores (1957) treffen eine Grundentscheidung zugunsten von „Gesellschaft“, während Saylor und Alexander (1966) für „Individuum“ optieren.

Prioritäten bieten ein günstiges Objekt, um Diskussionen und Vernehmlassungen zu organisieren, die zu einem Konsens führen. Es lassen sich durch retroduktive Techniken aus philosophischen und anderen Systemen auch Begründungen für die globalen Prioritäten finden. Berücksichtigt der Prioritätenansatz aber den Curriculumprozeß? Wie ist gewährleistet, daß die Prioritäten in einzelne Curriculuminhalte umgesetzt werden? Aus semantischen Motiven scheint es nicht möglich zu sein, aus den Prioritäten logisch die detaillierten Lernziele abzuleiten. Folglich ist die Entwicklung der einzelnen Curriculuminhalte aus den Prioritäten ebenfalls nicht objektiv nachvollziehbar. Es stellen sich weiter die Probleme um die Auswahl von Entscheidungsträgern, die Konsequenzen für den Aufbau der Curricula (Breitfeld, Disziplinen usw.), die laufende Revision und die Evaluation von Prioritätsentscheidungen.

B. Der Ressourcenansatz

Die Probleme gehen bei den Ressourcen in die gleiche Richtung. Allerdings tritt hier die Problematik der Objektivität in der Curriculumkonstruktion weniger auf, wenn die Ressourcen Informationsquellen bezeichnen. Das trifft zu, wenn als Ressourcen nur die wissenschaftlichen Erkenntnisbestände oder die Informationsinteressen eines bestimmten Jugendlichen angesprochen sind, welche in Hinsicht auf ein bestimmtes Ziel in Curriculuminhalte umzusetzen sind. Bleibt die Entscheidung aber so allgemein wie bei Johnson, der „die gesamte verfügbare Kultur“ (1967, 132) als Ressource angibt, ist theoretisch

wiederum eine vage Position bezogen. Allerdings steht bei Johnson die Ressource hinter den Zielen zurück, so daß jene im ursprünglichen Sinne nur „Hilfsquelle“ ist.
V. E. Herrick beschreibt die möglichen „sources“ des Curriculums genauer. Er unterscheidet 3 Arten:

„1. die menschlichen Kenntnisse, welche in kategorisierter Form vorliegen — die (Lern-) Objektfelder;
2. unsere Gesellschaft, ihre Institutionen und sozialen Prozesse;
3. der einzelne Lerner, seine Natur, seine Bedürfnisse und Entwicklungsformen“ (1965, 4).

Die drei Momente bilden nach Herrick sowohl für die Curriculumentwicklung wie für die Curriculumtheorie den Ausgangspunkt. Es bleibt dann lediglich die Frage, ob alle Ressourcen gleichwertig sind, oder ob man der einen den Vorzug gibt.
An den drei Ressourcen fällt die Bezugnahme auf das „Vorhandene“ auf. Ein Lernziel kann nur verwirklicht werden, wenn ihm eine der Ressourcen qualifizierende Gegenstände liefert. Besonders einschneidend wirkt in dieser Richtung Punkt 1), in dem die Erkenntnisbestände ausschließlich als Lernobjekte deklariert sind. Soziale Lernprozesse (Punkt 2) und individuelle Lernmuster (Punkt 3) sind möglich. Doch schließen die 3 Ressourcen einen konsequenten Lernzielansatz aus, wo sowohl neue Lernobjekte wie vor allem Lernverfahren entwickelt werden. Die Fixierung der Ressourcen verbietet im Falle von Herrick die radikale Berücksichtigung der Verwendungssituationen, wie sie beim „prognostischen Bedürfnisansatz“ (Frey 1969e) erforderlich sein kann. Auch Konsequenzen aus den Verfahren der „task analysis“, der „Verhaltensanalyse“ und aus anderen Erhebungstechniken können bei strikter Bindung an die 3 Ressourcen nicht aufgefangen werden (Bjerstedt 1970; Vallance, Crawford 1962; Mechner 1967). Ob die 3 Ressourcen nicht gleichwohl gerechtfertigt sind, kann nicht beurteilt werden, da der Begründungszusammenhang bei Herrick nicht aus einer umfassenden Theorie des Curriculums zu erschließen ist. Was für die vorliegende Fragestellung aber aufschlußreich ist, wird ersichtlich: *die Fixierung von Ressourcen kann implikativ auf den Inhalt des Curriculums wirken.*

Die Konsequenz des Ressourcenansatzes und die mögliche unterschiedliche Bezugnahme auf Aspekte des Curriculums, d. h. die unterschiedliche theoretische Konzeption, zeigt der Vergleich von G. N. Mackenzies und Albertys Beschreibung der Ressourcen.
Nach Alberty und Alberty sind es 3 Ressourcen:

„a) direkte Erfahrung des Lernens aus erster Hand, basierend auf seinen Bedürfnissen, Problemen und Interessen, die vom Lehrer festgehalten werden;
b) ‚überdauernde Lebenssituationen', die allen Menschen in ihrem alltäglichen Leben in unserer Gesellschaft begegnen;
c) das kulturelle Erbe, wie es durch die Spezialisten in den verschiedenen Feldern systematisch organisiert worden ist" (1962, 26ff.).

Mackenzie legt 4 Ressourcen vor:

„a) Individuen und Organisationen" (1962, 72);
„b) Rechtsträger" (74);
„c) Pädagogen und Lehrer" (75);
„d) Schüler" (75).

Mackenzie versteht unter Ressourcen die politischen Mächte. Er denkt sie in soziologischen und ökonomischen Kategorien. Als Beispiel der Ressource a nennt er die Carnegie Foundation, in b Staatsdepartemente und Schulverwaltungen.
Mackenzie gelangt durch ein beschreibendes Verfahren zu seinen 4 Ressourcen, während Alberty und Alberty die rationalisierende Methode verwenden. Dadurch ergibt sich ein grundsätzlicher Unterschied für die Einschätzung der beiden Positionen in Hinsicht auf den theoretischen Anspruch. Mackenzie stellt fest und beabsichtigt nicht, die künftige Curriculumpraxis auf den 4 Ressourcen aufbauen zu lassen, was bei den beiden andern Autoren der Fall ist.
Dennoch lassen sich die beiden in der hier interessierenden Perspektive vergleichen: die 4 Ressourcen von Mackenzie lassen in einer gemeinsamen Verwendung theoretisch alle Inhalte im Curriculum zu. Lediglich wenn eine Ressource bevorzugt wird, entstehen Schwerpunkte. In Albertys System bilden sich zum Voraus inhaltliche Gewichtsverteilungen.

Für die Curriculumtheorie ergeben sich aus dieser Situation zwei Probleme oder Forderungen:

a) *Um eine Theorie des Curriculums in den Prioritäten, Ressourcen oder in verwandten Begriffen ansetzen zu können, muß ein Referenzrahmen geschaffen sein, in dem die Perspektiven, unter denen das Curriculum betrachtet wird, erkenntlich sind.* Solche Perspektiven können sein „Curriculum als Feld sozialer Aktionen" (vgl. Hübner, Schulz 1970), „Curriculum als technologischer Entscheidungs- und Evaluationsprozeß" (Flechsig 1970).
b) *In Form einer theoretischen Begründung oder idealerweise einer empirisch überprüfbaren Theorie sind die Implikationen des Ansatzes auf den Curriculuminhalt und seine Gültigkeitsprüfung aufzuweisen.*

C. Das elementenorientierte „organizing center" von Goodlad

J. I. Goodlad hat seine theoretischen Vorstellungen vom Curriculum an verschiedenen Orten publiziert und jeweils differierende Aspekte des Curriculums thematisiert (1964, 1966; Goodlad et al. 1966 etc.). Bezüglich Prioritätensetzung ist die Konzeption des „organizing center" (Organisationszentrum) von 1966 bedeutsam. Er entwickelt dort ein theoretisch orientiertes Modell vom Organisationszentrum, um damit die Curriculumreformen (in naturwissenschaftlichen Disziplinen) kritisch sichten zu können. Er bemüht sich aufzuzeigen, daß wie bei den Curriculumreformen die Elemente zusammengefügt werden. Elemente sind „fundamentale Begriffe, Ideen, Prinzipien, Fertigkeiten und Werte" (1966, 55). Goodlad kritisiert, daß diese Elemente nach ungeklärten Kriterien zusammengefügt werden (1966, 40), d. h., daß sie ohne vorgegebene Ordnungsgesichtspunkte in das „organizing center" eingehen. Goodlad zieht nun nicht die mögliche Konsequenz, daß er eine „Theorie" oder ein Modell *vom Aufbau des Organisationszentrums selber* vorlegt. Das könnte auf der Basis einer Strukturierung

der Lernfunktionen bzw. des Lernprodukts oder des Lernprozesses, dessen Plan das „organizing center“ ist, geschehen[1].
Goodlad setzt dagegen bei den Elementen an, die das Organisationszentrum konstituieren. Er teilt sie in zwei Gruppen ein und legt damit inhaltsbestimmende Prioritäten, zumal die Form des Organisations-

Organisationszentrum und Organisationselemente

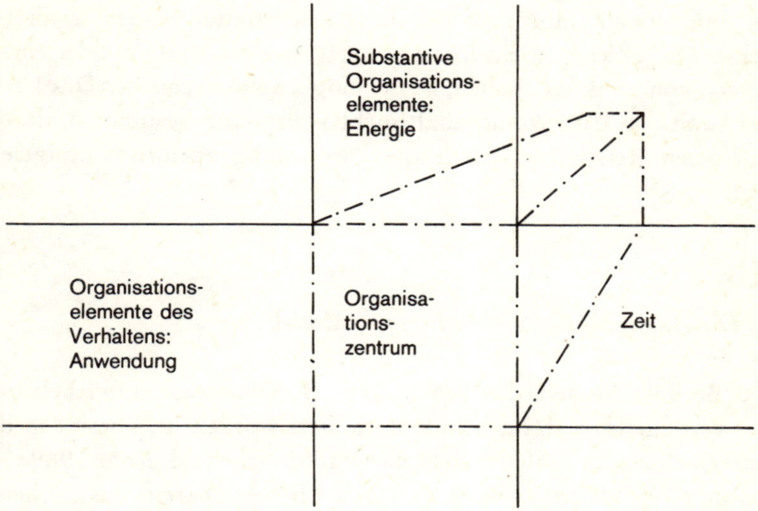

zentrums offen ist. Goodlads Schema verdeutlicht die Zusammenhänge, besonders die Implikationen von der Gruppierung der Elemente auf das Organisationszentrum und damit auf den Curriculuminhalt (1966, 55).
Die entscheidende Klassierung sieht „substantive organizing elements“ und „behavioral organizing elements“ vor. Entsprechend der Klassierung der Elemente wird auch eine Spezifizierung der Lernziele nach „behavior“ und „content“ gefordert (56). Immerhin sieht Goodlad im

---

1 Wieweit das praktisch möglich ist, wäre näher abzuklären. Allerdings darf vermutet werden, daß die theoretische Begründung mindestens ebenso stringent gegeben werden könnte wie beim Ansatz, den Goodlad wählt.

selben Zusammenhang weitere Entscheidungen im Curriculumprozeß vor (56). Dennoch bleibt die Vorstellung vom Aufbau des Organisationszentrums durch die zwei Kategorien von Elementen. Auf der einen Achse des Schemas liegen die substantiven Elemente. Darunter ist das „subject matter“ zu verstehen. Auf der anderen Achse befinden sich die Elemente des Verhaltens. Sie dienen hauptsächlich der „Anwendung“ und Umsetzung der „Energie“, d. h. der substantiven Elemente, in Handlungen. Daß wir damit je nach Menge und „Qualität“ der anfallenden Informationen auf der horizontalen oder vertikalen Achse das Schwergewicht in einer Art Verhaltenstraining oder einem Lernen von „Fakten“ haben, ist die mögliche Konsequenz. Das Lernziel kann den Curriculuminhalt nicht vollständig bestimmen, da die möglichen Ressourcen durch die Zweiteilung apriorisch festgelegt sind.

D. Die Auswahlkriterien im Berliner Modell

Das Berliner Modell, das 1967 von S. B. Robinsohn entwickelt und von verschiedenen Mitarbeitern detailliert worden ist, kommt in der Untersuchung an zahlreichen Stellen zur Sprache (vgl. Knab 1969 a, b; Zimmer 1969; Lenné 1969). Der Teil I brachte bereits das „Schema fortlaufender Curriculumreform“ von D. Knab (1969b). Die Einteilung der Bildungsinhalte nach 3 Kriterien wird auch bei den inhaltlich-thematischen Taxonomien in Teil IV genannt.
Die Expertenthematik erscheint unter den Prozeßansätzen (Teil III). Deshalb kann sich die Behandlung des Modells an der jetzigen Stelle auf die vorliegende Fragestellung beschränken, zumal die Sätze über die Kriterien nicht den zentralen Punkt in der Aussageabsicht des Modells bilden. Sie sind aber charakteristisch für viele Curriculumansätze, welche sich wie das Berliner Modell zur Hauptsache mit der Frage der Zielfindung und Strategie der Curriculumkonstruktion befassen und daneben auch Aussagen über Kriterien und Ressourcen machen.
Neben dem Aufweis von Legitimationsfeldern von Curriculuminhalten liegt der wichtigste Aussagebereich beim Berliner Modell in der

Ausgliederung der einzelnen Schritte in der Curriculumrevision (Robinsohn 1967, 47 ff.; Knab 1969b). Diese Ausgliederungen, die Robinsohn und Mitarbeiter als Aufteilung der Funktionen in der Curriculumkonstruktion vorgenommen haben, stellen einen wesentlichen Beitrag für die deutsche Curriculumforschung dar. Die noch weit größere Bedeutung des Robinsohnschen Entwurfes liegt aber auf innovativem Gebiet. Diese Feststellung läßt sich 1970, drei Jahre nach Erscheinen der Schrift „Bildungsreform als Revision des Curriculum", mit Sicherheit formulieren. Die Schrift hat in einer wichtigen und zugleich sehr günstigen Phase der Lehrplanforschung im deutschen Sprachraum eine neue Richtung gegeben und viele Anregungen für Projekte und weiterführende Ansätze vermittelt. Die letztgenannte Wirkung ist vor allem auf die große Allgemeinheit der Aussagen in Robinsohns Entwurf zurückzuführen.

Nicht so allgemein wie die Vorstellungen vom Curriculumprozeß und den Verfahren zur Lernzielgewinnung sind die Ausgangspunkte und zugleich „Kriterien" für die Auswahl von Curriculuminhalten. Robinsohn formuliert die *„Kriterien für die Auswahl von Bildungsinhalten"* folgendermaßen:

„1. Die Bedeutung eines Gegenstandes im Gefüge der Wissenschaft, damit auch als Voraussetzung für weiteres Studium und weitere Ausbildung;

2. die Leistung eines Gegenstandes für Weltverstehen, d. h. für die Orientierung innerhalb einer Kultur und für die Interpretation ihrer Phänomene;

3. die Funktion eines Gegenstandes in spezifischen Verwendungssituationen des privaten und öffentlichen Lebens" (1967, 47).

Robinsohn setzt die 3 Kriterien nicht absolut. Sie sind „weiter zu spezifizieren und verifizieren" (47). Die Kriterien selber sind Gegenstand der „Ermittlung". Damit unterscheidet sich der Ansatz von den reinen Inhaltstheorien, welche in den ersten beiden Kapiteln von Teil II vorgeführt worden sind und direkt die Themen oder Ziele des Curriculums besprechen.

Daß die Inhalte inklusive ihrer Kriterien ermittelt werden müssen, ist nach Blankertz (1969, 164) eine Vorentscheidung, die Robinsohn trifft. Dabei stellt sich die curriculumtheoretische Frage, ob und unter welchem Vorverständnis vom Curriculumprozeß eine solche Vorentscheidung zu rechtfertigen ist. Es ist möglich, ähnlich wie bei der Setzung von Prioritäten oder Ressourcen Kriterien festzulegen, um daran den Curriculumprozeß auszurichten. Das tut Robinsohn, indem er die 3 genannten Kriterien für die Auswahl von Bildungsinhalten „annimmt" (1967, 47). Im Anschluß an die Kriterien heißt es allerdings, daß die Kriterien zu verifizieren seien. Zudem ist festgehalten, daß „sie aus den sogenannten allgemeinbildenden und den berufsvorbereitenden Funktionen des Bildungsprogramms abzuleiten" (47) seien, wobei sie „auf Bedingungen personaler und gesellschaftlicher Existenz" (47) zu beziehen sind.

Anhand dieser verschiedenen Aussagen kann der curriculumtheoretische Standort der Kriterien folgendermaßen beschrieben werden: Die Kriterien werden aus übergeordneten vorgegebenen Funktionen des Bildungssystems (z. B. berufsvorbereitend) abgeleitet. Die Funktionen können durch Konsens der an der Schule beteiligten Gruppen, durch eine Theorie oder durch ein anderes Fundament begründet sein. In diesem Falle erwachsen dem Curriculumprozeß zwei mögliche Konsequenzen:

a) Die Curriculumstrategie (eventuell -theorie) sieht vor, daß die Kriterien möglichst objektiv eingesetzt werden und dadurch die Auswahlprozedur fixieren, oder sie sieht vor, daß die Kriterien grundsätzlich akzeptiert, in der konkreten Auslegung aber den jeweiligen Verhältnissen angepaßt werden können. In beiden Varianten besitzen die Kriterien direkte inhaltliche Implikationen: Den „Ermittlungen" ist der Raum innerhalb der Kriterien ausgespart.

b) Die Kriterien sind als Hypothesen verstanden. Sie weisen erst dann Gültigkeit auf, wenn die Verifikation abgeschlossen ist. Man kann die Kriterien in diesem Falle auch als Lernziele betrachten. Sie setzen aber eine Vorentscheidung voraus, die aus dem Robinsohnentwurf auch herausgelesen werden kann: das Curriculum hat „bezogen auf Bedingungen personaler und gesellschaftlicher Existenz" (1967, 47) Qualifikationen für die Bewältigung von (Verhaltens-) Situationen zu liefern.

Während in a die Kriterien den festen Bezugsrahmen zur Verfügung stellen, ist es in b die Definition der Bedingungen personaler und gesellschaftlicher Existenz. In der Frage des Bezugsrahmens stimmt das theoretische Vorverständnis vom Curriculumprozeß in beiden Varianten überein.
Der Curriculumprozeß selber wird in a und b aber unterschiedlich interpretiert. Ist er in a die optimal objektive Verarbeitung und Umsetzung von Zielwerten in ein Curriculum mit der Forderung nach möglichst hoher Verarbeitungszuverlässigkeit, fällt in b der Schwerpunkt auf die Formulierung von Teilhypothesen deren Überprüfung und Verbesserung nach der Art eines revolvierenden Systems.
Robinsohn scheint einen Kompromiß anzustreben, indem er auf der einen Seite von der Möglichkeit eines Konsens' spricht, der ein „nationales Erziehungswesen" (47) begründet, auf der anderen Seite aber die Forderung nach empirischer Überprüfung erhebt. Wie sich bei der Behandlung des Knabschen Schemas gezeigt hat (weil es diesbezüglich die einzelnen Schritte mehr differenziert als der Entwurf von Robinsohn), ist die empirische Überprüfung nur mit Hilfe von mehreren Teiltheorien zu leisten, die z. B. das Verhältnis von Qualifikation und Situation oder von Curriculuminhalt und Qualifikation bestreichen. Vergleicht man mit diesen empirisch orientierten Theorien die verschiedenen Instanzen, welche eingesetzt werden können, stellt sich die Frage, ob nicht an Stelle der Forderung nach empirischen Methoden, welche Hypothesen prüfen, eher technologisch-evaluative Methoden treten sollten[1]. Dieses Problem ist hier aber nicht vordergründig.
Für die Beantwortung der anstehenden Fragen um die inhaltsorientierten Theorien ist die Feststellung wichtig, a) daß durch Vorentscheidung begründete Kriterien den Curriculuminhalt mitbestimmen und

1 Das Problem wird auch bei J. Zimmer herausgestellt:
Zimmer J.: Zur Bedeutung der Humanwissenschaften für die Curriculum-Forschung und Entwicklung. In: Sonderheft 5 zu Rundgespräch. Frankfurt 1969, 41—53, 52.

b) daß der Einsatz von Kriterien (für die Auswahl von Curriculuminhalten) von der Curriculumtheorie die Berücksichtigung mehrerer Gesichtspunkte verlangt, die nicht in einer einzigen hypothetisch-deduktiven Theorie eingefangen werden können. Anhand des Berliner Modells wird deutlich, daß mindestens 3 Probleme eine theoretische Erklärung oder Begründung verlangen:

1. die Begründung der Kriterien als solche;
2. Funktion, Wert und Beziehungen der Kriterien im Rahmen der übrigen Elemente im Curriculumprozeß (z. B. andere Entscheidungsorte oder Informationsressourcen);
3. Objektivität der Verarbeitung der Kriterien oder der Bezugnahme auf sie als „Hypothesen".

Die theoretische Erfassung dieser 3 Probleme benötigt, in den heutigen Vorstellungskategorien gedacht, unter anderem folgende bestehende Theoriengebiete: für (1) Theorie der Gesellschaft, Persönlichkeitstheorie, Bildungstheorie; für (2) Theorie der Ressourcen im Curriculumprozeß, Entscheidungstheorie, Wissenschafts- bzw. Erkenntnistheorie; für (3) Theorie der Informationsvermittlung, psychologische Meßtheorie. Mit dieser Feststellung ist aber eine Teilantwort auf die Grundfrage der Untersuchung gegeben: Ist eine Curriculumtheorie möglich, und falls ja, unter welchen Bedingungen? Die konkrete Antwort, die an *dieser Stelle* zu formulieren wäre, könnte heißen: *Eine Curriculumtheorie müßte das Curriculum zugleich in mehreren „Aggregatszuständen" und in mehreren Formen der Begründung bzw. Bewahrheitung und unter Verwendung mehrerer wissenschaftlicher Systeme erfassen.*
Die Analysen weiterer Curriculumansätze sollen zeigen, ob eine solche „Theorie" am ehesten hypothetisch-deduktiv oder mit anderen Methoden aufzubauen ist, oder ob der letzte Zusammenhalt nur in einem System erfolgen kann oder ob man wie Robinsohn das Ganze am besten auf der Basis eines Handlungsmodells angeht?

6. Komponentensysteme und inhaltlich gerichtete Curriculumdesigns

A. Problemstellung anhand der Versuche von Herrick, Kerr und Macdonald

Der Fachausdruck „Curriculumdesign“ ist als Entwurf oder Aufriß des Curriculums zu umschreiben. Häufig wird er gebraucht, um den Arbeitsrahmen für die Curriculumkonstruktion zu bezeichnen. Der Arbeitsrahmen kann für das Verfahren der Konstruktion oder das Resultat der Konstruktion, also das fertige Curriculum, gelten. Für die anstehende Fragestellung ist der letztgenannte Sinn von Bedeutung. Es werden nicht jene Curriculumdesigns behandelt, welche das Verfahren der Curriculumkonstruktion organisieren, aber auch nicht jene Curriculumaufrisse, die den gesuchten Inhalt des Curriculums direkt beschreiben. Das Charakteristikum des hier bedeutsamen „Designs“ ist der formale Aspekt. Das Design beschreibt die Gebiete, über welche das Curriculum Aussagen machen soll. Darin gleicht es dem „Komponentensystem“, das eine zusammenhängende und geordnete Anzahl von Aussagebereichen (Komponenten) des Curriculums darstellt.

V. E. Herrick betrachtet 4 Komponenten als konstitutiv für alle Curricula. Die Komponenten betreffen a) den Lernenden, b) die Zielsetzung, c) den Inhalt und d) das Lernverfahren (1965, 23). Jedes Curriculum soll somit diese 4 Themen besprechen. Indem Herrick diese Themen auswählt und fixiert, möchte er nicht die Inhalte von Curricula präjudizieren. Hingegen soll das Komponentensystem „die Möglichkeit in sich haben, Curriculumprobleme lösen zu helfen“ (23). Dennoch strukturiert Herrick die künftigen Curricula auch inhaltlich[1]. Die

---

1 Es wäre zu untersuchen, ob die kybernetische Programmerstellung bei Frank durch die Kalkülisierung des Heimannschen Begriffsapparates nicht auch in die gleiche Problematik gerät.

Komponenten „Lernender“ und „Ziel“ schließen ein Curriculum aus, das ausschließlich kulturelle Objektivationen enthält. Sie gehen auch über die einfachen „Stoffpläne“ hinaus, welche die amerikanischen Curricula bis zum Aufkommen der Deweyschen Progressive Education beherrschten und im deutschen Sprachgebiet noch heute dominierend sind (Huhse 1968, 12).

Bei Herrick bildet das Komponentensystem nur einen Teil seiner Aussagen über das Curriculum und dessen Konstruktion. Daneben stehen Überlegungen zum Gebrauch der Informationsressourcen, zur Konstruktionstechnik und Begründung von Entscheidungen. Wieweit die Überlegungen zu diesen Gebieten das Komponentensystem theoretisch stützen oder dessen Implikationen korrigieren, ist unklar, da Herrick kein umfassendes, integrierendes System entwickelt hat. Immerhin stellt sich die Frage, wieweit sich das Komponentensystem mit dem Schema zur Curriculumkonstruktion (1965, 28) verträgt. Das dort vorgeschlagene Konstruktionsverfahren begünstigt wieder andere Inhalte des Curriculums. Es sieht Entscheidungen über die Curriculuminhalte vor, welche möglicherweise einzelne Komponenten ausschalten. Darin zeigt sich die theoretische Problematik des Komponentensystems. *Es erfaßt einen möglichen Aspekt im Curriculumprozeß, nämlich den formalen Aufbau des Curriculuminhaltes, berücksichtigt den prozessualen Aspekt aber nicht.*

Die daraus resultierende Problematik verdeutlicht der Versuch von J. Kerr. Seine Komponenten sind „Curriculumziele, Kenntnis, Lernerfahrungen und Curriculumevaluation“ (1968, 6). Er sieht damit „vier unter sich verbundene Komponenten“ (6) vor. Eine einfache Begriffsanalyse zeigt, daß die Komponenten a) verschiedenen Phasen der Konstruktion bzw. Realisierung des Curriculums und b) verschiedenen Komplexitätsstufen der Objektivation von Curriculum angehören. Die „Evaluation“ zählt zur Konstruktions- oder Implementationsphase und bezeichnet im hier gemeinten Sinne eine Handlung. Die „Ziele“ bilden einen Aussagebereich im Curriculum, somit eine Komponente. Die Evaluation dürfte eher in einer Curriculumstrategie als in einem Komponentensystem auftreten. Der Begriff „Kenntnis“ (knowledge) kann ein Produkt der Curriculumrealisierung beim Schüler oder aber eine Curriculumressource für den Konstrukteur sein.

Die Problematik heißt allgemeiner: *entweder beschreibt das Komponentensystem nur curriculare Aussagebereiche, dann ist es mit den prozessualen Aspekten in Verbindung zu bringen, oder es beschreibt auch prozessuale Aspekte, dann verliert es seine logische Konsistenz, außer es sei eine übergeordnete Theorie des Curriculums vorhanden.*
Die erste Variante des Problems tritt bei Herricks Ansatz auf, die zweite bei Kerr. Die Theorie müßte eine Verhältnisbestimmung zwischen dem Curriculumprozeß und dem Aufbau des Curriculuminhaltes erbringen[1]. J. B. Macdonald bemüht sich, die Lösung bereitzustellen und führt zu diesem Zwecke den Begriff „Struktur" ein. Strukturen sind Zusammenhänge zwischen Elementen. Sie bringen die gewünschten Relationen zum Vorschein (1966, 30, 34, 37). Macdonald löst für sich das Wahrheitsproblem, indem er zwei Arten unterscheidet: „deskriptive Strukturen", die „sagen, was ist" (1966, 33) und „vorschreibende oder Wert-Strukturen" (32).
Die Strukturen kommen in 4 Gebieten vor: 1) Kenntnisse, (Wissensbestände, Kenntnisformen), 2) Gesellschaft, 3) Person, 4) Kultur. Die Homogenität des Curriculums ist dadurch gewährleistet, daß die Strukturen dieser 4 Gebiete die Pfeiler der Curriculumkonstruktion bilden und daß zudem eine Überstruktur vorhanden ist, die Macdonald mit der Metapher „System" bezeichnet. Dieses System besteht aus den bekannten 4 Bereichen Curriculum, Instruktion, Lehrer, Lernender, die in Teil I eingehender behandelt worden sind.
Macdonald sieht die Mehrdimensionalität des curricularen Feldes. Das „System" ordnet die verschiedenen Dimensionen, womit aber noch keine durchgehende Linie, gleichsam eine Kontinuität gewährleistet ist. Diese soll die „Struktur" einbringen.
Mit dieser Konzeption dürfte Macdonald das Problem systemtheoretisch gelöst haben. Ist es damit aber auch wissenschaftstheoretisch erledigt? Es bleiben vorläufig die Fragen: Verhindern die Strukturen nicht die inhaltliche Offenheit des Systems? Präjudizieren die 4 Gebiete (Kenntnisse, Gesellschaft, Person, Kultur) nicht gewisse Aus-

1 Es ist das gleiche Problem, das M. Johnson mit seinem „pattern of organization" anspricht; Johnson M.: On the meaning of curriculum design. In: Curriculum theory network. 3 (1969) 3—9, 3.

wahlentscheidungen? Kann die Festlegung der 4 Gebiete überhaupt zureichend begründet werden? Gestattet die Überstruktur „System" den Zusammenbau der 4 Gebiete im Curriculum und den damit verbundenen Aktionsräumen?
Macdonald dürfte diese Fragen wohl mit der Begründung bejahen, das curriculare Feld sei im systemtheoretischen Ansatz und nicht mit anderen „Theorieformen" in den Griff zu bekommen.

B. Das Resnick-Konzept für ein Frühlerncurriculum

Das Programm von L. B. Resnick (1967) soll hier kurz behandelt werden, weil es häufig als Modell für die theoretische Begründung von Vorschulcurricula genommen worden ist. Resnick und seine Mitarbeiter erheben nicht den Anspruch der Generalisierbarkeit auf alle Stufen. Der Entwurf gilt für die Vorschule. Im deutschen Sprachraum wird das Resnickkonzept aber auch allgemeiner als Modell übernommen, weshalb es hier näher zur Sprache kommt.
Die Untersuchungsfrage für diesen Zusammenhang lautet deshalb: a) welches sind die Aussagen und Grundlagen des Resnickkonzeptes? und b) ist dieses Konzept übertragbar — gleichsam als Modell für Curriculumtheorie? Zugleich sollen die Voraussetzungen und theoretischen Konsequenzen des Design-Aspektes abgeklärt werden.
Das Resnick-Konzept ist die theoretische Grundlage eines mehrjährigen Experimental- und Innovationsprojektes für Schüler vom 3. bis ungefähr zum 10. Altersjahr.
Resnick geht vom *Bedürfnis* eines Frühlernprogrammes aus und fragt: was benötigen Kinder im Verlaufe der Schullaufbahn und in den übrigen Lebensbereichen an Verhaltensdispositionen? Die Antwort fällt für Resnick eindeutig aus. Es ist notwendig, „die Kinder darüber zu unterrichten, wie zu lernen und zu denken ist — mit andern Worten, ihnen Fertigkeiten (skills) und Begriffe beizubringen, welche Grundlage für intelligentes Verhalten sind" (1967, 3). *Welche* Begriffe und Muster gelernt werden sollen, ist im einzelnen experimentell zu prüfen.

Resnick identifiziert 3 Klassen von Mustern, die gelernt werden sollen:

1. „Orientierende und zielrichtende (attending) Muster;
2. Wahrnehmungs- und motorische Muster;
3. begriffliche und sprachliche Muster“ (4).

Resnick bezeichnet den ersten Lernzielbereich auch als „Disposition zu adaptivem Verhalten“ (5), den zweiten als Fähigkeit zur „sensorischen Diskriminierung“ (5), als „Methoden zur Organisation und sinnvollen Strukturierung der häufig konfusen sensorischen Reizungen“ (5), den dritten als gestaltendes Verhalten, etwa als „Klassifikation, Überlegen (reasoning), Herstellen von räumlichen Relationen“ (6). Zum letztgenannten Bereich gehören auch „frühe mathematische Begriffe und Prozesse“ (6).
Damit ist ein Rahmen für die Lernziele des Curriculums gegeben. Er fixiert das inhaltliche Einzugsfeld der Lernzielbereiche. Was im einzelnen gelernt werden soll, möchte Resnick mit der „task analysis“ bestimmen, in der die Verhaltenskompetenzen ausgegliedert werden, welche für die Erreichung eines Lernziels erforderlich sind. Zudem leistet sie den Großteil der Sequenzenbildung.
Durch dieses Verfahren leitet Resnick die Einzellernziele indirekt aus den allgemeinen Zielbereichen ab. Freilich kommen die neuen Erkenntnisse hinzu, welche in den laufenden Experimenten gewonnen werden. Im Gegensatz zu den deduktionistischen Ansätzen wie zum Beispiel bei Möller (1969) sieht das Resnick-Konzept laufende Evaluationen und Experimente vor, die zu neuen Lernzielen bzw. zur Bestätigung von Lernzielen führen[1]. Das Charakteristikum des Resnick-Konzepts für die inhaltlich-strukturellen Ansätze liegt in seinem Versuch, einen inhaltlich-fixierenden Entwurf von Lernzielen mit experimentellen Ergänzungs- und Kontrollemethoden zu verbinden. Ge-

---

1 Vgl. auch das verwandte Verfahren im Modell FAL-2; Frey K. in Verbindung mit R. Horn, U. Isenegger, U. P. Lattmann, I. Rickenbacher, B. Santini: Eine Handlungsstrategie zur Curriculumkonstruktion (FAL-2). Freiburg 1970. (Pädagogisches Institut: Arbeitspapiere und Kurzberichte 12).

rade in diesem Versuch zeigt sich aber eine Hauptproblematik des Resnick-Konzepts. Es ist das nicht eindeutig festgelegte *Kriterium für die Validität des Curriculums.*

Resnick kritisiert die bisherigen Vorschulprogramme aufgrund ihrer Begrenztheit. Diese würden isolierte Gebiete herausgreifen „ohne die gesamte Reihe von Verhaltensmustern zu analysieren“ (6). Resnick schlägt dagegen vor, die Lernziele zu sequenzieren, d. h. sie in Sequenzen zu bringen. Und zweifellos erreichen Resnick und seine Mitarbeiter eine Fülle von Aspekten, von denen viele in anderen Vorschulprogrammen nicht erscheinen. Doch eine höhere Gültigkeit wird damit nicht eingeholt. Innerhalb des Bedürfnisansatzes kann nur das Experiment erweisen, was der Autor zugesteht. Auch die Bildung von Lernzielsequenzen trägt dazu nichts bei. Damit läßt sich nur die Wichtigkeit einzelner Bereiche innerhalb des Totals angenommener Lernziele, z. B. durch Clusteranalysen, feststellen. Gültigkeitskriterium ist dabei die Totalität der Sequenzen bzw. einzelnen Lernziele. Doch hier tut sich ein weiteres Problem auf: *das Verhältnis zwischen Bedürfnisansatz und auf strukturellen Theorien begründeten Lernzielsystemen.*

Auf der einen Seite soll nach Resnick die Gebrauchshäufigkeit des Gelernten in der Schule und im späteren Leben die Gültigkeit des Lernziels erweisen (Bedürfnisansatz). Auf der andern Seite kritisiert Resnick die übrigen Konzepte, weil sie nur einzelne Aspekte von Verhaltensdispositionen berücksichtigen. Möglicherweise sind aber gerade diese wenigen Aspekte die entscheidenden und gültigen. Resnick erhält mit den vielaspektigen Lernzielbereichen eine gute Ausgangsbasis für die Validierung.

Sollte der Autor aber der Auffassung sein, daß sein Konzept den anderen wegen des größeren und persönlichkeitstheoretisch offensichtlich vollständigeren Lernzielgefüges an Gültigkeit überlegen ist, dann steht als Grundannahme dahinter die Vorstellung von der Ganzheit. Vereinfacht heißt das: ein pädagogisches Programm ist dann gültig, wenn es möglichst alle denkbaren Persönlichkeitsbereiche betrifft. Diese Annahme Resnick zu unterstellen, dürfte aufgrund seines experimentellen Ansatzes nicht gerechtfertigt sein.

Sicher liegt hier aber eine Antinomie zum Bedürfnisansatz. Mit anderen Worten, im Resnickkonzept wäre klarer zu fixieren, welche Bedeutung dem Bedürfnisansatz und welche einem Strukturmodell, d. h. einem *inhaltlichen Design* von lernbaren Verhaltensdispositionen zukommt, das an einer Persönlichkeitstheorie validiert wird. Die Generalisierbarkeit des Resnickkonzeptes hängt also mit davon ab, ob bei der Übernahme als Validierungskriterium die Übereinstimmung mit einer Persönlichkeitstheorie akzeptiert wird. Im anderen Falle sind die Lernzielbereiche von Resnick nur Klassifikationen. Ihr Wert ist dann nur heuristischer Natur.

7. Zusammenfassung

1. Als Charakteristikum der struktur- und inhaltsorientierten Theorien hat sich die Implikation auf den inhaltlichen Aufbau des Curriculums herausgestellt. Häufig ist der Inhalt des Curriculums selber Gegenstand der theoretischen Ansätze. Oft befassen sich die Theorien mit Kriterien, Ressourcen, Prioritäten und Komponentensystemen, welche ihrerseits Konsequenzen für den Inhalt des Curriculums nach sich ziehen.
2. Die psychologischen und inhaltlich-thematischen Taxonomien sind den struktur- und inhaltsorientierten Theorien verwandt. Da sie in ihrem Aufbau verschiedene Eigengesetzlichkeiten aufweisen, sind sie aus dem Teil II ausgesondert worden.
3. Die bekannteste Art von inhaltsbestimmenden Theorien sind jene, welche die Disziplinen zur Informationsgrundlage und zum Kriterium für das Curriculum erheben. Die Disziplinen sind meistens mit den wissenschaftlichen und universitären Fächern identisch. Ihre Aufbauelemente sind die Begriffe, Forschungsmethoden und Systematisierungen der Resultate, welche für die Disziplin spezifisch sind.
4. Der Disziplinenansatz kommt vor allem in den angelsächsischen Theorien vor, die nicht psychologisch ausgerichtet sind. Oft wird er einfach als „Strukturansatz“ gekennzeichnet. Wenn der Strukturbegriff allerdings weit gefaßt ist und auch die Lernbedingungen der Schüler und den Ablauf des Lernprozesses mitberücksichtigt, geht die Eigenart der „Disziplinen-Struktur“ verloren. In diesem Falle sind die Disziplinen ein Strukturierungsprinzip unter anderen. Sie übernehmen dann mehr die Funktion von Ressourcen oder Auswahlkriterien.

5. Unter Verwendung verschiedener Gesichtspunkte und Begriffe, welche im Teil I entwickelt worden sind, ist die theoretische Problematik des Ansatzes von seiten der Disziplin-Strukturen dargelegt worden. Nach Schwab erweisen sich schon die Probleme der wissenschaftlichen Disziplinen als so groß, daß eine Curriculumtheorie, die auf diesen aufbauen will, unhaltbar gemacht wird. Die wissenschaftlichen Disziplinen implizieren nämlich Strukturen und Informationen, deren Entstehung und Begründung z. T. nicht nachvollziehbar sind. Dadurch wird auch die Objektivität einer Curriculumtheorie, die auf den Disziplinenansatz rekurriert, unmöglich.
6. Die gleiche Problematik ergibt sich, wenn die Sachstrukturen aus Erkenntnisbeständen geholt werden, die nicht als wissenschaftliche Disziplinen angelegt sind. Hier kommt noch als weitere entscheidende Problematik hinzu, daß die Darstellung und das Verständnis der „Sachstrukturen" wesentlich von der erkenntnistheoretischen Position des Curriculumtheoretikers oder -konstrukteurs abhängen. Zusätzliche Determinanten sind die Menge der Information über die Sachstrukturen und die Form der Informationsvermittlung.
7. Im Verlaufe der Analysen ist festgestellt worden, daß es keine Curriculumtheorien gibt, die ausschließlich die Strukturen von Disziplinen oder von anderen Erkenntnisbeständen zum Gegenstand und Aufbauprinzip haben.
8. Auf der Seite der psychologischen Strukturansätze ist das Konzept von Bruner behandelt worden. Sein Strukturbegriff ist so weit gefaßt, daß die Fachwissenschaftler und geisteswissenschaftlichen Didaktiker darin die sogenannten Sachstrukturen eingeschlossen sehen, während die psychologisch informierten Curriculumautoren unter Strukturen vorwiegend die Symbolisierungsformen oder den allgemeinen Aufbau von kognitiven Lernleistungen verstehen.
9. Wird der Bruner'sche Ansatz mit dem psychologisch legitimierten Akzent weitergedacht, besteht die Theorie des Curriculums als eine Theorie der Symbolfunktion, der Repräsentationsmodi und der Erschließung von Strukturen im Kontext von Objekten für die

Repräsentation bzw. des Verhältnisses von Objekt und psychologisch verstandener Struktur.

10. Grandstaff hat den Strukturbegriff von Bruner ausgeweitet. Doch auch bei ihm fallen die Fragen nach den Trägern von Curriculumkonstruktionen, der Gruppenorganisation, der Steuerung von Instruktion im Curriculum und der Implementation aus, obwohl die zwei Kategorien „Operation“ und „Relation“ eingeführt worden sind.

11. Nach Grandstaff basiert die Curriculumtheorie wesentlich auf einer psychologischen Theorie, in welcher die Lernobjekte Relationen zwischen den begrifflichen und sprachlichen Antworten und Gruppen von Stimuli sind, welche vom Inhalt der akademischen Disziplinen abgeleitet werden. Das Curriculum stellt in diesem Sinnne die Reduktion psychologisch gedachter Strukturen der akademischen Disziplinen dar.

12. Eine wichtige Inhaltsorientierung ist in den Verhältnisbestimmungen von Subject matter und Learning experience enthalten. Learning experience ist dabei als Lernerfahrung definiert, die nicht ohne besondere Aufbereitung aus einem Objekt erwächst, aber in Verbindung mit einem Objekt hervorgerufen wird.

    Als aufschlußreiche Verhältnisbestimmungen haben sich Ausubels Theorie der kognitiven Struktur und verschiedene Ansätze der geisteswissenschaftlichen Lehrplantheorie erwiesen.

    Aus den Vermittlungsversuchen zwischen Subject matter und Learning experience ergibt sich eine Frage, die für die Thematik der Untersuchung Bedeutung hat: ist es curriculumtheoretisch legitim, die Verhältnisbestimmung von Subject matter und Learning experience bzw. Inhalt und Methode usw. so theoretisch auszubauen und zu fixieren, daß daraus Implikationen für jedes Curriculum entstehen? Werden durch die Verhältnisbestimmung nicht zum voraus viele mögliche Funktionen eines Curriculums verschlossen oder präjudiziert?

    Da es noch keine allgemein gültigen Gesetzmäßigkeiten über das Verhältnis von Learning experience und Subject matter in Hinsicht auf den optimalen Lernerfolg gibt, haben die vorläufigen Verhältnisbestimmungen nämlich nicht nur instrumentelle und theoretische Funktionen als Prognosebasis in der Curriculumkonstruktion, sondern ausdrücklich zielsetzende Wirkungen.

13. Eine indirekte Inhaltsorientierung und -bestimmung tritt bei den Prioritäten, Ressourcen- und Kriteriensystemen auf.
Die Analyse verschiedener Ansätze in diesem Bereich führte zu mehreren Befunden:
   a) Um eine Theorie des Curriculums in den Prioritäten, Ressourcen oder in verwandten Begriffen ansetzen zu können, muß ein Referenzrahmen geschaffen sein, in dem die Perspektiven, unter denen das Curriculum betrachtet wird, erkenntlich sind, da sonst der curriculumtheoretische Begründungszusammenhang fehlt.
   b) Da Prioritäten, Ressourcen und Kriterien inhaltlich implikative Wirkungen haben, erfordert deren Einsatz in der Curriculumkonstruktion eine theoretische Rechtfertigung der Implikationen und den Aufweis einer (ständigen) Gültigkeitsprüfung.

14. Das Berliner Modell von Robinsohn und Mitarbeitern demonstriert die wissenschaftstheoretischen und insbesondere die curriculumtheoretischen Problemstellungen, die sich mit den Auswahlkriterien von Inhalten verbinden, in exemplarischer Weise.
Neben mehreren Einzelergebnissen resultiert aus den Analysen des Berliner Modells der Satz: Eine Curriculumtheorie müßte das Curriculum zugleich in mehreren „Aggregatszuständen" und in mehreren Formen der Begründung bzw. Bewahrheitung und unter Verwendung mehrerer wissenschaftlicher Systeme erfassen.

15. Eine besondere Problematik stellt die Validierung von inhaltsorientierten Curriculumtheorien dar, wenn in diesen die prozessualen und anderen Aspekte des Curriculums kombiniert werden (Beispiel Resnick). Wie sollen theoretisch oder in anderer Form begründete Lernziele bzw. Curriculuminhalte mit Lernzielen aus der Analyse der Bildungsbedürfnisse zusammengebracht und in ihrem Wert ausgezeichnet werden?
In diesem Zusammenhang ergibt sich die Forderung bei inhaltsorientierten Ansätzen die Bezugssysteme und Prozesse der Validierung genau zu fixieren.

16. In der Übersicht über die inhaltsorientierten Ansätze unterscheiden sich mindestens drei Arten von sog. „Strukturen".

a) Eine erste Art bilden die Strukturen, welche die Lernobjekte und Kenntnisbestände organisieren. Die Theorien, welche diese Strukturen entwickeln, gehen vom Axiom aus, daß die sog. Fachzusammenhänge die Aufbauform des Curriculums begründen. Die Wissenschaften, die Disziplinen im Sinne von Kenntnissammlungen zum gleichen Gegenstand und die Kulturbereiche repräsentieren solche Sachzusammenhänge in Form von Strukturen.

b) Die zweite Art von Strukturen ist psychologischer Natur. Ihr liegt die Auffassung zugrunde, daß das Lernen in Strukturen organisiert wird, und zwar relativ unabhängig von den Lernobjekten. Ihr primärer Gesichtspunkt ist der „Prozeß". Der psychologische Strukturansatz beschränkt sich in den gegenwärtigen Curriculumtheorien vor allem auf den kognitiven Bereich.

c) Die dritte Art von Strukturen bezieht sich auf das Komponentensystem. Dieses wird nicht in Hinsicht auf die Informationen verstanden, welche der Lehrer benötigt, um den Unterricht optimal zu gestalten, sondern in Hinsicht auf die Darstellung der Lernobjekte. Die Struktur wird in einem inhaltlich ausgerichteten Curriculum-design dargelegt. Das Ergebnis solcher Strukturtheorien sind Aussagen über das, was in allen Curricula in gleicher Weise besprochen werden soll.

Teil III

Prozeß- und systemorientierte Theorien

Vorrang des Curriculumprozesses vor dem Curriculuminhalt; Entscheidungstheorien; instrumenteller Lernzielansatz; Systemansätze.

1. Curriculumtheorie als Entscheidungstheorie

A. Die Grundidee

Hier wird Curriculum in einzelnen Teilen oder insgesamt als Entscheidungsprozeß begriffen. Der Curriculumprozeß setzt sich nicht primär aus Arbeitstechniken und auch nicht aus experimentell-objektiven Erkenntnisschritten zusammen. Er ist vielmehr eine organisierte Abfolge von Entscheidungen.
Die wissenschaftliche Beschäftigung mit dem Curriculum zentriert sich folglich auf das Zustandekommen von Entscheidungen. Der Entscheidungsprozeß muß objektiviert werden, um optimale Curricula zu erhalten. Die Forschungs- und Objektivierungsmethoden, die in diesem Unternehmen verwendet werden, streuen über die gesamte Skala verfügbarer Mittel. Die theoriebildenden Verfahren sind retroduktiv, indem anderswo aufgebaute Entscheidungstheorien auf die curriculare Situation „übertragen" werden, sie sind „rationalisierend", indem verschiedene Personengruppen für ihre Tätigkeit legitimiert werden, sie sind „experimentell", indem in Laborsituationen Gesetzmäßigkeiten der Entscheidung freigelegt werden.
Die Methodenwahl hängt stark von jenen Phasen im Curriculumprozeß ab, die man in die entscheidungstheoretischen Überlegungen einbringen möchte. In diesem Punkte weist der entscheidungstheoretische Ansatz erhebliche Variationen auf. Die Entscheidungen können sich auf einige globale Zielvorstellungen beziehen, welche allgemeine Richtlinien hervorbringen. Dieses Entscheidungsgebiet wird häufig als „policy making" bezeichnet. Dagegen gibt es Autoren, welche dem Bereich des „policy making" die entscheidungstheoretische Erfaßbarkeit absprechen und nur die Auswahl von Lehrinhalten als „decision making" ansehen (Maccia 1965c, 5, 36). Wieder andere schränken

den Entscheidungsbereich auf die Fixierung der Lernziele ein, um danach die technologische Konstruktion des Curriculums beginnen zu lassen.
In gleicher Weise differieren die Gesichtspunkte, unter denen die Entscheidungen betrachtet werden. Solche Perspektiven können z. B. die Entscheidungsobjekte, die Einteilung von Entscheidungen in Phasen oder die Kompetenz der Entscheidungsträger sein.

B. Goodlad-Richters Schema der Entscheidungsobjekte und -träger

J. I. Goodlad und M. N. Richter (1966)[1] versuchen, in einer Übersicht mehrere Gesichtspunkte zu vereinigen und deren Interdependenz anzudeuten[2]. Zugleich beziehen sie die Entscheidungsprozesse in dem zweiten wiedergegebenen Schema „Sachentscheidungen“ (1966, 65) auf die Entscheidungsobjekte. Der letzte Gesichtspunkt scheint bei den Autoren vorherrschend zu sein, da das Schema „Curriculare Entscheidungen“, das die verschiedenen Perspektiven kombiniert, als Differenzierung des Schemas „Sachentscheidungen“ verstanden wird.
Goodlad und Richter bezeichnen ihre Objektivation des Entscheidungsphänomens als „begriffliches System“. Sie verstehen darunter einen „sorgfältig entwickelten Bezugsrahmen (framework), mit dessen Hilfe Beziehungen zwischen Komplexen, und darauf bezogen, interagierende Phänomene zu identifizieren und herauszulösen sind“ (1).
Goodlad und Richter vollziehen vor der Entwicklung ihrer Schematas aber verschiedene Vorentscheidungen. Sie interpretieren Curriculum

1 Es handelt sich um eine Gemeinschaftsarbeit, die von mehreren Personen unter der Leitung von Goodlad geleistet worden ist. Sie wird hier der Einfachheit halber unter dem Namen Goodlad-Richter aufgeführt.
2 Vgl. das zitierte Schema „Curriculare Entscheidungen“ von Goodlad, Richter 1966, 68.

als Curriculum*planung* (8f.) und als „Prozeß der Konstruktion eines rationalen Curriculums“ (62). Weiter unterscheiden sie „(1) Werte, (2) Erziehungsziele und (3) zielgerichtete Lernsituationen (learning opportunities)“ (62).

Sachentscheidungen und Ableitungen in einem begrifflichen Schema des Curriculums

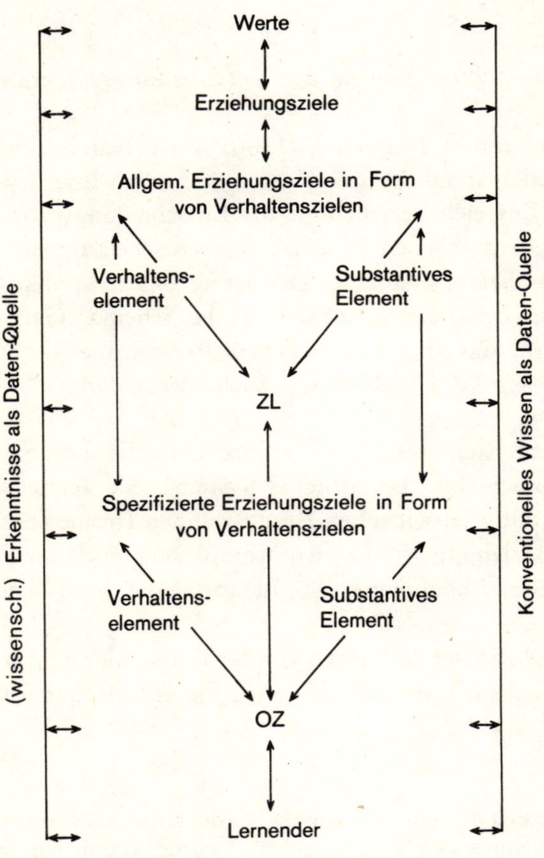

ZL = Zielgerichtete Lernsituation (learning opportunity)
OZ = Organisationszentrum

Eine andere Entscheidung geht dahin, daß die Curriculumkonstruktion vom Allgemeinen zum Speziellen verläuft, nämlich von den Werten zu den Erziehungszielen und dann zu den zielgerichteten Lernsituationen. Eine reine Deduktion aus den jeweils allgemeineren Stufen ist jedoch nicht möglich (63). Die Autoren sehen vielmehr eine „Überführung" (transition) von der einen Ebene in die andere vor. Die Überführung soll von Spezialisten erledigt werden.
Im Schema „Sachentscheidungen" wird das Konzept deutlicher: der Anfang liegt bei den gesetzten Werten. Diese werden mit dem Wissen und den speziell erhobenen Kenntnissen, die meistens wissenschaftlicher Natur sein dürften, verglichen. Der Austausch mit den beiden Datenquellen erfolgt auf jeder Stufe.
Die nächste Entscheidung bezieht sich auf die verschiedenen Formen von Erziehungszielen. Die Bestimmung der Bildungsziele geschieht in einem dauernden Auseinandersetzungsprozeß zwischen den verschiedenen Lernzielebenen bzw. -formen.
Die zielgerichtete Lernsituation baut sich außer auf die Datenquellen auf die Verhaltenselemente und die substantiven Elemente auf. Das gleiche gilt für die Grundlegung des Organisationszentrums.
Der gesamte Entscheidungsprozeß wird von zwei vertikalen und zwei horizontalen Linien umrahmt. Die beiden vertikalen Linien zeigen den Horizont an, in dem das Curriculum steht. Sie sollen klar machen, daß das Curriculum in einem zeitlichen Kontext liegt und daß es bestimmte Bildungsziele sind, die erreicht werden müssen, so daß das Curriculum überflüssig werden kann. „Die horizontalen Linien sind gezeichnet, um andere Erziehungseffekte anzudeuten . . ." (66).
Wie die Entscheidungen konkret ablaufen, auf welches Abstraktionsniveau sie sich beziehen und wer die Entscheidungsträger sind, stellt das Schema „Curriculare Entscheidungen" dar. Die Entscheidungen, welche dort eingezeichnet sind, verstehen sich als Konkretisierung des Schemas „Sachentscheidungen". Allerdings werden die Implikationen der differierenden Darstellungs- und Betrachtungsweisen nicht sehr deutlich.
Im einen Falle werden die Entscheidungsprozesse in Hinsicht auf ein Referenzsystem (Wertschema) gesehen. Im anderen handelt es sich um eine Organisation verschiedener Entscheidungen, gleichsam um

Typen von Entscheidungen (62). Dennoch machen die beiden Schemata von Goodlad und Richter eindrucksvoll deutlich, welche Determinationsformen des Curriculums durch einen solchen Ansatz entstehen können und welche Probleme mit dem Entscheidungsansatz verknüpft sind. Das demonstriert vor allem das Schema „Curriculare

Curriculare Entscheidungen, Ebenen der Autorität und Verantwortlichkeit, Ableitungen, Evaluationen, Datenquellen und Transaktionen in einem begrifflichen System für Curriculum

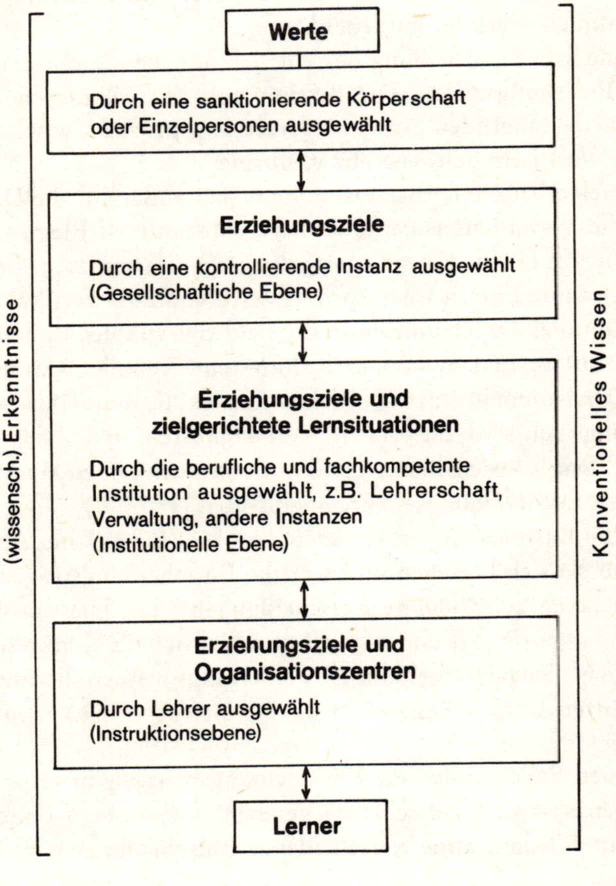

Entscheidungen", in dem zugleich die „Ebenen der Autorität und Verantwortlichkeit, Ableitungen, Evaluationen, Datenquellen und Transaktionen" (68) vereint werden.

Einige theorierelevante Probleme sollen noch besonders zur Sprache kommen. Das erste ist das Problem des „vollständigen Curriculumprozesses". Dabei stellt sich die Frage: kann mit einem Entscheidungsmodell der „gesamte" Curriculumprozeß eingefangen werden oder schränkt man sich dabei nicht automatisch auf die Phase der Lernzielfindung und Teile der Curriculumkonstruktion ein? Muß nicht die Implementation mitgedacht werden, wenn das Curriculum als beabsichtigter Lernerfolg kontrollierbar und nicht eine beliebige Spielerei sein soll?
Im Schema „Sachentscheidungen" vollziehen sich die „Entscheidungen" in einem vielseitigen Konsultations- und Determinierungsverfahren. Es stellt sich die Frage, ob in einer so vielfältigen Auseinandersetzung noch von Entscheidungsprozeß geredet werden kann, oder ob es nicht sinnvoller wäre, von einem Interaktionsprozeß zu sprechen. In den Feldern, in denen nach Goodlad und Richter Entscheidungen zu lokalisieren sind, können kaum Hypothesen zur Überprüfung oder Validierung der Prozesse angesetzt werden, wie es in der Entscheidungsforschung verlangt wird. Wäre es in diesem Falle nicht vorteilhafter, die Prozesse welche da beschrieben werden nach der rationalisierenden Methode als „soziales Kommunikationssystem" im Sinne von Hübner und Schulz (1970) anzusehen? Dadurch würde der Curriculumprozeß ein Medium sozialer Prozesse (vgl. die Problematik bei Festinger 1964; Theory of games 1966; Jeffrey 1967). Curriculumtheorie könnte in diesem Falle zu einem *Ordnungssystem für Interaktionen* werden. Doch die Autoren streben eine Theorie an, zu der die begrifflichen Schemata die Grundlage legen sollen. Es soll damit ermöglicht werden, die „Probleme und Fragen" zu identifizieren, um „Typen von Forschungsmethoden und Ansätze zur Theorienbildung" (1, 5) anzulegen. Dieser Zielsetzung widersprechen die Autoren insofern nicht, als sie verschiedenste Perspektiven bei ihren Schemata zugezogen haben. Sie drücken damit indirekt aus, daß der Entscheidungsansatz nicht der alleingültige sein kann. Die Schrift von Goodlad

und Richter arbeitet diese grundlegende Gesetzmäßigkeit des curricularen Phänomens vielleicht am deutlichsten von allen curriculumtheoretischen Publikationen heraus. Gleichwohl wählen sie den Entscheidungsprozeß als Grundmuster, in dem sie die verschiedenen Perspektiven lokalisieren.

Ob eine solche Grundlegung gerechtfertigt und für die Theorienbildung fruchtbar ist, kann nicht eindeutig beurteilt werden. Immerhin wird deutlich, daß bei der Benutzung des Entscheidungsansatzes und bei gleichzeitiger Berücksichtigung der verschiedenen Determinanten und anderen Betrachtungsweisen als der entscheidungsorientierten keine experimentelle, sog. hypothetisch-deduktive, Curriculumtheorie entwickelt werden kann. Solche Objektivationen dürften nur in einzelnen Phasen, am ehesten im unteren Teil der Schemata, möglich sein und sich nicht leicht verallgemeinern lassen. Derartige entscheidungstheoretische Befunde müssen sich also auf Teilgebiete beschränken und können nicht den gesamten Curriculumprozeß erfassen. Wenn ihre Reichweite aber derart eingeschränkt ist, benötigen sie einen übergeordneten Rahmen, in dem sie sowohl bezüglich des inhaltlichen Umfanges wie bezüglich anderer Objektivationsergebnisse (z. B. Evaluation) lokalisiert werden.

C. Andere entscheidungstheoretische Ansätze (das LOT-Projekt)

Der anspruchsvollste Versuch, mit entscheidungstheoretischen Denkfiguren die Curriculumthematik aufzugreifen, liegt im LOT-Projekt, das seit 1968 an der Universität Konstanz läuft[1]. Das Projekt ist in Hinsicht auf den entscheidungstheoretischen Ansatz anspruchsvoll,

---

1 LOT = Lernzielorientierte Tests, vgl. Flechsig K.-H. u. a.: Probleme der Entscheidung über Lernziele. Konstanz 1969. (Universität, polyk.). Flechsig K.-H., Garlichs A., Haller H.-D., Heipcke K., Schlösser H.: Probleme der Entscheidung über Lernziele. In: Programmiertes Lernen. 7 (1970) 1—32. Heipcke K.: Zur Theorie lernzielorientierter Tests. Teil II. Ansätze zu einer stochastischen Theorie lernziel-orientierter Tests. Konstanz 1970 (Universität).

weil es vorläufig ein Modell *von* Entscheidungsprozessen, später aber ein Modell *für* Entscheidungs- und Informationsprozesse zum Ziele hat. Die Thematik wird vom Lernziel her aufgerollt. Das Lernziel im weitesten Sinne ist Objekt der Entscheidungen. Der Lernzielansatz wird in Gegensatz zum „Subject-matter-approach" bzw. zum Aufbau des Curriculums nach Themen gestellt.

Methodologisch basiert das Projekt auf einer Modellvorstellung von Entscheidungsprozessen und auf empirischen Untersuchungen. Insofern ein Modell für Entscheidungsprozesse in der Lernzielauswahl entwickelt wird, kommen auch technologisch-evaluative Methoden zur Anwendung. Im empirischen Teil sollen „mit erfahrungswissenschaftlichen Methoden" die „historischen, sozio-kulturellen, ideologischen, politischen, psychologischen Determinanten von Lernzielen" (1969, 2) analysiert werden.

„Konkret geht es dabei darum, an welchen Stellen des Entwicklungsprozesses und auf der Basis welcher Informationen Entscheidungen getroffen werden und mit Hilfe welcher Modelle sich solche Entscheidungsprozesse am zweckmäßigsten darstellen und herbeiführen lassen" (7). Im einzelnen stehen folgende Ziele im Vordergrund: „Zunächst geht es darum, ein generelles Modell für die Abbildung von Informations- und Entscheidungsprozessen, die zur Formulierung von Lernzielen führen, zu gewinnen" (9). Zudem soll der Zusammenhang von Prozeß und Produkt aufgeklärt werden. „Es ist zwar nicht zu erwarten, daß diese Aufklärung solcher Zusammenhänge vollständig möglich ist, doch wird angestrebt, zumindest Schätzungen hinsichtlich der möglichen Varianz der Produkte (d. h. der Lernziele) zu liefern, die sich ergeben kann, wenn die Bedingungen, unter denen die Entscheidungsprozesse ablaufen, die zur Formulierung von Lernzielen führen, identisch sind" (10).

Im Gegensatz zu den meisten anderen Versuchen im entscheidungstheoretischen Ansatz (auch bei Goodlad, Richter) wird hier nicht nur ein konzeptueller Rahmen, gleichsam ein plausibles Arbeits- und Forschungsschema, angeboten, sondern ein theoretisch begründetes Modell angestrebt. Wie die endgültigen Resultate des Projektes aussehen werden, ist nicht vorauszusagen. Immerhin werden schon jetzt zahlreiche Implikationen für die Theorie des Curriculums ersichtlich. So grenzen Flechsig und Mitarbeiter den Einzugsbereich des entscheidungstheoretisch erfaßbaren Curriculumprozesses ein. Die Sequenzenbildung, die Lernprozeßplanung, überhaupt der größte Teil der Entwicklungsarbeiten des Curriculums werden dem Gebiet der Curriculum-*Konstruktion* zugeschlagen. Zum Teil werden die Konstruktionsprobleme durch die Implikationen eines stochastischen Testmodells gelöst, das sich an den Lernzielen orientiert[1].

Auch die Option für den Lernzielansatz ist eine Abgrenzung oder besser ein Teil der Vorgaben, welche dem Entscheidungsmodell zugrundeliegen. Als Resultat des Projektes wird ein „Modell" angestrebt. Das Modell soll z. T. theoretisch begründet sein, z. T. durch Praktikabilität legitimiert werden. Es soll zugleich eine gewisse Gültigkeit in sich besitzen und instrumentell verzweckt sein. Damit ist eine aufschlußreiche curriculumtheoretische Position gegeben. Die wissenschaftliche Auseinandersetzung mit dem Curriculum führt im LOT-Projekt weder zu einer „reinen" Theorie in der Anspruchsform von Beauchamp (1968), noch zu einer „Anwendungstheorie" nach der Art von Neagly, Evans (1969), noch zu einer einfachen Handlungsanweisung wie bei Emans (1968). Die Objektivationsform läßt sich positiv folgendermaßen umschreiben, als *teils theoretisch, teils technologisch-evaluativ gestütztes Curriculummodell zum Zwecke der Handlungsanweisung und experimentellen Kontrolle von Curriculumprozessen.*

Alle übrigen entscheidungstheoretischen Ansätze sind bezüglich des wissenschaftlichen Aufwandes, mit dem der Ansatz untersucht wird, begrenzter. Die meisten bewegen sich auf spekulativer oder heuristischer Ebene. Oft wird der Curriculumprozeß (oder Teile davon) als Entscheidungsphänomen deklariert, weil die wissenschaftlichen bzw. theoretisch begründeten Instrumente fehlen. So sieht Robinsohn im Berliner-Modell als Ersatz für empirische Methoden Expertenentscheidungen bei der Abklärung der Relevanz von Bildungsgegenständen

---

1 Wieweit die Verbindung zwischen den Anforderungen des theoretisch *überprüfbaren* lernzielorientierten Testmodells und den Resultaten der Entscheidungen über Lernziele hergestellt wird, ist eine der interessantesten offenen Fragen des Projektes.

für „Wissenschaft“, für „Weltverstehen“ und für „spezifische Verwendungssituationen“ vor (1967, 48f.). Auch die Verknüpfung von Qualifikationen, die aus Bildungsgegenständen resultieren, mit Verwendungssituationen soll weitgehend durch Expertenurteile hergestellt werden (Zimmer 1969, 50f.). Saylor und Alexander sprechen von zwei Entscheidungsphasen, vom „policy making“ und von „content selection“ (1966, 24). In der ersten Phase sollen allgemeine Richtlinien und Schwerpunkte fixiert werden, in der zweiten dagegen die spezifischen Unterrichtsziele festgelegt werden. Die Autoren nehmen eine Unterscheidung vor, weil verschiedene Objekte für Entscheidungen vorliegen. Ihre Begründung ist wie bei den meisten Ansätzen nicht eine explizit entscheidungstheoretische (im Gegensatz zum LOT-Projekt). Die Motivierung dürfte vielmehr dort liegen, wo sie von Huhse für die meisten amerikanischen Reflexionen über den Curriculumprozeß gesehen wird: In den fünfziger und sechziger Jahren ist das Problembewußtsein für die Auslieferung des Curriculumprozesses an nicht-wissenschaftliche und unüberprüfbare Entscheidungen erheblich gestiegen. Die Auswirkung läuft aber nicht darauf hinaus, die Entscheidungskomponente experimentell anzugehen, zum Teil auch deshalb, weil viele das Unternehmen als wissenschaftlich undurchführbar erachten. Vielmehr muß man von den Effekten sagen, „daß sie a) die sozialen und politischen Determinanten des Prozesses der Curriculumentwicklung stärker akzentuiert haben und b) das Moment der Entscheidung (des 'decision making') gegenüber dem Moment der Ausführung (des 'curriculum-building') in den Vordergrund gestellt haben“ (1968, 115).
In dieser Richtung muß man die Vorschläge von Goodlad (1966), von Fraser (1964, 89), Martin, Pinck (1966), Herrick (1965, 19f.), Kerr (1968, 5), Tyler (1964, 11—18), Mackenzie (1967) interpretieren, die den Praktiken von French und Mitarbeitern (1957) verwandt sind.

Ein Grund für diese Tendenz liegt auch bei der zunehmenden Dissemination der politischen Denkweise und Diktion der internationalen Gremien, wie OECD und UNESCO, welche sich mit Schulfragen befassen. Danach spricht man von „Entscheidungsprozessen“ und „decision making“ im curricularen Bereiche. Dennoch unternehmen nur einige wenige einen wissenschaftlichen Versuch, zumindest die theoretische Erfassung der Entscheidungsprozesse zu fordern. Das Zögern hängt vielleicht mit der wissenschaftsmethodischen Problematik und der Vielzahl unkontrollierbarer Variablen, die in curricularen Entscheidungsprozessen eingeschlossen sind, zusammen. Einige dieser Probleme sollen im folgenden angesprochen werden.

D. Zur Problematik einer Entscheidungstheorie des Curriculumprozesses

Die Entscheidungstheorien versuchen, Erklärungen und Gesetzmäßigkeiten der Entscheidungsprozesse zu liefern. Wichtige Variablen, welche berücksichtigt werden müssen, sind die Informationsstruktur des Entscheidungsobjektes und die Determinanten des Entscheidungsablaufes. Worüber soll nun im Curriculumprozeß entschieden werden? Diese Frage bietet bereits die erste Problematik, welche eine generelle Entscheidungstheorie des Curriculums oder die umfassende Erklärung des Curriculums in einer einzigen Entscheidungstheorie verunmöglicht. Das soll an einigen Beispielen erläutert werden: Goodlad (1966) schlägt vor, durch „gute Bürger" des Landes Richtziele auswählen zu lassen. Dabei dürfte es sich je Richtziel um mehrere Sätze oder um Einzelbegriffe auf hohem Abstraktionsniveau handeln. Mit welcher Entscheidungstheorie soll eine solche Wahl erklärt werden? Die einzigen Variablen, die einigermaßen abgeschätzt werden könnten, wären bestimmte Informationen, welche die Entscheidungsträger mitbringen. Auch einige Persönlichkeitsmerkmale der Entscheidungspersonen wären kontrollierbar. Damit kann aber keine Entscheidungstheorie aufgebaut oder angewandt werden.
Wenn aber Entscheidungsvorgänge nur dort vorkommen sollen, wo bereits Richtlinien formuliert und Vorentscheidungen gefallen sind, können sich die theoretisierbaren Entscheidungsprozesse nur noch auf die Wahl von Einzellernzielen im Rahmen von größeren Curriculumelementen oder auf die Zuordnung von „Qualifikationen" zu

„Verwendungssituationen“ und von „Lernobjekten“ zu „Qualifikationen“ wie im Berliner Modell beziehen.
Solche Entscheidungsprozesse können mit den heutigen Entscheidungstheorien nicht soweit erfaßt werden, daß diese die Prozesse erklären und voraussagen. Möglich sind hingegen Strategien, welche die „Entscheidungen“ möglichst durchsichtig organisieren oder in Hinsicht auf begrenzte Ziele optimieren. Solche Absichten scheinen z. B. dem Berliner Modell und dem LOT-Projekt zugrundezuliegen. Das heißt aber für die Curriculumtheorie, daß der entscheidungstheoretische Ansatz höchstens in kleinen Teilbereichen, wo eine große idiographische Konkretheit angestrebt wird, anwendbar ist, daß er im übrigen Optimierungsfunktionen im Rahmen einer Strategie einnimmt.

2. Der instrumentelle Lernzielansatz

A. Der implikative und der instrumentelle Lernzielansatz

Der implikative Lernzielansatz führt zu Aussagen über Inhalte der Lernziele, die ihrerseits das Curriculum bestimmen. Der instrumentelle Lernzielansatz erbringt Aussagen über die Verfahren der Gewinnung und den formalen Aufbau der Lernziele und über die Umsetzung der Lernziele in Curriculuminhalte.

Der implikative Lernzielansatz könnte auch als inhaltlich-implikativer Lernzielansatz bezeichnet werden. Soweit er theoretisch ausgelegt ist, gehört er zu den „struktur- und inhaltsorientierten Curriculumtheorien". Typische Ansätze bilden die „Prioritätentheorien". Teile des Buches von Broudy, Smith und Burnett (1965) über Demokratie und Elitebildung in der amerikanischen High School, der Aufsatz von Bigge (1954) und mehrere Abschnitte im Buch über Bildungsziele, das von Hollins (1964) herausgegeben ist.

Im implikativen Lernzielansatz wird die Theoretisierung des Curriculums auf die inhaltliche Seite der Lernziele bezogen, und zwar so, daß diese derart festgelegt sind, daß sie Curriculuminhalte nach sich ziehen (sollten). Ob die Ziele überhaupt in Curriculuminhalte oder genauer in Unterricht umgesetzt werden *können*, ist keine Frage des Ansatzes. Auch die Frage, mit welcher Zuverlässigkeit, welchen Informationsverlusten oder -zufuhren, welcher Implementationschance, welchen vorausgesetzten Fazilitäten die theoretisch begründeten Lernziele in Curriculum bzw. Unterricht überführt werden können, wird nicht oder nicht primär behandelt. Der Prozeßaspekt fällt also aus oder ist sekundär.

Der instrumentelle Lernzielansatz ist seiner Absicht nach inhaltsfrei. Er theoretisiert nicht die Inhalte von einzelnen Lernzielen, sondern die

Verfahren der Lernzielgewinnung und besonders der Verwendung des Lernziels als Instrument im Curriculumprozeß. Das Lernziel wird als Drehscheibe des Curriculumprozesses betrachtet. Seine theoretische Erfassung verhilft zur Objektivierung des Curriculums. Neben dieser Motivation, die zum Lernzielansatz führt, gibt es noch eine zweite. Sie betrachtet nicht das Lernziel qua Instrument als zentral, sondern setzt die inhaltlich gerichtete These an den Anfang, das Gelernte soll in Verwendungssituationen brauchbar sein. Die Qualifikation, die der Lernende benötigt, um eine Situation zu bewältigen, bildet für den Unterricht das Lernziel, so daß auch hier das Lernziel zum vermittelnden Instrument wird.
Insgesamt lassen sich 4 Typen von instrumentellen Lernzielansätzen unterscheiden:

— transformatorischer Lernzielansatz
— deduktionistischer Lernzielansatz
— analytischer Lernzielansatz
— evaluativer Lernzielansatz.

B. Der transformatorische Lernzielansatz

Sein Charakteristikum ist die Umwandlung des Lernziels in andere Aggregatszustände. Das Lernziel gilt nicht als direkter Informand für die Unterrichtsplanung. Das Lernziel enthält „Grundinformationen". Diese benötigen eine Transformation. Die Umwandlung erfolgt aber nicht rein analytisch, sondern unter a) Zugabe neuer Informationen oder unter b) Bezugnahme auf ein neues System.
Praktisch präsentiert sich das Modell etwa folgendermaßen: Es liegt ein Lernziel vor. Ein Mathematiker oder Mathematikdidaktiker ordnet das Lernziel einem bestimmten mathematischen Denkmodell oder einer Formel zu, welche die Erfüllung des Lernziels möglicherweise leistet. Das ist der Fall der Informationszugabe. Im anderen Falle wird das Lernziel, welches z. B. ein Endverhalten ausdrückt, in ein System von Lernprozessen übertragen. Dabei spricht man nicht mehr

vom Lernziel, sondern vom Lernprozeß. Doch auch hier werden neue Informationen zugeführt.

Die erste Variante wird klar von Jung und Knab im Rahmen des Berliner Modells dargelegt: Den ersten Ausgangspunkt bilden „Verwendungssituationen". Je nach dem Identifikationsverfahren präsentiert sich die Verwendungssituation schon als Lernziel oder muß in ein solches umgesetzt werden. Das Lernziel drückt sich als Verhaltensdisposition aus, welche für die Verhaltenssituation qualifiziert. Das Curriculum wird dann „verstanden als eine Beschreibung der Aufgaben der Schule in der Form einer Sequenz von Lernerfahrungen, die auf bestimmte Verhaltensdispositionen gerichtet sind"[1]. Die Lernziele oder Verhaltensdispositionen werden in Lernerfahrungen transformiert, indem die Fachdisziplinen wie Mathematik (-Didaktik) „als Charakteristika von Situationen und als Instrumente der Qualifizierung" (1969, 14) eingesetzt werden. „Lebenssituationen (d. h. die dazu notwendigen Verhaltensdispositionen bzw. Lernziele) werden ja durch Wissenschaften interpretiert, und die Systeme, welche die Art ihrer Bewältigung und damit das Qualifikationsinventar bestimmen, sind ohne ‚Fächer', nämlich ohne wissenschaftliche Disziplinen nicht mehr denkbar. ... Mathematik ist also heute selbst ein objektives Moment in Lebenssituationen, und welche Qualifikationen auch immer sie zu vermitteln vermag, sie stellen sich als etwas Objektives dar, das Situationen zu ihrer Bewältigung verlangen" (1965, 14).

Im Beispiel von Knab und Jung liefert die Mathematik jenes System, mit dem die Lernziele in Lernerfahrungen transformiert werden. Die Mathematik ist nach Angabe der Autoren ein *„objektives Moment"*, mit dem man „Verwendungssituationen" bzw. Lernziele *„interpretiert"*, folglich mit Hilfe neuer Informationen transformiert. Ähnliche transformatorische Vorgänge implizieren die Schemata von Taba (1962, 39), Emans (1968) und Goodlad, Richter (1966, 68). Die methodologische und theoretische Problematik, welche mit dem transformatorischen Lernzielansatz verbunden ist, soll hier nicht besonders

1 D. Knab und W. Jung in der Einleitung zu: Lenné H.: Analyse der Mathematikdidaktik in Deutschland. Aus dem Nachlaß hrsg. von W. Jung. Stuttgart 1969, 13.

aufgerollt werden. Man müßte dabei auf die Fragen eingehen: Wie wird die Zuverlässigkeit im Curriculumprozeß gewahrt? Wie werden die Informationseinflüsse von seiten der Transformationssysteme (z. B. Mathematik oder Lerntheorie) kontrolliert? Welches übergeordnete System macht die Normsetzungen, welche durch die verschiedenen Informationsquellen ins Curriculum eingehen, vereinbar und über die empirischen Wahrheitsgehalte hinaus transparent, wie das Bokelmann (1965) fordert?

C. Der deduktionistische Lernzielansatz

Der Unterschied zum transformatorischen Ansatz wird schon im Titel deutlich. Hier liegt die Absicht zu Grunde, die Curriculuminhalte zwar nicht lediglich in Form von Lernzielen bestehen zu lassen, aber auch nicht mit Hilfe zugezogener Informationen in Curriculumaussagen überzuführen. Vielmehr sollen aus den allgemeinen Zielen nach bestimmten Regeln Teilziele abgeleitet werden, um dadurch die Ebene der konkreten Unterrichtsplanung zu erreichen. Das differenzierteste Modell dieser Richtung ist von C. Möller (1969) entwickelt worden. Die Möglichkeiten wie die Grenzen dieses Modells sind inzwischen vielfach diskutiert worden, so von Blankertz (1969) unter dem Gesichtspunkt der geisteswissenschaftlichen Didaktik, von Isenegger (1971) unter curricularen Aspekten. Deshalb kann auf eine eingehendere Behandlung verzichtet werden, zumal wir die Möllersche Konzeption bereits bei der Verhältnisbestimmung von „Subject matter" und „Learning experience" ansprechen konnten.

D. Der analytische Lernzielansatz

Das Lernziel ist ein Informationskomplex, der erschlossen werden kann. Die Erschließung erfolgt a) durch einfache sprachliche Analysen (z. B. von Wortfeldern), b) experimentell, c) mit Hilfe von analytischen Instrumenten.

Die Lernzielanalyse führt zu Elementen, welche bei der Erstellung des Curriculums gebraucht werden können. Sie erbringt vor allem Hypothesen. Der analytische Lernzielansatz besitzt nicht direkte konstruktive Wirkungen. Das Resultat einer Lernzielanalyse besteht nicht in einem fertigen Unterrichtsplan, einem Curriculum. Das Ergebnis sind z. T. Teillernziele, z. T. Hierarchien von Begriffen, Verhaltensdispositionen usw., z. T. Hypothesen über nötige Lernobjekte und -verfahren zur Erfüllung von Lernzielen. Ein Beispiel solcher Arbeit lieferten Glaser und Reynolds (1964).
Als bedeutendste Methode, welche für die analytische Bearbeitung von Lernzielen entwickelt worden ist, kann die „task analysis“ betrachtet werden. Task analysis könnte mit Aufgabenanalyse übersetzt werden. Es handelt sich dabei um ein formales Verfahren zur Aufschlüsselung einer globalen Zielsetzung, die bislang vor allem im Gebiet der Industrie und der militärischen Ausbildung angewendet worden ist. Das Ziel, welches analysiert werden soll, könnte z. B. die Bedienung eines bestimmten Schaltpultes sein. Diese Aufgabe wird mit Hilfe einer Analyse des Verhaltens, das dabei nötig ist, ausgegliedert. Bekannte Beispiele dieses Verfahrens und theoretische Begründungen haben Miller, Folley (1951) Miller (1962), Mechner (1967), Gestrelius (1969) geliefert. Die Entwicklung des Curriculums verwendet damit indirekt ebenfalls Informationen, die zum Lernziel hinzukommen, wie das beim transformatorischen Lernzielansatz der Fall ist. Die Informationen stammen z. B. aus der psychologischen Theorie, mit der die Instrumente zur Lernzielanalyse begründet sind.

E. Der evaluative Lernzielansatz

Hier wird das Lernziel weder als Informationsquelle für die Curriculumentwicklung, noch als Input betrachtet, der durch Zusatzinformationen aus einem fremden System in Rohbestandteile des Curriculums umgewandelt wird. Das Lernziel gilt vielmehr direkt als Curriculumteil, der zu evaluieren ist, oder als Hypothese, die zu falsifizieren ist. Das Lernziel wird somit unmittelbar in den Prozeß der Curriculumkonstruktion hineingezogen, um im Verlaufe dieses Prozesses auf seine Gültigkeit geprüft zu werden.

Die Verfahren, welche die Verarbeitung des Lernziels erlauben, sind verschiedenartig. Die Lernziele können in die Form von „Learning sets" im Sinne von Gagné und Paradise (1961) gebracht werden. Einfache Ziele werden direkt als Elemente des Curriculums betrachtet. Andere gehen in umfassendere „forecast formula" ein (Gagné 1967b). In der Praxis werden die verschiedenen Verfahren kombiniert, was am Resnick-Konzept für ein Vorschulcurriculum (1967) oder am Modell FAL-2 für die Curriculumkonstruktion (Frey 1970c) sichtbar wird. Charakteristisch für den evaluativen Ansatz ist die Forderung, die Tyler (1964) formuliert hat, nämlich jedes Lernziel als Hypothese zu betrachten, was allerdings neue Techniken der Lernzielformulierung verlangt (vgl. Lange 1967a). Dabei hat Tyler allerdings nicht unterschieden, ob die Gültigkeit des Lernziels überhaupt oder nur in Hinsicht auf seine Erreichbarkeit überprüft werden soll. Tyler dachte vor allem an das Lernziel als Hypothese für den Lernprozeß, was ein Problem der innercurricularen Validität ist. Daneben besteht freilich die Frage, ob das Lernziel als solches gültig ist, was zur Abklärung der außercurricularen Validität gehört. Inwiefern die Gültigkeit experimentell als Falsifizierung von Hypothesen erwiesen werden kann und inwiefern sie auf anderen Gültigkeitsprüfungen basieren muß, hängt von der Form und der inhaltlichen Bestimmung der Lernziele sowie von den Aufgaben des Curriculums insgesamt ab. Um die verschiedenen Formen der Gültigkeitsprüfung offen zu lassen, wurde dieser Lernzielansatz als „evaluativer" bezeichnet.

3. Systemansätze

A. Funktionen der Systemansätze

System ist in Anschluß an Bertalanffy (1956) als „Gruppe von Elementen, die in Interaktion stehen" definiert worden. Da Theorien nach der operationalen Umschreibung (im Idealfall) Gesetze oder Phänomene erklären, wären die Systeme zum voraus von dieser Arbeit über „Theorien des Curriculums" auszuschließen. In Wirklichkeit gelten Aussagen über das Curriculum, die nach der verwendeten Definition Systeme darstellen, sehr häufig als Theorien und werden als solche in der Curriculumliteratur verhandelt.
Hier sollen die Systemansätze nur kurz zur Sprache kommen und zwar weil sie im amerikanischen Raum gegenwärtig in breiten Kreisen als die höchste wissenschaftliche Objektivationsform des Curriculumprozesses aufgefaßt werden. Zudem soll herausgearbeitet werden, welche Leistungen von einer „Theoretisierung" des Curriculums als System zu erwarten sind.
Die Eignung des Systems für die Darstellung des Curriculums wird im allgemeinen aus der Variabilität des Systembegriffes und der Heterogenität des Curriculums als Prozeß abgeleitet. Es ist offensichtlich, daß der Curriculumprozeß von der Entscheidung für ein Curriculum bis zur Schlußevaluation die verschiedenartigsten Tätigkeiten, Prozesse, Produkte und Voraussetzungen umfaßt. Das System ermöglicht, die verschiedenen Elemente zu ordnen. Dadurch kann deutlich werden, wo besondere Handlungen nötig sind oder wo (zeitliche) Unter- und Überordnungen vorkommen. Mehrmals ist nicht der Weg von faktischen Elementen des Curriculumprozesses zum System gewählt worden, sondern das umgekehrte Verfahren, indem bestimmte Formen von Systemen wie der Regelkreis oder die Graphentheorie auf den

Curriculumprozeß übertragen werden. Die Funktion des Systems ist aber auch hier dieselbe. Die verschiedenen Elemente sollen unter sich in Verbindung gebracht werden. Der Curriculumprozeß soll durchsichtiger werden. Häufig wird eine Optimierung der curricularen Zuverlässigkeit oder eine ökonomische Organisation des Curriculumprozesses angestrebt.

B. Die verschiedenen Systemmuster

Die Systemansätze zeichnen sich durch verschiedene Aufbauformen des Curriculumprozesses aus. Seltener wird dabei auch die Form bzw. der Inhalt des Curriculums selber tangiert. Gegenstand der Systemansätze ist primär der Curriculum*prozeß*. Dieser wird durch die Systeme gestaltet. In einer groben Unterteilung lassen sich vier Typen unterscheiden:

1. Handlungsstrategien,
2. Organisations- bzw. Administrationspläne,
3. Informationsprogramme,
4. IOP-Modelle (Input-Output-Prozeß-Modelle).

1. Strategien

Ihr Grundmuster ist der aktionsbezogene Zeitplan, meistens linearer Form. Die Strategien verfolgen die optimale Abfolge der Handlungen in Hinsicht auf das zu erreichende Ziel. Der Bezugspunkt ist das anvisierte Ziel. Oft werden netzplanartige Organigramme verwendet, die tätigkeitsorientiert sind.
Bereits zu Beginn der Arbeit ist diese Form des „Systems" anhand von Emans Handlungsschema (1968) dargelegt worden. Bekannte Handlungsstrategien stammen von Lange (1967 b) und Glaser (1966 b). Daneben existiert eine Vielzahl weiterer Strategien, die z. T. detaillierter und als solche auch begründeter sind. Die Strategien von Lange und

Glaser sind aber typisch für zwei extreme Varianten, weshalb sie hier genannt sind.
Das Schema von Lange berücksichtigt keine theoretischen Erkenntnisse, die einzelnen Phasen der Strategie zugrundegelegt werden könnten. Die Strategie ist zwar auf ein optimales Curriculum ausgerichtet, gliedert aber lediglich die einzelnen Tätigkeiten auf. Sie bietet keine Erklärungen von Phänomenen an und basiert offensichtlich auch nicht direkt auf Untersuchungen, welche die Strategie als solche motivieren könnten. Ihre Charakteristik ist vielmehr einem Übersichtsschema zu vergleichen.
Glaser (1966b) baut seinen Handlungsablauf der Curriculumkonstruktion dagegen an verschiedenen Stellen auf theoretische und z. T. experimentell verifizierte Aussagen auf. Das ist im ersten der vier Schritte der Fall, wo die Leistungsfähigkeit des Lernmaterials analysiert werden soll (219). Die Handlungen beruhen z. T. auf Erkenntnissen der Lernpsychologie im Gebiet der Begriffsbildung und des Transfers. Der zweite Schritt, die Diagnose der Eingangsvoraussetzungen fußt dagegen auf keiner theoretischen Begründung. Die theoretische Begründung trifft eher beim dritten Schritt wieder zu, wo Glaser das Planen des Unterrichtsprozesses ((226f.) mit verschiedenen lerntheoretischen Hinweisen (z. B. zur Stimuluskontrolle) versieht. Beim vierten Schritt gehen auch die Aspekte des kriteriumsbezogenen Messens von Schülerleistungen auf theoretische Überlegungen zurück.
Die Glasersche Handlungsstrategie ist somit an verschiedenen Stellen theoretisch begründet, als ganze aber nicht. Die Strategie von Lange dagegen erhebt keinen Anspruch theoretischer Grundlegung. Sie ist als gliedernde Übersicht zu betrachten. Die meisten Handlungsstrategien bewegen sich zwischen diesen beiden Extremen. Bei beiden kann man aber nicht von einer Theorie im definierten Sinne sprechen.

2. Organisations- bzw. Administrationssysteme

Sie sind unter den Gesichtspunkten der Schuladministration, seltener der Innovation, und der Organisationssoziologie gedacht. Ihr Zweck ist als Prozeßplanung zu umschreiben. In der Praxis gehen sie häufig

vom Lehrer aus. Dieser wird als zentraler Träger der Curriculumverwirklichung angesehen, der aber nicht in der Lage ist, von sich aus alle Probleme alleine zu lösen (Goodlad 1966, 53). Um die Realisierung des Curriculums zu garantieren, wird dann häufig der Lehrer im Konstruktionsprozeß an bestimmten Stellen einbezogen (vgl. Oliver 1969; Santini 1971).
Organisations- und Administrationssysteme werden aber auch ohne besondere Berücksichtigung der Lehrer erstellt. Ein bekannter Versuch in dieser Richtung stammt von Dahllöf (1970). Neagly und Evans (1969) haben in ihrem Lehrbuch mehrere solcher Organisationssysteme zusammengestellt. Feyereisen, Fiorino und Nowak (1970) haben unter besonderer Berücksichtigung des Organisationsaspektes zahlreiche eigene Entwürfe entwickelt.
Die Systeme als solche können in keinem Falle als Theorieansätze betrachtet werden. Sie bilden höchstens begriffliche Vorstufen für theoretische Arbeiten, da sie programmatisch *Konfigurationen von Handlungen und Prozessen im Curriculumablauf organisieren oder administrieren.* Sie entsprechen in diesem Sinne dem wissenschaftstheoretischen Standort der „Programmierungstechniken“, die Hüfner (1969) in den ökonomischen Modellen der Bildungsplanung identifiziert hat.

3. Informationsprogramme

Hier sind zuerst das Blockdiagramm von Ryans (1965) für den Curriculumprozeß und der Versuch von E. S. Maccia und Mitarbeitern (1966), aus der Informationstheorie ein „Theoriemodell“ abzuleiten, zu nennen. Die Absicht, welche diese Versuche trägt, ist auf die Erhöhung der Zuverlässigkeit im Curriculumprozeß angelegt. Die Zuverlässigkeit versteht sich dabei als „Informationszuverlässigkeit“, d. h. als Gewinnung, Verarbeitung und Übermittlung von Informationen, ohne diese im Prozeß zu verändern. Damit ist aber weniger ein theoretisches als ein strategisches Problem angesprochen.

4. IOP-Modelle

Das Curriculum ist nicht durch die klassische Vorstellung von Input und Output zu erfassen, da die Eingangs- und Ausgangsinformationen nicht wie in der Bildungsökonomie eindeutig bestimmt werden können und da überdies der Curriculumprozeß als solcher jene Probleme enthält, die in der Theorie erklärt werden müssen. Deshalb haben Bengtsson und Lundgren (1969) in Verbindung mit den Arbeiten von Dahllöf ein System des Curriculumprozesses aufgebaut, das man als Input-Output-Prozeß-Modell (IOP-Modell) bezeichnen kann. Das Muster dieses Systems zeichnet sich durch die Berücksichtigung von drei Komponenten aus. Zuerst gehen die Eingangsvoraussetzungen der Schüler, die möglichen Leistungen der Lehrer, der Lehrmittel und anderen Ressourcen in das System ein. Der Input wird dann aber nicht direkt mit der zweiten Komponente, dem Output, gekoppelt, sondern in die verschiedenen Formen und Determinanten des Prozesses übergeführt. Diese drei Hauptkomponenten werden sowohl bei der Anwendung des Systems wie bei seiner wissenschaftlichen Begründung herausgestellt.

Dieses Systemmuster erhält insofern eine besondere Bedeutung, als hier die beiden, sonst meistens getrennt angewendeten Ansätze der Input-Output- bzw. Prozeß-Analyse verbunden werden. Dadurch läßt sich eine größere Anzahl von Curriculumelementen experimentell bestimmen und zur Absicherung des Systems einsetzen als beim einfachen Input-Output-Schema. Im IOP-Modell tritt dieser Vorteil besonders deutlich hervor, weil es in der Praxis nach dem Prinzip der retroaktiven Evaluation funktioniert. Der Input an Eingangsvoraussetzungen und Zielen, die mit dem Einsatz der verschiedenen Ressourcen eingehen, gewinnen ähnlich wie bei einer außercurricularen Validierung erst durch die Rückkoppelung der Befunde in der Output-Messung ihre Gültigkeit (Jensen 1947). Das IOP-Muster gestattet, wie bei der Glaserschen Strategie, experimentelle Befunde in das System einzubauen. Zudem fördert das System die empirische Erkenntnisbildung an mehreren Stellen. In diesem Sinne verwendet das IOP-Modell zwar das System als Ordnungsrahmen, stimuliert aber zugleich theoriebildende Elemente.

C. *Die Systemtheorie als Objektivationsform des Curriculums*

Die Systemtheorie ist ein Sonderfall der Systeme, mit denen das Curriculum objektiviert werden kann. Die Systemtheorie, die auch als „Allgemeines System“ bezeichnet wird, ist eine Aussagereihe, welche mehrere Theorien oder Systeme verbindet, weil diese (Theorien oder Systeme) Isomorphien aufweisen oder nicht ohne übergeordneten Bezugsrahmen zueinander in Beziehung gebracht werden können.

Die mögliche Anwendungsweise eines solchen Begriffes von System bzw. Supersystem ist offensichtlich. Der Curriculumprozeß beinhaltet mehrere und verschiedenartige Elemente, so z. B. die Lernzielbegründung, die Unterrichtssteuerung, die Verhältnisbestimmung von Lernobjekt und Lernverfahren, die Evaluation etc. Diese verschiedenen Elemente können, wie in den letzten Abschnitten deutlich wurde, als Systeme oder begrenzte Theorien thematisiert werden. In „Curriculumtheorien“ wie jener von Taba (1962) stehen die einzelnen Elemente oft unvermittelt nebeneinander, so daß sich die Idee nahelegte, den Curriculumprozeß nach dem Muster systemtheoretischer Verbindung von Elementen zusammenzufassen. Das Stichwort vom systemtheoretischen Ansatz in der „Curriculumtheorie“ hat sich in den letzten Jahren sprunghaft ausgebreitet, ohne allerdings tiefergehende Klärungen der Konsequenzen für die Theorienbildung zu erfahren. Zum weiteren Rahmen solcher Versuche mit systemtheoretischen Begriffen gehören u. a. Richmond (1969, 180 f.), Hodge (1969), Coombs (1968), Searles (1967).

Im folgenden soll kurz auf zwei Arbeiten eingegangen werden, nämlich jene von Macdonald (1964) und Beauchamp (1968). J. B. Macdonald hat den Versuch unternommen, in einem globalen Ansatz das gesamte Curriculum in den Griff zu bekommen, indem er 5 Dimensionen ausgesondert hat, die zusammen das ganze Feld von Curriculumphänomenen bestreichen sollen.

Der Ansatz wird von G. A. Beauchamp als „general system“ (1968, 59) und als wegweisend bezeichnet, damit das Curriculum als „unique system of schooling“ (59) aufgefaßt werden kann. Es handelt sich also um ein integrales Modell. Wenn man jedoch Macdonalds Dimensionen näher betrachtet, entsprechen sie verschiedenen bereits bekannten

Begriffen. Es sind: input, content, process, output, feedback. Schon aus den Begriffen erhellt, daß das Modell als Regelkreis angelegt ist. Nach einem als bekannt vorausgesetzten „input“ folgen „content“ und „process“. Der Abschluß bzw. das Produkt von „content“ und „process“ soll wiederum im „output“ erkennbar sein, so daß „content“ und „process“ optimierbar sind. Dieser gesamte Regelkreis wird durch das „feedback“ aufrecht erhalten. Die Rückkoppelung liefert die systemkohärenten Informationen, welche den Regelkreis perfektionieren lassen.

Macdonalds Begriffe erfüllen die Anforderung des einfachsten Typs von Regelkreisen. Wenn man sowohl den Regelkreis als zureichendes System für die Operationalisierung und Kombination der curricularen Merkmale sowie die 5 Begriffe von Macdonald als zureichende Merkmale des Curriculums betrachtet, ist das Modell konsistent. Nur zeigt sich gerade in diesen Voraussetzungen die Problematik. Nach den Begriffsanalysen von „process“ bzw. „learning experience“ und „content“ (Inhalt), die wir in dieser Arbeit mitbehandelt haben, bilden die beiden Begriffsgehalte im tatsächlichen Unterricht eine Einheit. Es ist höchstens in der Curriculumentwicklung möglich, aus verfahrenstechnischen Gründen, eine vorübergehende Trennung vorzunehmen, es sei denn, man beschränke sich beim Unterricht auf die „reine Information“, was aber wiederum ein unbegründetes Konstrukt darstellt. Sofern Macdonalds System den Anspruch einer Theorie erhebt, die an der Wirklichkeit überprüfbar ist, dürften erhebliche Mängel entstehen. Sofern das System nur eine globale Strategie bilden soll, was auch den ursprünglichen Funktionen des Regelkreises nahekommt, müssen nicht so rigorose Bedingungen an die Voraussetzungen gestellt werden, und das Macdonaldsche Modell scheint beständig zu sein. In diesem zweiten Falle haben wir es aber eher mit einer Programmierungstechnik oder mit dem Entwurf einer Strategie für die Curriculumentwicklung als mit der Basis einer Theorie zu tun. Wir würden den Versuch von Macdonald in diesem Sinne zu den Programmierungstechniken zählen.

In den Kontext der Versuche, mit systemtheoretischen Denkfiguren das Curriculum in den Griff zu bekommen, gehören auch Teile von G. A. Beauchamps Buch „Curriculum theory“. Große Teile der Arbeit betreffen einzelne Begriffe des Curriculums wie „Curriculum design“, „Curriculum engineering“, „Values in curriculum theory“, so daß für die Entwicklung einer spezifischen Theorie nicht viel Raum bleibt. Immerhin entwirft Beauchamp in den ersten Abschnitten ein Modell, das auf Kategorien der Systemtheorie fußt. So dient ein begriffliches Schema, das nach (angeblich) genau definierten Regeln wie beim Aufbau eines axiomatischen Systems aufgebaut ist, zur Erfassung des gesamten Wirklichkeitsraumes vom Curriculum. Die Curriculumtheorie wird dabei in einem Schema eingezeichnet, das alle Wissenschaften bestreicht. Die Wissenschaften erscheinen im Schema in ihrer Endgestalt als Theorien der Wirklichkeit. Sie gliedern sich in 3 Gruppen „Theories in the Humanities“, „-in the Natural Sciences“, „-in the Social Sciences“ (1968, 4). Nach einem nicht genannten Ableitungsverfahren kommt man von diesen drei umfassenden Theorien zu den „Theories in Education“, dann zu den „Curriculum Theories“ und innerhalb der „Curriculum Theories“ zu drei innercurricularen Theorien: „Design Theories“, „Procedure Theories“, „Content Theories“.

Es läßt sich beim Entwurf von Beauchamp deshalb von einem systemtheoretischen Ansatz sprechen, weil er die bestehenden wissenschaftlichen Systeme als Bezugspunkte verwendet, um das Gesamt der Wirklichkeit, und damit auch die Realitäten des Curriculums, zu erfassen. Zudem gipfelt der methodologische Teil des Buches (Kapitel: Theory building und Educational theory), den Beauchamp sich selber als Leitfaden vorgibt, in der Forderung, eine „total educational theory“ aufzubauen. Zwar ist es im aktuellen Forschungsstand nach Beauchamp nicht möglich, ein solches totales System zu entwickeln, weil wir die allgemeinen Strukturen noch nicht identifizieren können (1968, 51). Die Folge davon ist die vorläufige Konzentration auf Subtheorien, wodurch eine gewisse Beschränkung im Sinne der Mertonschen Theorien mittlerer Reichweite zugelassen ist. Doch damit begnügt sich Beauchamp nicht. Er bemüht sich, jene Denkfiguren und Wirklichkeitsbereiche freizulegen, welche gestatten, (über den Weg der Subtheorien) die allgemeinen Dimensionen zu „identifizieren“, mit denen sich später eine totale Erziehungstheorie konstruieren läßt.

Beauchamp benutzt deshalb beide der klassischen systemtheoretischen Wege. Zuerst gibt er ein allumfassendes Rahmensystem vor und kommt später öfter auf dieses zurück (vgl. als Vorbild: Boulding 1956; Toda, Shuford 1956; Howland 1964). Dieses Rahmensystem bezieht sich fast ausschließlich auf das Merkmal „Wirklichkeits-" oder „Gegenstandsbereich", z. B. „Recht", „Medizin", „Erziehung". Systematisierungskriterium ist dabei vor allem die geschichtliche Entwicklung der einzelnen Wissenschaftsgebiete und das Instrumentar zur Erkenntnisgewinnung. Unter den „Educational Theories" erscheint neben den „Administrative Theories", den „Counseling Theories" und weiteren gegenstandsbezogenen Bereichen die Kategorie „Evaluation Theories". Dieser letzte Bereich entspricht einem methodologischen Kriterium. Die Evaluation ist eine Tätigkeit oder ein Prozeß, der sich auf das „Counseling" oder die „Administration" bezieht. Sie steht wissenschaftstheoretisch oder in der Stufe des Erkennens ein Niveau höher als das „Unterrichten" oder das „Beraten". Die Rahmentheorie setzt sich also aus Komponenten zusammen, die nach verschiedenen Merkmalen konstituiert worden sind. Insofern müßte man dem Entwurf die innere Konsistenz absprechen. Das Schema von Beauchamp besitzt folglich lediglich die Funktion, dem Leser eine gewisse Orientierungshilfe zu bieten. Das Rahmensystem selber gestattet aber keine direkte Ableitung aus seinen Vorgaben, die es für die Subtheorien anbietet, weil er selber nicht zusammenhält.

Dennoch ist positiv festzuhalten, daß der Autor den Versuch unternommen hat, ein globales Bezugssystem zu entwickeln, um die zu schaffenden Subtheorien zumindest visuell (im Schema) in einen größeren Rahmen zu stellen. Neben dem Globalansatz, bei dem man das Gesamt der zu erforschenden Wirklichkeit auf einmal darstellen will, begeht Beauchamp noch einen zweiten systemtheoretischen Weg. Er bemüht sich um Subtheorien, die später zusammengefügt werden können. Diesem Weg geht die Annahme voraus, die Subtheorien weisen gleiche oder ähnliche Strukturen auf. Diese Isomorphien bilden bei der Konstruktion der „total educational theory" das Grundgerüst (vgl. Klir 1965; Campbell 1961).

G. A. Beauchamp rekurriert bei den Subtheorien nicht mehr in jedem Falle auf das Rahmensystem, welches von ihm an den Anfang seines

Werkes gestellt worden ist. Er wählt einen ganz anderen Ausgangspunkt und leitet die Subtheorie von diesem neuen „Globalsystem" bzw. dem „Oberbegriff" ab. Ein typisches Beispiel für dieses Vorgehen findet sich im Kapitel über „Curriculum engineering". Der Titel „Curriculum engineering" betrifft zugleich das Systems des Curriculums als ganzes sowie seine interne Dynamik (1968, 108). Es geht um „alle Prozesse, die notwendig sind, um ein Curriculumsystem in den Schulen funktionstüchtig zu machen" (1968, 108). Beauchamp entwickelt die Aussagen über das „Curriculum engineering" auf der Basis des umfassenderen Begriffes „Schooling". Der Begriff des Schooling erscheint aber nirgends im Rahmensystem, so daß man hier von einem neuen Ansatz sprechen kann, der auf die Konstruktion der „Subtheorie" über das „Curriculum engineering" zentriert ist. Als Begründung erscheint der Hinweis auf die Konvention, die Funktionen eines Curriculumsystems dadurch zu identifizieren, daß man seinen Platz in verschiedenen Arten des „Schooling" betrachtet. Zudem stehe das „Curriculum engineering" aufgrund der Definition mit dem „Schooling" im Zusammenhang, weshalb diese Subtheorie auf dem Horizont des „Schooling" aufbauen soll.
Unter systemtheoretischen Aspekten ist dann allerdings in Frage gestellt, inwiefern der Zusammenhang mit dem Rahmensystem erreicht werden kann. Denn im gleichen Kapitel hält Beauchamp fest, das Curriculumsystem sei eines von mehreren Systemen vom „Schooling" (1968, 112). Paradoxerweise folgt dann ebenfalls im gleichen Kapitel ein Modell des Curriculumsystems. Dieses basiert seinerseits weder auf dem Rahmensystem, noch auf dem eigens für das Kapitel beigezogenen Begriff „Schooling". Das Modell des Curriculumsystems stellt sich als einfaches „Input-Output-Schema" dar, das auch in einem anderen Zusammenhang und ohne die verschiedenen Referenzsysteme hätte entwickelt werden können (1968, 113).
Zusammenfassend kann man die Versuche von Beauchamp positiv bewerten. Er setzt seine Modelle und Theorien nicht unreflektiert an einigen Erfahrungen oder nur an einigen operational definierten Begriffen an, sondern formuliert stets auch die Verfahrenstechnik. Insofern sind die Aussagen in einer Art „Metasystem" oder in Versuchen zu einem Metasystem lokalisiert.

4. Zusammenfassung

1. Charakteristisch für die prozeß- und systemorientierten Theorien ist der Vorrang des Curriculumprozesses vor dem Curriculuminhalt. Ihr Gesichtspunkt sind die Abläufe, Organisationsformen und Interaktionen im Curriculumprozeß. Die prozeß- und systemorientierten Ansätze können aber Implikationen für die Inhalte des Curriculums aufweisen.
2. Im vorliegenden Teil III sind drei Arten von prozeßorientierten Ansätzen behandelt worden:
   1. entscheidungstheoretische Ansätze,
   2. instrumentelle Lernzielansätze,
   3. system- und systemtheoretische Ansätze.
3. Beim entscheidungstheoretischen Ansatz wird das Curriculum insgesamt oder in einzelnen Teilen als Entscheidungsprozeß begriffen. Die Methoden, mit denen diese Entscheidungsprozesse untersucht werden, entstammen den verschiedensten Forschungsgebieten. Die theoriebildenden Verfahren sind im allgemeinen also retroduktiv. Die Methodenwahl hängt aber stark von jenen Phasen im Curriculumprozeß ab, die man in die entscheidungstheoretischen Überlegungen und Experimente einbringen möchte.
4. Die entscheidungstheoretischen Ansätze müssen sich, sofern sie überprüfbare und erklärende Theorien anstreben, auf einzelne Gebiete des Prozesses beschränken. Große Teile der Curriculumkonstruktion und der allgemeinen Zielfindung werden von der Theoretisierung ausgeschlossen, da die verfügbaren Methoden die verschiedenartigen Variablen nicht erfassen können.
5. Anhand von Goodlad-Richters Schemata konnte gezeigt werden, daß der entscheidungs- und prozeßorientierte Ansatz zu Organisationsmustern des Curriculumprozesses führen kann. Das Resul-

tat der wissenschaftlichen Arbeit ist in diesem Falle eine Veranschaulichung der verschiedenen Determinanten und Interdependenzen, welche bei der Entwicklung eines Curriculums vorkommen können. Das wissenschaftliche Ergebnis ist in diesem Sinne meistens weniger erklärend als programmatisch.
Im Anschluß an die Analyse von Goodlad-Richters Systementwürfen stellte sich die Frage, ob in einer so vielfältigen Auseinandersetzung, wie sie in den Schemata festgehalten ist, noch von Entscheidungsprozeß gesprochen werden kann, oder ob es nicht sinnvoller wäre, das Curriculum unter prozessualen Aspekten mit dem Begriff der Interaktion anzugehen. In den Feldern, in denen nach Goodlad und Richter Entscheidungen zu lokalisieren sind, können nämlich kaum Hypothesen zur Überprüfung oder Validierung der Prozesse angesetzt werden, wie es in der Entscheidungsforschung verlangt wird.

6. Es ist deutlich geworden, daß bei der Benutzung des Entscheidungsansatzes und bei gleichzeitiger Berücksichtigung der verschiedenen Determinanten und anderen Betrachtungsweisen als der entscheidungsorientierten keine experimentelle, näherhin hypothetisch-deduktive, Curriculumtheorie entwickelt werden kann. Entscheidungstheoretische Befunde mit experimentellem Charakter müssen sich auf Teilgebiete beschränken.
7. Im Anschluß an das LOT-Projekt kann die Objektivationsform, welche unter Benützung des entscheidungstheoretischen Ansatzes erreicht werden kann, folgendermaßen umschrieben werden. Sie ist teils theoretisch, teils technologisch-evaluativ. Sie stellt sich als Curriculummodell zum Zwecke von Handlungsanweisungen und experimentellen Kontrollen von Curriculumprozessen dar.
   D. h. für die Curriculumtheorie, daß der entscheidungstheoretische Ansatz höchstens in kleinen Teilbereichen zu erklärenden Theorien führen kann, wo eine große idiographische Konkretheit angestrebt wird. Im übrigen besitzt der Ansatz Optimierungsfunktionen in Hinsicht auf bestimmte Zielwerte.
8. Zu den prozeßorientierten Ansätzen gehört der instrumentelle Lernzielansatz. Der instrumentelle Lernzielansatz unterscheidet sich vom implikativen Lernzielansatz durch die prinzipielle Be-

schränkung auf Verfahrensaspekte. Das Lernziel wird als Instrument im Curriculumprozeß verstanden. Theoretische Aussagen über das Lernziel werden damit zu Aussagen über den Curriculumprozeß. Es lassen sich vier Typen von instrumentellen Lernzielansätzen unterscheiden:

— transformatorischer Lernzielansatz,
— deduktionistischer Lernzielansatz,
— analytischer Lernzielansatz,
— evaluativer Lernzielansatz.

9. Die Analyse der vier Ansätze zeigt die relative Unmöglichkeit, das Curriculum rein prozessual zu denken. Einzig beim analytischen Lernzielansatz müssen nur wenige inhaltlich bestimmende Informationen von außen in den Curriculumprozeß eingeführt werden. Bei den drei anderen instrumentellen Lernzielansätzen wird versucht, durch die Fixierung der „Lernzielverfahren" die Inhalte des Curriculums nicht zu präjudizieren. Dennoch mußte festgestellt werden, daß die Wahl von einem der Ansätze die Inhalte des Curriculums mitbestimmt. Die Grenze des Lernzielansatzes ist aber auch unter dem Gesichtspunkt seines Einzugsbereiches deutlich geworden. Die Lernzieltechnik ist nur bei einfachen Curriculuminhalten für relativ weite Strecken des Curriculumprozesses zuständig.

10. Neben den entscheidungstheoretischen Ansätzen, dem Lernzielansatz, den Interaktionsmodellen und Administrationsschematas von Curriculumprozessen hat sich in den letzten Jahren ein anderer Ansatz sehr schnell verbreitet. Es ist der Systemansatz. Er erscheint grundsätzlich in zwei Varianten, dem einfachen Systemansatz und dem systemtheoretischen Ansatz. Der erste versucht, die verschiedenen Aspekte und Elemente im Verlaufe des Curriculumprozesses zu ordnen. Der zweite geht darauf aus, mit einer Art Superstruktur bzw. Supersystem die einzelnen Strukturen und Elemente des Curriculums, die als solche kleine Systeme bilden, sinnvoll in Verbindung zu bringen oder in ihrer Notwendigkeit zu begründen. Im ersten Weg geht die Systemtheorie von den Isomorphien der Subsysteme aus, um daraus das Supersystem zu entwickeln. Beim zweiten Weg steht ein umfassendes allgemeines

System am Anfang, das dann nach bestimmten Regeln in Subsysteme ausgegliedert wird.

11. Die grundsätzliche Idee bei den systemorientierten Ansätzen zielt auf die Transparenz und die optimale Funktion des Curriculumprozesses. Verschiedene Autoren sind zum Systemansatz gekommen, nachdem für sie klar geworden ist, daß das Curriculum unter prozessualen Aspekten nicht insgesamt mit einer beschreibenden oder erklärenden Theorie erfaßt werden kann. Deshalb wählten sie eine andere Objektivationsform, nämlich das System. Da dies primär Elemente in Verbindung bringt, muß es nicht Einzelelemente bzw. Phänomene erklären. Dennoch gibt es unterschiedliche Objektivationsformen unter den Systemansätzen. Beim einen Extrem stehen jene Systemansätze, welche theorieähnliche Aussagen voraussetzen, in sich aufnehmen oder implizieren. Das andere Extrem umfaßt jene Systeme, die ausschließlich Organisationsfunktionen übernehmen und keineswegs von überdauernden Beschreibungen oder Erklärungen abhängig sind.

12. Diese verschiedenen Objektivationsformen kommen auch bei den vier Grundmustern von Systemansätzen zur Geltung. Es sind folgende Typen von Grundmustern:
    1. Handlungsstrategien,
    2. Organisations- bzw. Administrationspläne,
    3. Informationsprogramme,
    4. IOP-Modelle (Input-Output-Process-Modelle).

    Der letzte Typ, die IOP-Modelle, fördert am meisten die empirische Erkenntnisbildung. In diesem Sinne verwendet das IOP-Modell zwar das System als Ordnungsrahmen, stimuliert aber zugleich theoriebildende Elemente. Diese Eigenschaften besitzt zum Teil auch die Systemtheorie.

13. Die Systemtheorie, sofern sie nicht von Isomorphien vorhandener Subsysteme ausgeht, sondern zuerst ein „Allgemeines System“ entwirft, stiftet Anhaltspunkte für die Entwicklung von Subsystemen bzw. Theorien. Dabei besteht die Gefahr, daß die Systemtheorie programmatischen Charakter erhält. Sie kann durch ihren Rahmen präskriptiv wirken. Sofern sie aber unter heuristischen Gesichtspunkten interpretiert wird, vermag sie das unstrukturierte

Feld des Curriculumprozesses für theoriebildende Ansätze zu erschließen.

14. Das Kapitel III über die system- und prozeßorientierten Theorien zeigte die Verflechtung des prozessualen und inhaltlichen Aspektes. Die primär prozessualen Modelle, etwa auf informationstheoretischer Basis, erweisen sich für die inhaltlichen Fragen des Curriculums als wenig aussagekräftig. Umfang, Struktur und Komplexitätsgrad des Curriculuminhaltes bestimmen die prozessualen Aspekte mit. Zum Teil konnte auch beobachtet werden, wie gewisse Anlagen von Prozessen die Inhalte determinieren. Dabei dürfte die möglichst große Objektivität der theoretischen Aussagen die inhaltlichen und prozessualen Gesichtspunkte nicht mit zunehmender Allgemeinheit der Aussagebereiche zu erzielen sein, sondern mit wachsender idiographischer Konkretheit. Die Konsequenz wären theoretische Ansätze mit relativ kleinem Einzugsbereich. Dabei ist allerdings nicht geklärt, durch welchen gesamtcurricularen Begründungszusammenhang bzw. durch welche theoretische oder allenfalls begriffliche Grundlagenstruktur die einzelnen Ansätze gerechtfertigt sind. Vielleicht liefern Taxonomien einen Einstieg, da sie prozessuale, inhaltliche und andere Aspekte des Curriculums umfassen.

Teil IV

Taxonomische Theorien und Systeme

Psychologische und inhaltlich-thematische Taxonomien; Funktionen der Taxonomien im Curriculumprozeß; der Theoriecharakter von Taxonomien

1. Problemstellung und Aufriß des Kapitels[1]

Da das Curriculum wesentlich mit der Auswahl und Systematisierung von Lernzielen oder Lernobjekten zu tun hat, entwickelten sich die Taxonomien[2] zu Hilfsmitteln, die an verschiedenen Stellen der Curriculumkonstruktion eingesetzt werden.

Mehrere Taxonomien, welche in den letzten Jahrzehnten für das curriculare Feld geschaffen worden sind, stehen in enger Verwandschaft mit den naturwissenschaftlichen Klassifikationssystemen. Sowohl bei den Taxonomien in den Naturwissenschaften, besonders in der klassischen Biologie, wie bei jenen im curricularen Bereich handelt es sich

---

1 Das vorliegende Kapitel ist mehrmals in der FAL (Freiburger Arbeitsgruppe für Lehrplanforschung) diskutiert worden. Zahlreiche Anregungen verdanke ich meinen damaligen Kollegen in der Arbeitsgruppe, R. Horn, U. Isenegger, U. P. Lattmann, I. Rickenbacher und B. Santini. Insbesondere sind mehrere Befunde aus dem Aufsatz von U. Isenegger für unsere Fragestellung ausgewertet worden; vgl. Isenegger U.: Versuch einer Funktionsanalyse von Taxonomien. Fribourg 1969 (Pädagogisches Institut: Arbeitspapiere und Kurzberichte 5). Einige Problemstellungen des Kapitels sind früher in einem anderen Zusammenhang in einem Artikel über die Taxonomie behandelt worden: Frey K.: Die Taxonomien und das Curriculum. In: Paedagogica Europaea 1970, 37—59.

2 Deutsch: Ordnungstheorie. Bei ähnlichen wissenschaftlichen Komposita wird „nomos“ mit „-kunde“ wiedergegeben wie z. B. bei „Astronomie“ als „Sternkunde“. Da bei der Taxonomie das Gesetzmäßige und Theoretische im Vordergrund steht, ist als Übersetzung „Ordnungs*theorie*“ gewählt worden. Diese Übersetzung dürfte auch mit dem neueren Sprachgebrauch in der Biologie und Psychologie übereinstimmen. Vgl. Sokal R. R., Sneath P. H. S.: Principles of numerical taxonomy. London 1963. Eysenck H. J., Eysenck S. B. G. et al: Personality structure and measurement. London 1969.

um *theoretisch begründete Zuteilungsordnungen für Ereignisse oder Gegenstände.* Allgemein bekannt sind die Taxonomien der Zoologie. Sie dienen dazu, die Tierarten nach systematischen Gesichtspunkten zu ordnen (Simpson 1961). In der Psychologie gibt es die zahlreichen Klassifikationen von Persönlichkeits- oder Intelligenzbereichen. Einige dieser gesetzmäßig strukturierten Klassifikationen werden als „Taxonomie“ betitelt, während andere unter der Bezeichnung „Theorie“ oder „Klassifikation“ laufen (vgl. Eysenck, Eysenck 1969; Cattell 1950; Guilford 1967).

Für die pädagogischen Disziplinen, die sich mit dem Curriculum befassen, hat die psychologisch konzipierte „taxonomy of educational objectives“ (abgekürzt: TEO; Bloom 1956; Krathwohl 1964) die größte Bedeutung erworben. Wie bei den übrigen Taxonomien, die in den folgenden Abschnitten zur Sprache kommen werden, steht bei der TEO die Objektivierung von Entscheidungen im Vordergrund. Die Lernziele, Lernobjekte, Prüfungsaufgaben oder die andern Elemente des Curriculums sollen mit Hilfe der Taxonomien von mehreren Personen unter anderem in gleicher Weise ausgewählt oder angeordnet werden können.

Diese praktischen Bedeutungen gehen auch in das Kapitel über die Taxonomien ein, doch geschieht es mit Blick auf den allgemeinen Problemhorizont, besonders auf die Fragen:

a) welchen Beitrag leisten die Taxonomien an eine Curriculumtheorie?
b) welche Bereiche des Curriculums und seiner Theorie betreffen die Taxonomien?
c) welche theoretischen Implikationen ziehen die Taxonomien auf jeden Fall nach sich, wenn sie in der Curriculumkonstruktion oder -evaluation zum Einsatz kommen?
d) in welcher Weise wären die Taxonomien auszugestalten, wenn sie in die Curriculumtheorie integriert werden sollten?

Die zusammenfassende Antwort auf diese Fragen enthält der abschließende Abschnitt am Ende des Kapitels. Der folgende 2. Abschnitt gibt eine genauere Definition der Hauptbegriffe. Der 3. Abschnitt behandelt anhand eines Beispiels das Grundverhältnis zwischen Taxonomie und Curriculum. Daran schließt sich die Darstellung einiger Taxonomien an, um dann mehrere Funktionen der Taxonomien für die Curriculumarbeit zu beschreiben. In der Diskussion dieser Funktionen und ihrer Verwirklichung zeigen sich dann die hauptsächlich interessierenden Fragen um die Bedeutung der Taxonomien für die Curriculumtheorie.

2. Definition von Klassifikation und Taxonomie

R. R. Sokal und P. H. S. Sneath (1963) übernehmen für ihr Lehrbuch der numerischen Taxonomie auf dem Gebiete der Biologie die Definition von G. G. Simpson (1961, 11). Sie ist nach Sokal und Sneath (1963, 3) auf außerbiologische Gebiete übertragbar, weshalb wir sie auch für unsere Zwecke übernehmen.

Die Formulierung nach Sokal und Sneath lautet: Taxonomie „*... ist die theoretische Auseinandersetzung mit einer Klassifikation, einschließlich ihrer Grundlagen, Prinzipien, Verfahren und Regeln*" (1963, 3).

Taxonomie und Klassifikation haben je zwei Wortfelder. Das eine bezieht sich auf die Konstruktion von Klassen oder Klassifikationen bzw. auf die *Entstehung* eines taxonomischen Systems. Das andere Wortfeld zentriert sich auf das *Endprodukt*. Das ist entweder die fertige Klassifikation oder die fertige Taxonomie. Meistens liegt der Akzent auf dem zweiten Wortfeld. Es geht also um fertige Taxonomien oder Klassifikationen.

Die Eigenart der „Taxonomie" verdeutlicht sich in Abhebung von der „Klassifikation". Die Klassifikation ist eine bestimmte Ordnung oder Einteilung von Ereignissen (z. B. Organismen, Kristallen, Lernarten, Bildungsinhalten). Im biologischen Bereich ist „*die Klassifikation die Einordnung von Organismen in Gruppen (oder Reihen, engl. sets) auf der Basis ihrer ‚Verwandschaft', d. h. ihrer Beziehungen durch Kontiguität und/oder Ähnlichkeit*" (Sokal, Sneath 1963, 3). Die Klassifikation ist somit eine Ordnung. Der Akzent liegt auf letzterem.

Die Taxonomie befaßt sich ausdrücklich mit den Gesetzmäßigkeiten, Prinzipien und Regeln, nach denen Klassifikationen oder Ordnungen erstellt werden. Unter diesen Perspektiven besitzt die Taxonomie nach G. A. Beauchamp (1968, 23) große Ähnlichkeit mit einer niederen

Stufe der Theorie. Die TEO ist deshalb eine einfache Theorie der Bildungsziele. Da aber in der neueren Curriculumtechnik die Lernziele die daraus abgeleiteten Lernobjekte, Lernverfahren und Evaluationsmethoden mitbestimmen, ist eine Lernzieltaxonomie zugleich eine (unausgesprochene) „Teiltheorie" des Curriculums. Doch diese Schlußfolgerung setzt ein bestimmtes Verständnis des Begriffes „Taxonomie" voraus, das nicht von allen Autoren geteilt wird. E. Schwanenberg verwendet Taxonomie im Sinne von Begriffsschema. Er referiert in seinem Buch über die Handlungstheorie von T. Parsons Rezensionen, die dem Parsonschen Werk vorwerfen, es leiste keine kausalen Erklärungsmöglichkeiten und keine Prognosen von Phänomenen. Dafür liefere es „lediglich Taxonomien (Begriffsschemata) und funktionelle Argumente" (1970, 21). „Taxonomie" steht im Gegensatz zu „Erklärung" und damit auch in einem indirekten Gegensatz zu „Theorie". Schwanenberg erläutert Taxonomie mit dem Ausdruck „Begriffsschema".

Diese zweckgerichtete Umdeutung von „Taxonomie" mag für den Kontext zutreffend sein, füllt aber nicht den vollen Gehalt des Begriffes. Die Taxonomie *kann* ein Schema für die Zuteilung von Ereignissen (z. B. Tierarten in der Zoologie) sein. Die sinngemäße Übersetzung lautet dann „Zuteilungsordnung". Die Taxonomie übernimmt in diesem Falle die Aufgaben eines Begriffsschemas. Die Wirkung des Begriffsschemas ist dann primär klassifikatorisch. Die Taxonomie dient also der Systematisierung von Ereignissen oder Sachverhalten. Die Gültigkeit der Taxonomie erweist sich nur an der Fähigkeit, alle möglichen Ereignisse aufzunehmen, und eventuell daran, diese in gleichmäßige Intervalle zu verteilen. Die Taxonomie führt aber zu keiner Erklärung von Ereignissen oder Ereignisklassen. Sie bildet auch nicht die Basis dazu. Diese Situation haben wir auch in der Systemtheorie, welche den Techniken des „operations research" nahesteht (vgl. Mesarovic 1964).

Die Taxonomie enthält aber neben den rein klassifikatorischen und systematisierenden noch *theoriebildende* Elemente. Sie fungiert z. B. als Hypothese. In der naturwissenschaftlichen, vorwiegend hypothetisch-deduktiven Denkform liegt sie etwa auf dem Niveau der Gesetze. Die Grundlagen für die Taxonomie sind einzelne oder mehrere

Beobachtungen, die in einem Oberbegriff oder in einer Generalisierung aufgehoben werden. Dadurch entsteht ein Konstrukt. Als solches besitzt die Taxonomie für die Entwicklung einer Theorie hypothetischen Charakter. Die Taxonomie erklärt noch nicht das Auftreten der Ereignisse. Hingegen können die *Prinzipien und/oder Gesetzmäßigkeiten, nach denen die Taxonomie aufgebaut ist, als begründete Hypothesen z. B. darüber Annahmen machen, weshalb die Ereignisse so vorkommen, daß sie a) überhaupt und b) in der vorliegenden Systematik vorkommen.* Die Gesetzmäßigkeiten, welche der Taxonomie zugrundeliegen, können dann, je nach methodologischer Position, anhand eines einzigen nicht — oder falsch klassifizierten Ereignisses, oder unter Mitberücksichtigung derselben, als unwahr verworfen werden[1].
Wenn die Taxonomie also zur Erklärung von Ereignissen beitragen kann und Hypothesenfunktionen übernimmt, hat sie den Charakter einer „einfachen Theorie" (Beauchamp). Dieser Sinn entspricht der aufgeführten Definition. Wir verwenden den Ausdruck „Taxonomie" in dieser Art. Sofern in bestimmten Zusammenhängen mit „Taxonomie" nur ein „Begriffsschema" (Schwanenberg) gemeint ist, wird diese Semantik des Wortes durch den Kontext angezeigt.

1 Zur hier anstehenden Methodenfrage vgl. Popper K. R.: Logik der Forschung. Tübingen 1966², 15.

3. Das Grundverhältnis von Curriculum und Taxonomie

Die Entwicklung eines Curriculums besteht zu einem größeren Teil in der Auswahl und Anordnung von Bildungszielen, Unterrichtsthemen, Lernverfahren und Evaluationsmethoden. So haben die Konstrukteure des Curriculums unter anderem die Lernziele auszusuchen. Für die Auswahl benötigen sie Kriterien oder Bezugspunkte.

Es kann zum Beispiel folgende Situation auftreten: Bei der Entwicklung eines naturwissenschaftlichen Curriculums für die Primarschule möchte man alle psychischen Funktionen des Schülers, z. B. Wahrnehmen, Denken, Fühlen usw., gleichmäßig fördern. Die Curriculumkonstrukteure haben 500 Lernziele gesammelt oder durch Expertengruppen beschafft. 300 dieser Lernziele sollen in das Curriculum eingehen, und zwar so, daß sie gleichmäßig alle psychischen Funktionen betreffen. Die Curriculumkonstrukteure müssen also die 500 Lernziele auf eine Anzahl psychischer Funktionen verteilen. Handelt es sich um eine standardisierte Anzahl von psychischen Funktionen, so kann man diese als eine *Klassifikation* oder *Zuteilungsordnung* bezeichnen.

Für die Klassifikation sind aber nicht zufällige psychische Funktionen genommen worden. Sie haben vielmehr gewisse Gemeinsamkeiten und sind doch nach bestimmten Merkmalen unterschieden. Die Klassifikation von psychischen Funktionen (z. B. Wahrnehmen, Denken usw.) erfolgt nach bestimmten Gesetzmäßigkeiten, Prinzipien und Regeln.

Die Klassifikation oder Zuteilungsordnung mitsamt den Gesetzmäßigkeiten, Prinzipien und Regeln, nach denen sie aufgebaut wird, ist die Taxonomie. Gegenstand von Taxonomien können nicht nur, wie im vorausgehenden Beispiel, psychische Funktionen sein. Taxonomische Systeme sind bis heute am häufigsten in der Biologie und im besonderen in der Zoologie verwendet worden. Es gibt z. B. Taxonomien von Lern*arten* (Gagné 1969), Bildungsinhalten (Phenix 1964), psychologisch interpretierten Lern*zielen* (Bloom 1956; Krathwohl 1964), Intelligenzbereichen (vgl. Meili 1963 mit Thurstone, Guilford), Persönlichkeitsdimensionen (vgl. die Übersicht bei Pawlik 1968). Allen diesen Taxonomien ist gemeinsam, daß sie nur Teilgebiete des Curriculums, d. h. der „beabsichtigten Bildung", bestreichen. Die Curriculumentscheidungen über Lernziele, Lernobjekte usw. müssen sich deshalb an mehreren Taxonomien orientieren.

Vorläufig existieren erst für einige wenige Gebiete Taxonomien, so daß noch andere Kriterien die Entscheidungen fundieren müssen. Nach Auffassung von Blankertz (1969), Bohnsack und Rückriem (1969), kann die Taxonomie überhaupt nicht Entscheidungskriterium sein, sondern nur Kontrollinstrument. Für die von Blankertz anvisierte „Taxonomy of educational objectives" (TEO) kann die Einschränkung gelten. Die TEO gibt eine Anzahl von Schwierigkeitsgraden für für Lernziele an, u. a. wissen — verstehen — anwenden. Mit dem *psychologischen* Schwierigkeitsgrad ist aber wenig über die Zweckmäßigkeit, den Sinn und die Erreichbarkeit eines Lernzieles ausgesagt.

Man darf den Taxonomien ihren Wert als Entscheidungskriterien wegen der (vorläufig) beschränkten Reichweite nicht absprechen. Es ist theoretisch denkbar, daß man entweder a) eines Tages ein integrales Bezugssystem findet, bei dem nicht inhaltliche, psychologische und andere Gesichtspunkte getrennt sind[1], oder b) daß man curriculare Entscheidungen in mehrere „Dimensionen" aufgliedert, die je für sich taxonomisch aufgebaut sind, so daß die Entscheidungen aus einer Kombination der verschiedenen Taxonomien resultieren.

Ob die Entscheidungen über Ziele, Inhalte, Anordnungen und andere Komponenten des Curriculums jemals allein mit Hilfe von Taxonomien gefällt werden können, bleibt dahingestellt. Sicher sind *Taxonomien Bezugssysteme für Curriculumentscheidungen.* In welchem

---

1 Was gegenwärtig in verschiedenen didakometrischen Ansätzen gesucht wird.

Umfang sie aber schon jetzt als Bezugssystem und Kriterium den Entscheidungen dienen können, hängt wesentlich von 3 Fragen ab:

1. wie operationabel[1] und in die Techniken der Curriculumentwicklung einfügbar die Taxonomien sind;
2. wie umfassend sie die curriculare Fragestellung[2] in sich aufnehmen, somit nicht nur als „Programmierungstechnik", sondern ebenso als Curriculum*theorie* ausgestaltet werden;
3. wie vollständig sie die curricularen Entscheidungsbereiche (z. B. psychologisch, kulturell usw.) erfassen?

Das vorliegende Kapitel betrifft hauptsächlich die Frage 2), welche z. T. in Verbindung mit Frage 1) steht. Frage 3) ist Thema der folgenden Abschnitte.

---

1 D. h. unter bestimmten Annahmen handhabbar.

2 D. h. Planung von Unterricht in Hinsicht auf bestimmte Sinn- und Zweckgehalte.

4. Psychologische Taxonomien

A. Die „Taxonomy of educational objectives" (TEO)

Die bekannteste Taxonomie ist die „Taxonomy of educational objectives" (abgek.: TEO) (Bloom 1956; Krathwohl 1964). Sie enthält eine Zuteilungsordnung von Lernzielen nach psychologischen Gesichtspunkten. Die Zuteilungsordnung besteht aus einer Anzahl Klassen. Diese sind hierarchisch aufgebaut. Es gibt von leichten bis zu schwierigen Lernzielen mehrere Abstufungen. Die Lernziele verstehen sich als beabsichtigte und erreichbare Verhaltensweisen oder Verhaltensdispositionen. Sie sind operationalisiert, d. h. mit beobachtbaren Merkmalen beschrieben.

Die Autoren haben der TEO 3 Bereiche zugrundegelegt, in denen Lernziele auftreten können. In jedem Bereich wird die Taxonomie nach eigenen Kriterien organisiert. So entstehen gleichsam 3 eigenständige Taxonomien, und zwar für die Bereiche kognitives Verhalten (Bloom 1956 = TEO-1), emotional-affektives Verhalten (Krathwohl 1964 = TEO-2) und psycho-motorisches Verhalten.

Der 3. Bereich (TEO-3) ist noch nicht als eigenes Handbuch ausgearbeitet. Nach Auffassung von Möller (1969) kann man die Guilfordschen Faktoren (1966) des motorischen Bereiches als „Ersatz" ansehen. Auch Dave (1968) legt einen Entwurf vor.

Zur Verdeutlichung führen wir im folgenden die Klassen des kognitiven und affektiven Bereiches (TEO-1 und TEO-2) auf. (Um die einheitliche Übersetzung der Klassenbezeichnungen im deutschen Sprachraum zu fördern, verwenden wir die Übersetzung von Blankertz (1969, 146 ff.), die wohl am meisten verbreitet sein dürfte.)

Kognitiver Bereich (TEO-1)

Kenntnisse (knowledge).

Kenntnisse konkreter Einzelheiten (knowledge of specifics). Fähigkeit, bestimmtes gelerntes Einzelwissen wiederzugeben.

Kenntnisse über Begriffe (knowledge of terminology).

Kenntnis einzelner Fakten (knowledge of specific facts). Kenntnis einzelner Ereignisse, Personen, örtlicher und zeitlicher Gegebenheiten.

Kenntnis über Verfahrensweisen im Hinblick auf konkrete Einzelheiten (knowledge of ways and means of dealing with specifics).

Kenntnis von Regeln und Übereinkünften (knowledge of conventions).

Kenntnis von zeitlichen Verläufen (knowledge of trends and sequences).

Kenntnis von Klassifikationen und Kategorien (knowledge of classification and categories).

Kenntnis von Kriterien (knowledge of criteria).

Kenntnis der Methodenlehre (knowledge of methodology).

Kenntnis des Allgemeinen und Abstrakten eines Bereichs (knowledge of the universals and abstractions in a field).

Kenntnis von Gesetzmäßigkeiten, Allgemeingültigem bzw. Sachverhalten grundsätzlicher Natur (knowledge of principles and generalizations).

Kenntnis von Theorien und Gedankengebäuden (knowledge of theories and structures).

Verstehen (comprehension).

Übertragung (translation).

Auslegung (interpretation).

Extrapolation (extrapolation).

Anwendung (application).

Analyse (analysis).

Analyse von Elementen (analysis of elements).

Analyse von Beziehungen (analysis of relationships).

Analyse von ordnenden (leitenden) Prinzipien (analysis of organizational principles).

Synthese (synthesis).

Schaffen einer einheitlichen Nachricht (production of a unique communication).

Entwerfen eines Planes für bestimmte Handlungen (production of a plan, or proposed set of operations).

Ableitung einer Folge abstrakter Beziehungen (derivation of a set of abstract relations).

Bewertung (evaluation).

Urteile im Hinblick auf innere Klarheit (judgments in terms of internal evidence).

Urteile im Hinblick auf externe Kriterien (judgments in terms of external criteria).

Affektiver Bereich (TEO-2)
Aufmerksamwerden, Aufnehmen (receiving, attending).
Bewußtheit (awareness).
Bereitwilligkeit zur Aufnahme (willingness to receive).
Kontrollierte oder ausgewählte Aufmerksamkeit (controlled or selected attention).
Reagieren (responding).
Einwilligung ins Reagieren (acquiescence in responding).
Bereitwilligkeit zum Reagieren (willingness to respond).
Befriedigung beim Reagieren (satisfaction in response).
Bewerten (valuing).
Annahme eines Wertes (acceptance of a value).
Bevorzugung eines Wertes (preference for a value).
Verpflichtung (commitment).
Einordnen (organization).
Diese Klasse ist gedacht als die eigentliche Klassifikation der Ziele, die den beginnenden Aufbau eines Wertsystems beschreiben.
Wertvorstellung (conceptualization of a value).
Anordnung eines Wertsystems (organization of a value system).
Bestimmtsein durch Werte (characterization by a value or value complex).
Allgemeine Ausrichtung (generalized set).
Charakterisierung (characterization).

Die Stufenfolge für die TEO-1 ist aufgrund des Kriteriums „Komplexität", für die TEO-2 aufgrund des Kriteriums „Internalisation" aufgebaut worden.

Insgesamt handelt es sich bei der TEO um jene Taxonomie, die am meisten operationalisiert, auf die Praxis angelegt und auch in Gebrauch ist. Die TEO hat sich als *Instrumentar eingeführt, mit dessen Hilfe Lernziele auf ihren Standort in einer Skala von kognitiven Schwierigkeitsgraden oder affektiven Internalisationsformen geprüft werden können.*

B. Die Taxonomie von Lernarten nach Gagné

Mehr Theorie als Instrument ist dagegen das System von R. M. Gagné (1969), das man eine „synthetische Lerntheorie" nennen könnte. Gagné bildet eine Klassifikation von Lernarten. Sie ist ebenfalls hierarchisch organisiert und umfaßt 8 Klassen. Der Autor formuliert seine Taxonomie[1] in Hinsicht auf die Frage: welche Erkenntnisse können aus der bisherigen lernpsychologischen Forschung für die Organisation des Lernens gezogen werden. Das Resultat ist die hierarchisch gestufte Klassifikation von Lernarten, welche an Beispielen demonstriert werden.

Charakteristisch für die Gagnésche Taxonomie ist das Kriterium, nach dem die Klassifikation erstellt wird. Es ist die Komplexität der inneren und äußeren Bedingungen, welche Lernen erlauben. Der Gegenstand der Taxonomie ist somit eine Lern*art*, wobei das Lernen als Erwerb neuer Verhaltensdispositionen aufzufassen ist. Im einzelnen unterscheidet Gagné 8 Lernarten, da es 8 differierende Bedingungsformen von Lernen gibt. Die folgende Zitation enthält Gagnés eigene Zusammenfassung (1969, 51 f.):

Typ 1: Signallernen — Das Individuum lernt eine allgemeine, diffuse Reaktion auf ein Signal. Es handelt sich um die klassische bedingte Reaktion nach Pawlow (1927).

Typ 2: Reiz-Reaktionslernen — Der Lernende erwirbt eine präzise Reaktion auf einen genau unterschiedenen Reiz. Gelernt wird eine Verknüpfung (connection, Thorndike 1898) oder ein „discriminated operant“ (Skinner 1938), gelegentlich auch instrumentale Reaktion genannt (Kimble 1961).

Typ 3: Kettenbildung — Gelernt wird eine Kette von zwei oder mehr Reiz-Reaktions-Verbindungen. Die Bedingungen dieses Lernens sind von Skinner (1938) und anderen Autoren, in ausgezeichneter Weise von Gilbert (1962), beschrieben worden.

Typ 4: Sprachliche Assoziation — Sprachliche Assoziation ist identisch mit dem Lernen von sprachlichen Ketten. Im Grunde gleichen die Bedingungen denen für das Lernen anderer (motorischer) Ketten. Die Verfügung des Menschen über Sprache macht daraus jedoch eine spezielle Lernart, weil aus dem früher erworbenen sprachlichen Repertoire des Individuums bestehende innerliche Verknüpfungen verwendet werden können (vgl. Underwood 1964).

Typ 5: Multiple Diskrimination — Das Individuum lernt unterschiedliche Bestimmungsreaktionen auf ebenso viele unterschiedliche Reize, die sich in mehr oder weniger großem Maße in ihrer physischen

1 Gagné bezeichnet sein System nicht ausdrücklich als Taxonomie, vergleicht es aber mit der TEO.

Erscheinung ähneln. Obwohl das Lernen der einzelnen Reiz-Reaktions-Verbindungen dem einfachen Typ 2 zugehört, tendieren diese Verbindungen zu gegenseitiger Interferenz im Behalten (vgl. Postman 1961).

Typ 6: Begriffslernen — Der Lernende erwirbt die Fähigkeit, auf eine Klasse von Reizen, die sich in ihrer äußeren Erscheinung stark voneinander unterscheiden können, mit einer Reaktion zu antworten. Er ist zu einer Reaktion fähig, die eine ganze Klasse von Objekten oder Ereignissen bestimmt (vgl. Kendler 1964).

Typ 7: Regellernen — In der einfachsten Ausdrucksweise ist eine Regel eine Kette von zwei oder mehr Begriffen. Sie hat die Aufgabe, Verhalten nach der in sprachlichen Vorschriften von der Form „Wenn A, dann B" festgelegten Art zu kontrollieren, wobei A und B als Begriffe gelten. Sie muß jedoch sorgfältig von der rein verbalen Sequenz „Wenn A, dann B" unterschieden werden, die als Typus 4 gelernt werden kann.

Typ 8: Problemlösen — Problemlösen ist eine Art des Lernens, die innere Vorgänge, normalerweise Denken genannt, erforderlich macht. Zwei oder mehr zuvor erworbene Regeln werden auf irgendeine Weise miteinander kombiniert und ergeben eine neue Leistungsmöglichkeit, deren Abhängigkeit von einer Regel „höherer Ordnung" gezeigt werden kann."

Jede Lernart ist in der nächst höheren enthalten. „Diese allgemeine Einsicht läßt sich, angewandt auf die hier erörterten Lernarten, kurz so formulieren:

Problemlösen (Typ 8)
 verlangt als Voraussetzung:
Regeln (Typ 7),
 die ihrerseits zur Voraussetzung haben:
Begriffe (Typ 6),
 die als Voraussetzung verlangen:
Multiple Diskriminationen (Typ 5),
 die als Voraussetzung verlangen:
Verbale Assoziationen (Typ 4) oder andere Kettenbildungen (Typ 3),
 die als Voraussetzung verlangen:
Reiz-Reaktionsverbindungen (Typ 2)" (1969, 53).

Gagné nimmt an, daß sich mit Hilfe seines taxonomischen Systems der Transfer der niedrigen Lernart auf/oder in die höhere feststellen

läßt. (Die diesbezügliche Bedeutung der Gagnéschen Taxonomie und der TEO wird eingehender im Abschnitt über die Funktion der Taxonomie im Zusammenhang mit der Theorie der lernzielorientierten Tests behandelt.)
Das Gagnésche System ist nicht als leicht handhabbares Arbeitsinstrument ausgebaut wie die TEO; im Gegensatz zur TEO liegt ihr Anwendungsgebiet vorläufig weniger auf dem Niveau der Unterrichtspraxis als auf jenem der Forschung.

C. Die Drei-Stufentheorie der Begriffsbildung von Bruner

In diesem Zusammenhang wäre auch die Stufenlehre von J. S. Bruner (1964) zur Begriffsbildung aufzuführen. Um die Beziehung dieser Theorie zum Curriculum klar zu machen, ist an den Begriff der curricularen *Strukturen* zu erinnern: In der amerikanischen Schulreform wurde häufig „das Curriculum in jedem Bereich (Chemie, Biologie usw.) um einige primäre *strukturelle Elemente* der Wissenschaftsdisziplin herum angeordnet" (Goodlad 1966, 39). Strukturelle Elemente sind nach Goodlad: „Begriffe, Schlüsselideen, Prinzipien und Frageformen" (1966, 39).
Zahlreiche Curriculumfachleute, und auch Bruner (1966) selber, nehmen an, daß diese strukturellen Elemente mit der psychologisch erfaßbaren Begriffsbildung in Verbindung gebracht werden können.
Deshalb erhält die Stufentheorie der Begriffsbildung einen taxonomischen Wert für das Curriculum.
J. S. Bruner unterscheidet 3 Verwirklichungs- bzw. Darstellungsformen einer Begriffsstruktur (structure of knowledge):

1. eine Anzahl von Handlungen, die zu einem Ziel führen, und zwar im Sinne einer unwillkürlichen, aus der Sache heraus gesteuerten Darstellung (enactive representation);
2. eine Anzahl von bildlichen Wiedergaben eines Begriffes, ohne diesen aber voll zu erklären (ikonic representation);
3. eine Anzahl von symbolischen oder logischen Äußerungen, die von einem symbolischen System ausgehen (symbolic representation).

Die Klassifikation ist, wie die übrigen referierten, hierarchisch angelegt. Das Kriterium der Taxonomie ist die „Komplexitäts- oder Abstraktionsstufe" der begrifflichen Darstellung (Repräsentation) von Erfahrungen bzw. Einsichten.
Die Taxonomie steht auf dem Hintergrund der Auffassung, daß sich intellektuelle Prozesse in einem doppelten Wege verwirklichen, a) der Assimilation des Reizempfängers (Individuum) an die Außenwelt und b) der Internalisation der Außenwelt durch den Reizempfänger (Individuum) im Sinne Piagets (vgl. hierzu Fischer 1964).
Die Zuteilung von Begriffsprozessen zu einer der 3 Repräsentationsformen ist nur aufgrund psychologischer Analysen möglich. Eine unmittelbare Anwendung in der Schule durch die Lehrer ist noch nicht denkbar. Allerdings hat Bruner (1966) seine Taxonomie zu einem losen Entwurf einer Theorie des Unterrichts ausgebaut. Ob eine psychologische Theorie der Begriffsbildung zu einer allgemeinen Theorie der Instruktion ausgebaut oder umgeformt werden kann, muß sich daran erweisen, ob inhaltlich verschiedene Begriffe (structures) gleichen oder zumindest ähnlichen Gesetzmäßigkeiten der psychologischen Begriffsbildung unterliegen.
Phenix, dessen „realms of meaning" wir im folgenden als eine inhaltlich orientierte Taxonomie referieren, nimmt an, daß die einzelnen „Strukturen" (Disziplinen, Fachbereiche) eigene Gesetzmäßigkeiten der psychologischen Begriffsbildung besitzen, wobei der Autor allerdings nicht so eindeutige Definitionen zu diesem Thema verwendet wie die Psychologen. Doch zuerst sollen nun noch einige andere psychologische Taxonomienansätze angedeutet werden.

D. Weitere psychologische Taxonomiengrundsätze

Nach H. J. und S. B. G. Eysenck (1969) bildet die Taxonomie eine Form von Theorien in der Psychologie. Nach der Definition von R. R. Sokal und P. H. A. Sneath (1963) im Anschluß an G. G. Simpson (1961) ist die Taxonomie eine Klassifikation von Bereichen, deren Verhältnis in Gesetzmäßigkeiten gefaßt ist.

In der neueren Psychologie tendiert eine Forschungsrichtung auf das Auffinden von „Dimensionen“ der Persönlichkeit. Man versucht, die psychischen Prozesse und Zustände[1] mit Hilfe ihrer Aufteilung in Bereiche zu identifizieren. Als Forschungsinstrument dient häufig die Faktorenanalyse. Sie ist „ein mehrdimensionales Modell, das die Analyse quantitativer (ausgezählter, gemessener) Merkmale in funktional einfachere Grundvariable oder Faktoren gestattet“ (Pawlik 1968, 17). Diese Grundvariablen sind identisch mit den taxonomischen Klassen. Die faktorenanalytisch gewonnenen Grundvariablen bilden eine Art offener Systeme, wie sie H. Thomae (1968) beschrieben hat. Als solche sind sie für die curriculare Fragestellung besonders geeignet, da sie mit weiteren Bereichen oder „Grundvariablen“, z. B. von seiten des Inhalts konfrontiert werden müssen. Doch ist schon hier auf die beschränkte Anwendungsmöglichkeit dieser Taxonomien hinzuweisen, welche die gesamte Persönlichkeit oder Teile davon betreffen. Praktisch kommen sie nur bei der Berücksichtigung der Bildungsbedürfnisse in der Curriculumkonstruktion zur Anwendung. Dort wiederum bieten sich für die Praxis fast ausschließlich die faktorenanalytisch aufgebauten Persönlichkeitstaxonomien an, weil den Dimensionen meistens eine Anzahl von Merkmalen, d. h. Testreihen zugeordnet sind, die in der Feststellung der Bildungsbedürfnisse eingesetzt werden können. Typische Beispiele sind die Persönlichkeitsdimensionen von R. B. Cattell (1950) und Eysenck, Eysenck (1969 mit den dort referierten Arbeiten).

Die Persönlichkeitstheorien, welche von Eigenschaften (Faktoren, englisch: traits) ausgehen und aufgrund der Beschreibung derselben die Verhaltensweisen der Person voraussagen wollen, ziehen eine Problematik mit sich, die uns zu einer zweiten Art von psychologischen Taxonomien führt. Es ist nämlich nicht klar, welches Verhältnis zwischen Person und Situation besteht. Sind es die „Eigenschaften“ der

1 Je nach Schule fallen die psychischen „Zustände“ aus, so daß nur die „Prozesse“ Forschungsgegenstand sind. Vgl.:
Hebb D. O.: Einführung in die moderne Psychologie. (Orig.: A textbook of psychology). Weinheim 1968².
Traxel W.: Über Gegenstand und Methode der Psychologie. Bern 1968.

Person, die in den sogenannten Persönlichkeitstheorien beschrieben werden, oder sind es die „Intelligenzfaktoren“ (im Sinne von Vermögen oder Fähigkeiten) oder sind es eher die Situationen bzw. Umweltkonstellationen, welche das Verhalten steuern?

Diese Frage ist in der bisherigen Psychologie noch nicht zureichend beantwortet, hat aber für die Curriculumtheorie und -verwirklichung eine außerordentliche Bedeutung, zumindest für jene Lerngebiete, die man in das Curriculum mit der Absicht aufnimmt, daß sie später in einer bestimmten Situation wieder verwendet werden. Das Berliner Modell, wie es in den bisher bekannten Publikationen beschrieben ist, stützt sich überhaupt auf den Begriff der „Verwendungssituation“. Alle möglichen Curriculumelemente werden anhand der erforderlichen „Qualifikationen“ ausgewählt. Qualifikationen sind in Lernziele umgesetzte „Verwendungssituationen“ von Gelerntem. Zudem wird im Berliner Modell durch Experten der mögliche Transfer von „Informationseinheiten“, d. h. (unstrukturierten) Lernobjekten in „Verwendungssituationen“ bestimmt, um daraus den Aufbau des Curriculums abzuleiten. Was diese Verwendungssituationen des Berliner Modells im einzelnen darstellen, ist nicht genau definiert. Doch muß es sich, psychologisch betrachtet, um Verhaltenssituationen handeln.

Die Verhaltenssituationen können verschiedene Formen annehmen. Es gibt also verschiedene Situationen, die aber bestimmte Gemeinsamkeiten und bestimmte differierende Merkmale besitzen. Die Situationen sind somit taxonomisierbar. K. Lewin (1963) hat z. B. in seiner topologischen Psychologie eine Ökologie entworfen, welche die Situationen in Form einer losen Taxonomie systematisiert. A. Spitznagel stellt in seinem programmatischen Aufsatz „Die Situation als Problem der Persönlichkeitspsychologie“ (1968) mehrere Versuche zur Einteilung von Situationen zusammen und kritisiert sie unter methodologischen Gesichtspunkten. Dabei findet er, daß die Klassifikation der Situationen je nach dem methodologischen Ansatz sehr verschiedenartig ausfallen. So führen „bloß formale“, „von einer Theorie abhängige“ oder „empirische“ Einteilungen zu divergierenden Systemen. Spitznagel zitiert (1968, 194 f.) als *theorieabhängige* Taxonomie von Situationen jene von R. B. Cattell (1957, 428 ff.): 1. spezifischer oder

fokaler Stimulus; 2. Umgebungs-, Rollen-Stimulus; 3. Lebens-Situation; 4. Kultur-Muster-Situation.
Aufgrund einer *empirischen* Untersuchung gliederte J. M. Sakoda drei Klassen von Situationen (= S) aus:

„1) Sozial-aktive S (repräsentiert durch Aufgaben, die nur durch die Zusammenarbeit mehrerer Personen ausgeführt werden konnten),
2) Einzel-Test-S (repräsentiert durch Individualtestsitzungen und Papier- und Bleistiftstests),
3) Sozial-Verbale-S (repräsentiert durch Diskussionen bzw. Streitgespräche)" (Sakoda 1952; ebenfalls zit. nach Spitznagel).

Diese beiden Beispiele können genügend verdeutlichen, daß die taxonomischen Ansätze noch nicht anwendbare Klassifikationen darstellen. Es fällt besonders auf, daß sie auf unterschiedlichen Abstraktionsniveaus liegen, verschiedene psychologische Ausschnitte im Verhaltensablauf betreffen und auch divergierende inhaltlich-kulturelle Gebiete bestreichen.
Spitznagel charakterisiert den heutigen Forschungsstand folgendermaßen: „Die Taxonomie von S (Situationen) steckt ohne jeden Zweifel noch in den Anfängen. Schon die wenigen ausgewählten Beispiele lassen aber vermuten, daß die Ähnlichkeit von S von zahlreichen Faktoren abhängt. Die gleichen S gruppieren sich jeweils anders, wenn sich die Reaktionsmodi, die Art der instrumentellen Erfassung, die Art der Kontext-S und deren Wirkung auf die fokale S (= Instrument) ändern" (Spitznagel 1968, 199).

Zusammenfassung der psychologischen Taxonomien

A. Die bekannteste psychologische Taxonomie in Verbindung mit dem Curriculum ist die *TEO (Taxonomy of educational objectives).* Die Autoren haben sie als Arbeitsinstrument ausgelegt und entsprechend operationalisiert. Die Taxonomie erfaßt beabsichtigte

Lernprodukte. Das sind Lernziele. Die TEO verteilt sich auf 3 Bereiche psychischer Funktionen: kognitiver Bereich (= TEO-1), emotional-affektiver Bereich (TEO-2), psycho-motorischer Bereich (TEO-3). Jeder Bereich ist nach einem besonderen Kriterium klassifiziert.

B. Daneben gibt es 2 weitere Taxonomien, die sich von ihrem Ursprung her nicht rein psychologisch orientieren, sondern schon eine gewisse Ausrichtung auf den Unterricht oder das Curriculum besitzen. Dazu gehört die *Drei-Stufentheorie von Bruner* für die Begriffsbildung. Sie ist im Zusammenhang mit den „Strukturen" des Curriculums relevant. Bruner hat die Drei-Stufentheorie bisher allgemein gefaßt und nicht für den alltäglichen Gebrauch in der Curriculumentwicklung operationalisiert.

C. Mehr an Beispielen erläutert ist die *synthetische Lerntheorie von Gagné*. Sie enthält 8 Lernarten. Als Hauptkriterium für die Klassenbildung dient die Komplexität der inneren und äußeren Bedingungen, unter denen Lernprozesse ablaufen. Die Gagnésche Taxonomie findet ihre Funktion gegenüber dem Curriculum vorläufig weniger in der Praxis als in der Forschung.

D. Die Taxonomien von Persönlichkeitsbereichen und besonders von Verhaltenssituationen sind für das Curriculum bedeutsam, wenn Bildungsbedürfnisse diagnostiziert und in das Curriculum aufgenommen werden sollen. Sofern die Curriculumkonstruktion, wie im Berliner Modell, unter der Annahme erfolgt, Gelerntes sei auf eine künftige Verwendungssituation hin auszuwählen, wäre eine *Taxonomie der Verhaltens-Situationen* von fundamentaler Bedeutung. Aus diesen Gründen sind im letzten Abschnitt einige Taxonomien von Persönlichkeitsbereichen und Situationen referiert worden.

Die *Persönlichkeitstaxonomien* (Cattell, Guilford usw.) haben einen höheren wissenschaftlichen Stand erreicht als die Taxonomien von Situationen (vgl. Spitznagel). Allerdings kommen wegen praktischen Motiven von Persönlichkeitstaxonomien vorläufig fast ausschließlich die faktorenanalytisch aufgebauten Formen in Frage. Die Gemeinsamkeiten der Brunerschen Drei-Stufentheorie, der Gagnéschen Lerntheorie und der TEO sind der hierarchische

Aufbau, die Einteilung in Klassen und die Beschränkung auf einzelne psychische Bereiche bzw. bestimmte Ausschnitte aus dem psychischen Prozeß. In der Zusammenschau der psychologischen Taxonomien zeigt sich deshalb, daß zahlreiche Gebiete und Prozesse, die im Curriculum auftreten, durch keine Taxonomie erfaßt werden. Die psychologischen Taxonomien beziehen sich immer nur auf Teile des psychologischen Aspektes am Curriculum. Dadurch heben sich die psychologischen von den inhaltlich-thematischen Taxonomien ab, welche die kulturellen Elemente des Curriculums systematisieren wollen. Die inhaltlich-thematischen Taxonomien versuchen nämlich häufig, den gesamten kulturellen Raum in einer einzigen Taxonomie einzufangen.

5. Inhaltlich-thematische Taxonomien

A. Einführende Übersicht

Eine inhaltlich-thematische Taxonomie ist eine theoretisch begründete Klassifikation von Bereichen, in denen Lern*gegenstände* oder kulturelle Bidungsziele auftreten können. Die „Lerngegenstände" bestehen bisher weitgehend aus überlieferten „Kulturgütern". Eine Ausnahme bilden einige Curricula des industriellen Bereiches, bei denen die Lernobjekte in Hinsicht auf ein Lernziel erst neu geschaffen werden. Deshalb sind die meisten inhaltlichen Taxonomien kulturell orientiert.

Die deutschsprachige Schulpädagogik hat in den letzten Jahrzehnten zahlreiche Ansätze zu Zuteilungsordnungen von inhaltlich-thematisch bestimmten Lernbereichen hervorgebracht, die leider nicht bis ins einzelne operationalisiert worden sind. Die nachhaltigste Wirkung haben wohl die „Lebensformen" von E. Spranger (1950) und die Klassifikationen von Bildungsbereichen von W. Flitner (1967) z. B. für das Gymnasium hervorgebracht. Die Grundformen menschlichen Lebens von Spranger sind zwar psychologisch formuliert, aber kulturell gedacht, so daß sie zu inhaltlichen Bestimmungen von Bildungsbereichen werden. Es sind: Theorie, Ökonomie, Ästhetik, Gesellschaft, Religion und Macht.

In der Curriculumliteratur erscheinen inhaltlich-thematische Klassifikationen häufig. Meistens besitzen sie aber primär heuristischen und nicht instrumentellen oder theoretischen Wert, so die 5 Lernbereiche von Broudy, Smith und Burnett (1965) oder die 3 „Sätze von Kriterien für die Auswahl von Bildungsinhalten" von S. B. Robinsohn (1967, 47; zit. bei den Prioritäten).

A. D. C. Peterson (1960) gliedert 4 „Denkformen" aus, nämlich die „analytische, empirische, moralische und ästhetische". Die 4 Klassen von Peterson gelten im Gegensatz zu jenen von Robinsohn oder Phenix (1964) nur für die Sekundarstufe.
Die aufgeführten Beispiele verdeutlichen in der Übersicht, welche Funktionen und Aussagemöglichkeiten die inhaltlich thematischen Taxonomien besitzen. Die folgenden Abschnitte behandeln nun einzelne Taxonomien.

B. Die 4 Lernbereiche von Herrick

V. E. Herrick (1962) fixiert 4 Lernbereiche. Sie dienen der Einordnung und Auswahl von Bildungsinhalten unter Berücksichtigung des Lernprozesses und des Lernproduktes.
Herrick hierarchisiert seine 4 Klassen nicht. Die Hierarchie der Klassen ergibt sich erst nach der Prioritätensetzung, die bei der Benutzung der Klassifikation auf jeden Fall durchzuführen ist. Die taxonomische Funktion der Viererklassifikation von Herrick wird erst durch eine Kombination von Prioritätensetzung und gleichzeitiger Anwendung der Klassifikation erreicht.
V. E. Herrick beschreibt die 4 Klassen von Lernprodukten folgendermaßen:

„a) die sprachlichen Prozesse, die mit der Kommunikation, dem Sachverständnis, den personalen und sozialen Aufgaben sowie mit der Bewertung von Aktivitäten in Verbindung stehen;

b) die gedanklichen Prozesse, die zu tun haben mit: Verifikation und Validierung von Daten, Verallgemeinerung, Ableitung, Voraussage von Konsequenzen (einsichtiges und kreatives Denken wäre hier ein Teil);

c) die sozialen Prozesse, durch die das Selbstverständnis zunehmend erhellt, tatsächliche zwischenmenschliche Beziehungen und Aktionen bewirkt werden können;

d) die Fähigkeiten (Verhaltensdispositionen), die an der Auswahl und affektiven Nutzung von erzieherischen Instrumenten und Ressourcen, d. h. Hilfsquellen, beteiligt sind" (Herrick 1962, 65).

Herrick orientiert seine Klassifikation an den Bereichen, auf die sich die menschlichen Aktivitäten beziehen können. Die Formulierung ist allerdings eher psychologisch oder soziologisch als kulturell geprägt, da das Spezifische des Lernprozesses angesprochen werden soll. Der Autor differenziert seine Klassen nicht im Blick auf die verschiedenen möglichen Lernziele, welche innerhalb der 4 Lernbereiche auftreten können. Dadurch erhält die Klassifikation den Charakter eines Entwurfes. Die Klassen haben die Gemeinsamkeit, daß ihre Inhalte lernbar sind und zu weiteren Aktivitäten weiterleiten. Es handelt sich also nicht um konkrete Verhaltensweisen wie bei der TEO oder nur um Verhaltensdispositionen wie in der Gagnéschen Taxonomie, sondern um Bereiche sozial-kultureller Aktivitäten. Die Herricksche Zuteilungsordnung erfüllt in der vorliegenden Fassung nicht alle Merkmale, die eine Taxonomie auszeichnen kann. Besonders hervorzuheben ist der ungeklärte Grund für die Klassenbildung. Zwar wird deutlich, welches die Gemeinsamkeiten der 4 Klassen sind, doch das Diversifikationsmotiv bleibt unbekannt.

C. Die FAL-Klassifikation von Lernzielen und Lernobjekten

In den Jahren 1966 bis 1968 ist in der „Freiburger Arbeitsgruppe für Lehrplanforschung" (FAL)[1] ein erster Versuch unternommen worden, Unterricht bzw. Curricula inhaltlich-thematisch zu klassifizieren. Die FAL-Klassifikation wurde zwar in zwei Untersuchungen realisiert, ist aber dennoch nur als ein Versuch zu werten. In diesem Sinne soll das Modell im folgenden als *Ansatz* für eine inhaltlich-thematische Taxonomie dargestellt werden. Der theoretische Bezugsrahmen entstand

1 Forschungszentrum FAL des Pädagogischen Institutes der Universität Freiburg/Schweiz.

durch Verarbeitung mehrerer Bildungstheorien des deutschsprachigen Raumes (Spranger, Flitner, Weniger, Wilhelm u. a.). Es handelte sich um solche Theorien oder Taxonomieansätze, die entweder die Unterrichtsziele und -gegenstände bis in die Sechzigerjahre beeinflußt oder aber das bestehende Unterrichtssystem abgebildet haben. Dadurch entstand eine Klassifikation, die auf das existierende Schulsystem anwendbar war.

Bei allen Schul- oder Bildungstheorien kamen 4 Bildungsbereiche in mehr oder weniger ausgeprägter Form vor: Wissenschaft, Beruf, Kultur, Persönlichkeit.

Die einzelnen Klassen wurden in der früheren pädagogischen Literatur auf alle möglichen Curriculum- und Unterrichtselemente angewendet. Oft wurde der *gesamte* Unterricht als „kulturell" oder „wissenschaftlich" beschrieben. Beispiele sind die sogenannte „volkstümliche Bildung" der Volksschule (Freudenthal 1957) oder die „wissenschaftliche Bildung" im Rahmen des Gymnasiums (Flitner 1967). In anderer Literatur betrafen die Klassen nur die Bildungsziele oder die Lernorganisation. Deshalb haben wir als Vorstufe zur FAL-Klassifikation ein formales Gerüst von „Unterrichtsdimensionen" oder Untersuchungseinheiten erstellt (Frey 1969d). Es sind:

1. Lernziel
2. Inhalt (Lernobjekt)
3. Inhaltsstruktur (in Hinsicht auf die Bildungsziele formalisierte und strukturierte Inhalte)
4. Lernorganisation.

Die 4 Elemente verstehen sich nicht als theoretisch begründet. Sie erheben nicht den Anspruch eines Komponentensystems des Curriculums, das in Form einer Theorie jene Bereiche fixiert, in denen der tatsächliche Unterricht sprachlich oder in Zeichen abzubilden ist. Die Einteilung übernimmt in erster Linie die Aufgabe, den Unterricht greifbar zu machen. Operationalisierungskriterium sind die Vorstellungsbereiche, in denen die Lehrplanautoren und Lehrer über Unterricht sprechen können. Konkret mußte sich die Einteilung an den Aussagebereichen der Lehrpläne und Unterrichtsbeschreibungen von Lehrern (aufgrund von vorformulierten Fragen) orientieren.

Der Taxonomisierungsversuch beschränkte sich auf 1) Lernziele und 2) Inhalte. Die Klassifikation der Lernorganisation haben wir auf der Seite lassen müssen, weil für alle Untersuchungen nur schriftliche Unterrichtsbeschreibungen in Form von Lehrplänen (Curricula) oder Unterrichtsprotokollierungen zur Verfügung standen. Der Raster war dabei so grob und auf das „Inhaltlich-thematische“ ausgerichtet, daß nur die Bereiche 1), 2) und 3) in Frage kamen.

Beim Versuch, die Inhaltsstrukturen 3)[1] einer festen Taxonomie zuzuordnen, zeigte sich, daß die Klassenbildung auf dem Niveau der Sekundarstufe sehr durch die einzelnen Disziplinen geprägt ist. So konnten wir nicht einmal die Inhaltsstrukturen aller Fächer eines einzelnen Schultyps auf der Sekundarstufe mit einer einheitlichen Klassifikation systematisieren (Frey 1969b, 439). Der Taxonomieversuch hat sich in der Folge nur auf die Lernziele und Inhalte erstreckt.

Die Taxonomie hat die Themen der Lernziele und Lerninhalte zum Gegenstand. Kriterium für die Klassenbildung sind die Herkunft und der mögliche Verwendungsort der sozio-kulturellen Bestimmung der Lernziele oder Lernobjekte. Bezugssystem für die Klassenbildung sind a) die Interpretationen der gegenwärtigen (und real möglichen) Curricula in Begriffen einer mehr geisteswissenschaftlich orientierten Kulturanthropologie[2] und b) die tatsächlichen kulturell-inhaltlichen Bestimmungen der Lernziele und Lerninhalte. Der Taxonomie liegt also keine einheitliche soziologische Theorie zugrunde, welche alle klassenbildenden Elemente liefern könnte (da diese noch nicht existiert).

Das Verfahren der Konstruktion ist vielmehr eine Art *„interpretativer Induktion“*. Auf der einen Seite stehen die Begriffe, mit denen die Klassen gekennzeichnet sind (Wissenschaft, Kultur usw.). Sie haben den Charakter von Interpretationen oder Konstrukten und implizieren theoretische Vorstellungen z. B. über den Begriff „Wissenschaft“.

1 Die Inhaltsstrukturen sind in vielem der didaktischen Struktur vergleichbar: Vgl. Klafki W.: Studien zur Bildungstheorie und Didaktik. Weinheim 1967[8]/[9].

2 Vgl. die deutschsprachigen Bildungstheorien, die bei der Bildung der Klassen verwendet worden sind.

Auf der andern Seite sind diese „interpretierten" Aussagen nicht einfach als Klassen übernommen worden, sondern anhand der tatsächlichen Klassen bestätigt und korrigiert worden. So waren ursprünglich die Klasse „Persönlichkeit" nicht vorgesehen. Sie sind erst aufgrund der Analyse der effektiven Themen in den Lernzielen und Inhalten der Lehrpläne eingeführt worden.
Die empirische Begründung der Klassen ging in zwei Phasen vor sich: Als erstes Untersuchungsfeld wurde die Unterstufe der Sekundarschulen (5. bis 8./9. Schuljahr) gewählt. Diese Stufe trägt in der Schweiz, wo die Untersuchung durchgeführt worden ist, die Bezeichnungen Realschule oder Sekundarschule oder Bezirksschule oder Collège (Frey 1969c, 21 ff.). Das Material setzte sich aus 24 kantonalen Lehrplänen zusammen.
Die zweite Untersuchung hatte die Lehrerbildung zum Gegenstand, was deshalb für die hier anvisierten Ziele einen interessanten Ausschnitt aus dem Bildungssystem darstellt, weil die Lehrerbildung zur Zeit der Untersuchung 1967 in der Schweiz je nach Kanton entweder auf Hochschulebene (Tertiarstufe) oder auf Gymnasialebene (Sekundarstufe, in diesem Falle 9. bis 13./14. Schuljahr) lokalisiert war. Die unterschiedlichen Schulstufen gestatteten die Erprobung des Klassifikationsverfahrens vom 9. bis zum 15. Schuljahr. Das Erhebungsmaterial verteilte sich auf 52 Lehrerbildungsanstalten bzw. Hochschulen und stammte von rund 1000 Dozenten der Lehrerbildung. Neben Reglementen, Lehrplänen, Schulgesetzen und Prüfungsaufgaben bildeten standardisierte Unterrichtsbeschreibungen die hauptsächliche Informationsquelle (beschrieben bei Frey 1969a, b).
Die Untersuchung I beschränkte sich auf die Lernziele, während im Projekt II die taxonomische Systematisierung mit den Lernzielen, Inhalten und Inhaltsstrukturen geprüft worden ist. Die FAL-Klassifikation erwies sich aber nur bei den Lernzielen und Lernobjekten als brauchbar. Die Inhaltsstrukturen konnten nicht generell klassifiziert werden.
Die empirische Analyse des genannten Materials erfolgte mit Hilfe von Inhaltsanalysen. Die 4 angenommenen Klassen „Wissenschaft, Beruf, Kultur, Persönlichkeit" ließen sich mit unterschiedlicher Häufigkeit auf allen untersuchten Schulstufen finden. Die 4 Klassen

erwiesen sich auch als Kriterien, mit deren Hilfe Gewichtungen in den einzelnen Schultypen erhoben werden können. Die 4 Klassen erreichten für die erfaßten Schultypen eine nachweisbare Trennschärfe. Man kann mit der FAL-Klassifikation die Unterschiede der einzelnen Schultypen und Schulstufen im Bereich der Bildungsziele und der Lernobjekte analysieren, was auf der Sekundarunterstufe im allgemeinen und auf der Sekundaroberstufe sowie auf der Tertiarstufe (für die Lehrerbildung) nachgewiesen werden konnte. Doch dazu wurden nicht nur die 4 Klassen „Wissenschaft, Beruf, Kultur und Persönlichkeit" verwendet, sondern ebenso Unterklassen, die in jedem Fach aufgrund der vorliegenden Informationen gesondert erstellt wurden. Die „klassischen" Lehrpläne, wie sie in den deutschen Sprachgebieten bis heute existieren und die nur globale Ziele und Stoffverteilungen in Stichworten enthalten, lieferten allerdings im allgemeinen zu wenig Material für die Konstruktion von Unterklassen.
Die Unterklassen sind empirischen Ursprungs, insofern sie nur auf der Inhaltsanalyse basieren. Die Inhaltsanalyse der Haupt- wie der Unterklassen wies bei den Untersuchungen einen „mittleren Differenziertheitsgrad" auf. Sie berücksichtigte nicht so viele Informationselemente, die durch Syntax und Pragmatik bestimmt sind (wie Ph. J. Stone und Mitarbeiter in ihrem Analysenmodell 1966). Es gingen auch nicht viele Informationen mit in die Resultate ein, die mit einer differenzierten Kontextanalyse und der Einteilung des Datenmaterials in „Einheiten" nach der Methode von W. Voelmy (1968) erhoben werden können. Auch die statistische Auswertung vollzog sich nicht nach den komplizierten Verfahren wie bei den Untersuchungen von Stone, Voelmy oder W. Edelstein, F. Sang und W. Stegelmann (1968). Freilich überstieg die Inhaltsanalyse in mehreren Gebieten die Differenziertheit der klassischen Methoden (vgl. Berelson 1956).
Vor allem der Vergleich der Befunde nach der FAL-Klassifikation mit jenen von Voelmy oder Edelstein zeigen, daß die Methode dem Material und den Zielen angepaßt ist. Es wurde überdies deutlich, daß komplexe Methoden, die möglichst viele Prozesse und Objekte formalisieren (z. B. Voelmy 1968), die Ergebnisse leicht verfälschen können, da häufig die semantischen und pragmatischen Aspekte die Aussagen wesentlich mitbestimmen. Diese Aspekte sind aber häufig

durch Konvention bereits zu Stereotypen geworden und weichen vom üblichen Sprachgebrauch ab. Solche Worte sind in der bisher üblichen Lehrplansprache z. B. „Kultur", „reif", „Persönlichkeit". Da die Lehrplantexte häufig in Stichworten gefaßt sind oder bei bestimmten Untersuchungseinheiten (z. B. Lernzielen) nur in einem einzigen Wort bestehen, führen Kontext- und andere Analysen oft nicht weiter.

Der mittlere Differenziertheitsgrad im Aufbau der FAL-Klassifikation zieht eine Beschränkung nach sich. Das Verfahren scheint nicht auf alle bestehenden und vor allem nicht auf alle künftigen Schultypen in gleicher Weise anwendbar zu sein. Eine Schule, die nur berufsorientiert ist, wird praktisch keine Lernziele auf dem Gebiete der „Wissenschaft" oder der „Kultur" haben. Ein Curriculum der Industrie, das nur eine Arbeitstechnik zum Gegenstand hat, wird die Klassen „Persönlichkeit" oder „Wissenschaft" nicht betreffen. Die FAL-Klassifikation gilt also nur für die gegenwärtig üblichen Schulstufen und -typen von der Volks- bis zur Hochschule.

Obwohl wir in einer bestimmten Phase der Curriculumforschung geglaubt haben, daß die FAL-Klassifikation auch bei der Curriculum*konstruktion* Verwendung finden könnte (Frey 1969e), hat sich inzwischen erwiesen, daß ein zuverlässiger und gültiger Einsatz nur bei der Analyse bestehender Curricula des herkömmlichen Typs möglich ist. Diese Beschränkung wird auch bei der folgenden Beschreibung der 4 Hauptklassen deutlich:

Klasse (1) Wissenschaft:
Wissenschaftliche Inhalte sind dann vorhanden, wenn die Lernziele oder die Lernobjekte auf die methodische Erforschung eines Gegenstandes und/oder die daraus folgenden Wissensbestände ausgerichtet sind. Die Gegenstände oder Gegenstandsfelder rekrutieren sich vor allem aus den heutigen universitären Wissenschaften. Ein Fach besitzt somit dann wissenschaftlichen Charakter, wenn seine „Sinnintention" in der Beherrschung wissenschaftlicher Methoden und/oder der Kenntnis von Forschungsergebnissen liegt. In diesem Falle ist das Fach nicht in der Klasse (2) Beruf, (3) Kultur oder (4) Persönlichkeit einzuordnen.

Klasse (2) Beruf:

Unter den Begriff Beruf fällt das Gesamt der Betätigungen, die nach der Ausbildungszeit einsetzen, meistens um eine abgegrenzte Objektwelt gruppiert sind und mit dem Erwerb des Lebensunterhaltes in enger Beziehung stehen. Auch wenn die Berufswechsel institutionalisiert sind, die sogenannte Berufsmobilität zu einem integrierten gesellschaftlichen Prozeß geworden ist und der klassische Begriff von „Beruf" seines herkömmlichen Sinnes entleert wird, ist die Berufsvorbereitung im direkten oder indirekten Sinne in den heutigen Curricula mitenthalten.

Ein Fach ist vor allem dann der Klasse „Beruf" zuzuordnen, wenn seine Lerninhalte oder Lernziele für die voraussichtliche berufliche Tätigkeit unmittelbar bedeutsam sind. So ist das Fach Geographie in der Lehrerbildung als berufsbezogen zu qualifizieren, wenn die Inhalte nach dem künftigen Gebrauch und nicht primär nach der wissenschaftlichen Systematik ausgewählt sind, schuldidaktische Züge tragen und vielleicht mit methodischen Hinweisen versehen sind.

Klasse (3) Kultur:

Sie umfaßt alle Ereignisse des täglichen Lebens (mit Ausnahme des Berufes), soweit sie mit den Schülern gegenwärtig oder künftig in Beziehung stehen. „Kultur" versteht sich somit nicht zuerst als zweckfreie, künstlerisch-ästhetische Lebensgestaltung. Der Terminus trifft in der soziologischen, näherhin „kulturanthropologischen", Sprechweise auch Phänomene, die man der „Zivilisation" zuordnet. Dazu zählen im weitesten Sinne der Umgang mit der Technik oder der Natur und der soziale Bezug, sofern er nach bestimmten Formen zu vollziehen ist und bestimmte technische oder institutionelle Voraussetzungen benötigt. Zur Kultur gehört in entscheidendem Maße der funktionale und reale Aspekt. Es geht also weniger um formale und ideale Momente einer Gesellschaft als um konkrete Verhaltensweisen, die mit der kulturellen Konstellation verbunden sind.

Klasse (4) Persönlichkeit:

Hier kommen alle jene Inhalte zur Sprache, die einer bestimmten Vorstellung von Menschsein entspringen oder durch eine anthropologische Theorie überformt sind. Es sind weltanschaulich, philosophisch erarbeitete Werte, Ideale der Gesellschaftsordnung, Konzepte der individuellen Reifung oder formulierte ideologische Ziele. Alle Aussagen stehen in Verbindung mit der erwünschten Entwicklung von einzelnen oder Gruppen von Menschen.

Typisch für Funktionen im Bereich der „Persönlichkeit" sind die „bürgerlichen Tugenden", die in fast allen Curricula auftreten (vgl. Schultze 1963). Solche Tugenden sind unter anderem Treue, Rechtschaffenheit, Fleiß, Pünktlichkeit. Der Begriff „Persönlichkeit" schien die Bedeutungen dieser Ausdrücke sinnvoll aufzunehmen. Wenn in der Umgangssprache von der Entwicklung zur Persönlichkeit gesprochen wird, ist immer etwas Künftiges, Ideales gemeint. In den empirisch ausgerichteten Humanwissenschaften verbindet sich Persönlichkeit immer mit Persönlichkeits*theorie* als einem gegenwärtigen Vorstellungsmodell, dessen innere Form sich zu erweisen hat.

In der Klasse „Persönlichkeit" sind die neuerdings in der Schule immer häufigeren Inhalte aus dem Bereich Sozialisation und Psychohygiene einzugliedern, ferner Teilziele anthropologischer Systeme, politische Programme, religiöse Formen und Idealgestalten von einzelnen Interessengruppen.

Zusammenfassend kann man die FAL-Klassifikation als ein System zur Analyse von Lernzielen und Lernobjekten beschreiben, das nach dem Verfahren einer „interpretativen Induktion" aufgebaut ist und einen Ansatz zu einer inhaltlich-thematischen Taxonomie bildet.

D. Die Theorie der Sinnbereiche von Phenix

P. H. Phenix möchte mit seinem Werk eine „philosophische Theorie des Curriculums für die Allgemeinbildung (general education)" schaffen. Der Theorie liegt die These zugrunde, daß „die Kenntnis, welche in den Disziplinen (Fächern) vorkommt, Schemata (patterns) oder Strukturen enthält und daß ein Verstehen dieser typischen Schemata für die Lernplanung und das Lernen wesentlich ist" (1964, Einleitung).

Phenix erarbeitet in seinem Buch mehrere solcher Strukturen und nennt sie „realms of meaning", was man als „Sinnbereiche" übersetzen könnte. Die Sinnbereiche werden betont ethisch verstanden (vgl. Goss 1967). Der Autor zeigt die Bereiche auf, in denen „Sinnhaftigkeit" aufscheint, und beschreibt zugleich die Strukturen, d. h. Sinnelemente innerhalb der Bereiche. Die dadurch entstehenden „realms of meaning" gelten für die „Allgemeinbildung". Diese „ist der Prozeß der Erzeugung von wesentlichen Sinnelementen" (1964, 5).

Die taxonomische Aufgabe der 6 Sinnbereiche von Phenix besteht a) in der Gliederung aller sinnvollen Lernbereiche in (6) Klassen und b) in der entsprechenden Aufteilung oder Ausrichtung aller Curriculumelemente der Allgemeinbildung auf die 6 Klassen (Bereiche, realms). Da die 6 Klassen sämtliche Gebiete menschlicher Erfahrung umfassen (8) und da die Erziehung den Menschen auf alle möglichen Erfahrungsbereiche vorbereiten soll (17 ff.), müssen die Curricula nach den 6 Bereichen organisiert sein oder zumindest die 6 Bereiche (gleichmäßig) berühren (302 ff.). Die Curriculumelemente, die Lernziele, Themen und didaktischen Strukturen sind (nach inhaltsanalytischen Verfahren) den 6 Bereichen zuzuordnen, um sie dadurch zu taxonomisieren. Phenix bezeichnet seine Theorie nicht als Taxonomie, baut sie aber wie eine Beurteilungsklassifikation mit theoretischen Begründungen auf und gibt einzelheitliche Anweisungen, wie die Klassifikation zu geschehen hat.

Wir referieren die 6 Sinnbereiche im folgenden in freier Übersetzung nach der Zusammenfassung, die Phenix selber formuliert hat (6 f.).

1. Der erste Bereich: symbolische Systeme (symbolics). Sie umfassen Mathematik, die Umgangssprache und verschiedene nicht-diskursive symbolische Formen wie rhytmische Übungen, Riten u. ä.
2. Der zweite Bereich: empirische Systeme (empirics). Sie schließen die Wissenschaften der physikalischen Welt, der Lebewesen und Menschen ein. Die Wissenschaften sehen Beschreibungen, Verallgemeinerungen, theoretische Formulierungen und Erklärungen in der Welt von Materie, Leben, Geist und Gesellschaft vor. Die Sinnhaftigkeit erscheint im Rahmen der üblichen wissenschaftlichen Methoden (Verifikation, Abstraktion usw.).
3. Der dritte Bereich: ästhetische Systeme (esthetics). Sie enthalten die verschiedenen Künste (Musik usw.). Die Sinnelemente verwirklichen

sich in der betrachtenden Wahrnehmung einzelner bedeutsamer Gegenstände als „einzigartige Objektivationen von ausgedrückten Subjektivitäten" (7).

4. Der vierte Bereich: synnoetische Systeme (synnoetics). Dazu gehört das, was nach Phenix Michael Polanyi „personale Kenntnis" und Martin Buber die „Ich-Du-Beziehung" nennen. „Synnoesis" ist nach Phenix mit „mediativem Denken" zu umschreiben. Die synnoetischen Systeme basieren auf „relationaler Einsicht", „Evidenz" oder „unmittelbarem Bewußtsein". Diese personale oder relationale Kenntnis ist konkret, unmittelbar vorhanden und existential. Sie kann sich auf Dinge beziehen.
5. Der fünfte Bereich: ethische Systeme (ethics). Sie beziehen sich auf Verpflichtungen, Sollensforderungen, aber nicht auf faktische Normen. Die ethischen Systeme sind nicht wissenschaftlich begründbar (Bereich 2), nicht in idealisierender ästhetischer Darstellung ersichtlich (Bereich 3) oder zwischenmenschlich unmittelbar verstehbar (Bereich 4). Sie gründen auf Selbstführung des einzelnen nach eigenen freien Entscheidungen.
6. Der sechste Bereich: synoptische Systeme (synoptics). Hier handelt es sich um Gebiete, die aus sich integrativ wirken wie Geschichte, Religion oder Philosophie. Diese Disziplinen kombinieren empirische, ästhetische und synnoetische Sinnelemente zu neuen Einheiten.

Phenix beendet seine Darstellung der 6 Sinnbereiche mit dem Hinweis, daß die symbolischen Systeme auch alle 5 übrigen Bereiche betreffen, da sie Voraussetzung von sinnvollen Aussagen über die übrigen Bereiche darstellen.

E. Die zätetische Taxonomie von Tykociner

J. T. Tykociner (1964) geht vom Begriff „Zätetik" aus. Die Zätetik ist die Wissenschaft der „schöpferischen Tat", wobei Tykociner unter Wissenschaft die Summe systematischer Kenntnisse über einen Sachverhalt versteht. Vereinfacht handelt es sich bei der Zätetik um die Kenntnis über die Entstehung der Kenntnis, denn die „schöpferische Tat" (creation) führt aufgrund von „Forschung und künstlerischer Aktivität" (1964, 123) zu Kenntnis.

Unter dem Gesichtspunkt der Zätetik, also der Kenntnis der Entstehung der Erkenntnis, gliedert der Autor 12 Kenntnisbereiche (areas of knowledge) aus. Die Struktur der Zätetik bildet das hauptsächliche Kriterium für die Aufstellung der 12 Kenntnisbereiche. Die einzelnen Bereiche sind:

1. *Die Künste:* Sie sind aufgrund schöpferischer Tätigkeit entstanden und besitzen ästhetische Qualitäten.
2. *Symbole der Information:* Die Informationssymbole betreffen alle Zeichen, welche bei einfachen Mitteilungen oder komplexen Kommunikationssystemen auftreten. Die symbolischen Systeme „schließen Linguistik, Mathematik, Logik und Informationstheorie" (137) ein.
3. *Hylenergetika:* (hylä: Materie, energos: aktiv). Sie umfassen Materie und Energie. Die dazugehörigen Grundlagenwissenschaften sind Physik, Chemie, Astronomie, Geologie und Mineralogie.
4. *Biologischer Bereich:* Hauptsächlicher Gegenstand sind „die Prozesse von Wachstum und Reproduktion" (138) in der lebenden Welt. Die biologischen Disziplinen sind „durch das Prinzip der Evolution mit einem gemeinsamen Grundmerkmal versehen" (138). Die fundamentalen Wissenschaften sind Botanik, Zoologie, Morphologie, Zytologie, Genetik und Physikologie. Sie stehen mit dem vorausgehenden und dem nachfolgenden Bereich in Verbindung.
5. *Psychologischer Bereich:* Er ist hauptsächlich an Psychophysiologie und am weiteren Rahmen der Experimentalpsychologie orientiert.
6. *Soziologischer Bereich:* Aufgrund der zätetischen Betrachtungsweise ergibt sich folgende Unterteilung: a) Studien des kollektiven Verhaltens, b) Ökologie des Menschen, c) Demographie, d) Organisationssoziologie, e) Ethnologie, f) Anthropologie.
7. *Exeligmologie:* In der Zätetik verwendet Tykociner den Begriff als Sammelnamen für die Wissenschaften, die sich mit der Entstehung des Kosmos, der Evolution und der Geschichte beschäftigen. Die Exeligmologie wird in etwa 20 Unterabschnitte gegliedert. Sie reichen von der Kosmogenie, über die Biogenie bis zur Entstehung der menschlichen Denksysteme (141).
8. *Pronoetika:* Sie sind identisch mit den Wissenschaften, die sich mit der Prognose auseinandersetzen. Als Grundlagendisziplinen betrachtet Tykociner die Agrikultur, Medizin, Technologie und die nationale Verteidigung. Alle diese Wissensbereiche sollen der Aufrechterhaltung des menschlichen Lebens dienen. Der Autor streicht als besonders bedeutsames Kenntnisgebiet die Friedenswissenschaften heraus.
9. *Regulativer Bereich:* Er untersteht dem Zweck, „die friedliche Zusammenarbeit" (140) zu stützen. Als Informationsgrundlagen fungieren:

Recht, Politikwissenschaft, Ökonomie, Management. Der Autor schlägt einen umfassenden Begriff für diese Disziplinen vor: „soziale Kybernetik".

10. *Disseminativer Bereich:* Dazu gehören die Schulen, Bibliotheken, Museen, die Massenkommunikationsmittel. Als Grundlagenwissenschaften setzt Tykociner die Erziehungswissenschaft, die Psychologie, die Bibliothekswissenschaften und ähnliche Disziplinen ein. Dabei entwirft er eine neue Disziplin, welche im disseminativen Bereich anzusiedeln ist und in den vorletzten Bereich hinüberführt, die Erziehung zur „Zätesis", d. h. zum entdeckerischen Schaffen.
11. *Zätetischer Bereich:* Hauptgegenstand dieses Bereiches ist die Frage nach den Verfahren und Prozessen, welche zu neuen Erkenntnissen führen. Die zätetischen Wissenschaften teilen sich in 8 Gebiete auf: „a) der Ursprung der Wissenschaften, Entdeckungen und Erfindungen, b) die Klassifikation der Kenntnis, c) die Auswahl und Formulierung von Problemen, d) die Fähigkeiten, welche für Forschung und kreative Aktivitäten erforderlich sind, e) die Umgebung und die Einflüsse, welche die kreativen Aktivitäten anregen, f) Erziehung zur Zätetik (Auffinden oder Schaffen neuer Erkenntnisse), g) Organisation und Entwicklung von Forschungszentren" (142).
12. *Integrativer Bereich:* In der Formel von Tykociner sind die integrativen Wissenschaften folgendermaßen zu umschreiben:

$$„K_i = \int cience$$

wobei K_i für die integrierte Kenntnis steht und das Wort ‚science' mit dem Zeichen ‚$\int$' geschrieben ist, das die mathematische Operation des Integrierens darstellt" (143). Die Integration soll in der Systemtheorie, den Philosophien, Religionen und in verschiedenen Denkfiguren von Ideologien gefunden werden.

Den 12 Bereichen liegt ein einheitliches Unterscheidungskriterium zugrunde. Man kann das Kriterium als „Beitrag zur Erkenntnisgewinnung" (Zätetik) charakterisieren. Ein Bereich erhält seine Existenzberechtigung, wenn er einen Beitrag zum Erkenntnisfortschritt leistet. Jeder Bereich liefert einen anderen Beitrag. Das diesbezügliche Differenzierungskriterium ist freilich nicht einheitlich. Die Klassen „Biologische Wissenschaften", „Psychologische Wissenschaften" bilden z. B. unterschiedliche Klassen, weil sie nicht die gleichen Objekte haben, während etwa die „Informationssymbole" und der „Disseminative Bereich" differierende Klassen darstellen, weil sie nicht die gleichen Funktionen im Erkenntnisprozeß einnehmen. Das Grundkriterium ist somit einheitlich, d. h. Zätetik, Beitrag zur Erkenntnisgewinnung. Das

Kriterium, welches zur Erstellung der einzelnen Bereiche führt, variiert.
Tykociner erreicht eine gewisse Hierarchisierung seiner Klassen, indem er die „Integration des Wissens“ als höchsten, erreichbaren Erkenntnisstand formuliert und davon absteigend, nach dem Kriterium des zätetischen Prozesses die einzelnen Klassen bildet. Eine gewisse Ausnahme ist bei den Bereichen 3—6 zu beobachten, wo Energie, Biologie, Psychologie und Soziologie nach unbekannten Gesichtspunkten ausgesondert sind.

Zusammenfassung der Darstellung von inhaltlich-thematischen Taxonomieansätzen:

Die referierten taxonomieähnlichen Klassifikationen beziehen sich im allgemeinen auf die Bidlungsziele und -objekte. Die Klassifikationen bestehen meistens aus 3 bis 10 Klassen und beziehen sich vorwiegend auf kulturelle Bereiche. Den Klassen liegt dann eine theoretische Vorstellung von den Komponenten der Kultur zugrunde. Die Systematisierung der kulturellen Bereiche wird auf die Schule übertragen, da diese Kultur vermittelnde Funktionen erfüllt. Hier tut sich eine Differenz innerhalb der inhaltlich-thematischen Taxonomieansätze auf:
Die FAL-Klassifikation setzt aufgrund der Analyse gegenwärtiger Curricula voraus, daß die Schule ihre Lernziele und -objekte häufig aus den kulturellen Objektivationen bezieht. Darauf gründet ihre Systematik. Die FAL-Klassifikation nimmt aber nicht an, daß auch alle künftigen Lernziele und -objekte anhand von Kulturbereichen identifiziert werden können. Diese Annahme mach hingegen Phenix. Er erklärt ausdrücklich, seine 6 Klassen seien Sinnbereiche (realms of meaning) und jede künftige Allgemeinbildung würde ihren Sinn in der Erfüllung dieser 6 Bereiche finden. Auch die 4 Lernbereiche von Herrick sind für die Konstruktion von neuen Curricula bestimmt, ebenso die 3 Grundfragen von Robinsohn.
Die inhaltlich-thematischen Taxonomien besitzen die Tendenz zur Integration. Sie umfassen im allgemeinen alle Bereiche der Kultur bzw.

alle möglichen Lernbereiche. Ein eindrückliches Beispiel sind die „realms of meaning" von Phenix. Die Hierarchisierung der Klassen, wie sie bei den psychologischen Taxonomien zu beobachten ist, tritt seltener zum Vorschein, obwohl sie z. T. auch vorhanden ist. Mehrere Klassifikationen weisen keine vertikale Strukturierung auf. Die Klassen stehen gleichrangig nebeneinander. Der taxonomische Charakter kommt nur bei wenigen inhaltlich-thematischen Klassifikationen vor (vgl. Macdonald 1966, 34). Mehrere Klassifikationen sind bloße Einteilungen oder Prioritätenlisten, da ihnen die Begründung fehlt. Die klassenverbindenden und -trennenden Elemente werden nicht durchsichtig. Meistens basieren die Begründungen nur in Spekulationen oder Einzelerfahrungen, nicht aber in theorieähnlichen Begründungszusammenhängen.
Wieweit die referierten Taxonomieansätze die Forderungen an eine Taxonomie erfüllen, müßte gesondert untersucht werden. Bedeutsamer als die Abklärung dieser Frage ist die Feststellung der Tatsache, daß die Klassifikationen, im allgemeinen im Rahmen des Curriculums mit dem Anspruch von Taxonomien *auftreten*, d. h. als theoretisch *begründete Zuteilungsordnungen, mit deren Hilfe die curricularen Ziele und Lernobjekte ausgewählt und beurteilt werden können*[1]. Welche Implikationen die Taxonomien damit gegenüber dem Curriculum auf sich nehmen und welche Anforderungen an die taxonomischen Ansätze folglich gestellt werden müssen, soll in den folgenden Abschnitten eingehender behandelt werden. Sicher scheint schon jetzt, daß die Taxonomien sowohl hinsichtlich des psychologischen wie auch des inhaltlich-thematischen Gebietes auf dem Niveau ihrer theoretischen Begründung überprüft und ausgebaut werden müssen.

1 A. R. King und J. A. Brownell (1966,67) beschreiben diese Funktion sehr deutlich: „...die Theorie von der Natur der Welt des Intellekts (d. h. der Kenntnisse, knowledges; der Autor) wird zum Modell für eine Theorie des Curriculums".

6. Die Erfassung der Realität in der Taxonomie

Taxonomien sind im Prinzip immer Vereinfachungen der schwer überschaubaren Wirklichkeit, sei es auf dem Gebiet der Zoologie oder in der Psychologie. H. J. Eysenck und S. B. G. Eysenck nehmen an, daß Klassifikationen oder Taxonomien „zuerst immer einfach (simple) sind, indem sie sich an Alltagserscheinungen ausrichten" (1969, 3). Sie sind „weit entfernt von der Komplexität der späteren Entwicklungen" (1969, 3). Erst spätere Entwicklungen führen zu komplexeren Systemen, die der Wirklichkeit angemessener sind als die ersten. Damit erhalten erste Taxonomien auf einem Gebiet oft die Stellung von *Hypothesen* und *Entwürfen.*

Diese Entwicklung läßt sich auch im Bereich der pädagogischen Taxonomien beobachten. Bloom und Mitarbeiter haben den ersten Teil der TEO 1956 veröffentlicht. Sie liegt immer noch in der ursprünglichen Fassung vor und erfüllt als *Verständigungsmittel* zwischen Examinatoren auch heute noch in gleicher Weise ihre Aufgabe. Für eine genauere Anwendung, vor allem in Form von Testaufgaben und messenden Verfahren, müßte die ursprüngliche Taxonomie allerdings differenziert werden (Scriven 1967). Die vorhandenen Klassen erwiesen sich in verschiedenen Bereichen (z. B. Verständnis) als ungenügend realitätsbezogen. R. Gagné suchte eine größere Realitätsnähe durch die Beschreibung der „Lernarten" im Gegensatz zu den „Lernzielen" der TEO (vgl. Gagné 1969; Krathwohl 1965).

Die stochastischen bzw. logistischen lernzielorientierten Testtheorien (vgl. Heipcke 1970; Stone 1968) haben in Abhebung von den normorientierten Tests und den vorhandenen Taxonomien faktisch eine Differenzierung gegenüber der TEO angebracht. Die Lernziele, d. h. im Falle des Raschschen Modells die Testaufgaben, sind nicht auf einige wenige Klassen, z. B. Verständnis, aufteilbar (im Gegensatz zu

Kropp et al. 1966). Es ist vielmehr möglich, jede einzelne Aufgabe an einem neuen Bezugspunkt auszurichten. Der Bezugspunkt im Sinne des Glaserschen „criterion" (1963) beschränkt sich nicht auf ein statisches Modell, das vielleicht beim Fach Mathematik gut funktioniert, während es im Grundkurs für Französisch nur beschränkt einsatzfähig ist[1]. Danach sollte es möglich sein, die Lernleistung eines Individuums nicht nur bezogen auf eine Gruppennorm, sondern ebenfalls bezogen auf die Systematik zu erfassen, die dem Lernprozeß und -objekt inneliegt. Dabei ist es entscheidend zu beachten, daß die TEO auf einem psychologischen Konzept beruht. Der didakometrische Ansatz bezieht auch die Inhalte und das mit ein, was man im deutschen Sprachraum als didaktische Struktur etwa im Sinne von Spranger, Klafki oder Heimann bezeichnet (vgl. Nipkow 1968).

Gegenüber der ursprünglichen Taxonomie wäre es in diesem „didakometrischen Modell" möglich, individuelle Lernleistungen bzw. das Lernziel eines Individuums im System einzutragen, das sich mit dem jeweiligen Lernprozeß *und* -objekt ergibt. Das kann z. B. Französisch oder Mathematik oder Turnen sein. Damit wird das Modell beliebig übertragbar. Es besitzt eine breit gestreute Gültigkeit und zugleich paßt es sich jeder möglichen Lernleistung an.

(Das Modell besitzt bislang erst eine mathematische Zuverlässigkeit. Die äußere Gültigkeit wird sich im einzelnen anhand verschiedener Lernobjekte, Prozeßorganisationen und Lernvoraussetzungen bzw. Lernfähigkeiten bewähren müssen. Immerhin kann man das Modell aufgrund des heutigen Standes als real mögliche Perspektive bezeichnen.)

---

1 Allerdings dürfte das Raschsche Testmodell vorläufig auch nicht auf alle Lernbereiche gleich gut anwendbar sein, weshalb K. Heipcke* in Verbindung mit dem LOT-Projekt (Lernzielorientierte Tests) an der Universität Konstanz eine Verallgemeinerung erarbeitet hat, die, zumindest als mathematisches Modell, auf die verschiedensten Lernbereiche übertragbar ist.

* Heipcke K.: Statistische Probleme bei der Analyse lernzielorientierter Tests. Referat mit polykopierter Zusammenfassung, anläßlich der Konferenz der AEPF der Deutschen Gesellschaft für Erziehungswissenschaft in Konstanz 1969.

Hier erhebt sich die kritische Frage, ob es sich bei diesem didakometrischen Modell, das als Verbesserung der Brunerschen Strukturtheorie und des ursprünglichen Raschschen Testmodells betrachtet werden kann, nicht eher um eine gute „Programmierungstechnik" als um eine Theorie handelt. Die TEO stellt äußerlich ein „Klassifikationsschema" dar, das instrumentelle Zielsetzung besitzt. Doch muß man zugleich beifügen, daß die Taxonomie eine Theorie nach sich zieht, deren wesentliche Aussage im folgenden Satz besteht: Die Lernziele und, entsprechend dazu, die Lernleistungen organisieren sich *hierarchisch*, wobei die höhere Ebene die untere voraussetzt. Konkret: „Anwenden eines gelernten Objektes" (z. B. einer mathematischen Formel) setzt „Reproduzieren bzw. Fähigkeit des Reproduzierens eines gelernten Objektes" voraus. Diese *implizite* Theorie dürfte noch nicht den Stand abgesicherter Sätze haben, aber immerhin das Niveau von hypothetischen Gesetzen (Bochenski 1959, 106 f.) einnehmen. Das gleiche gilt für das didakometrische Modell, wie es etwa Heipcke ausgearbeitet hat. Es fußt auf der Theorie, daß der Lernzuwachs stufenförmig-hierarchisch vor sich geht. Ob diese Annahme zu recht besteht, ist in den nächsten Jahren abzuklären. Es scheint sich abzuzeichnen, daß die Lernfähigkeit, zumindest die meßbare Intelligenz, welche mit der meßbaren Lernleistung in Verbindung steht, nicht mit dem Alter gleichmäßig zunimmt, sondern nach den Untersuchungen u. a. von Wechsler (1955), Bloom (1964), Aebli (1968), neuerdings auch Klauer (1969) kurvilinear verläuft. Diese Feststellung bildet eine Komponente, die für die Generalisierung des Modells jedenfalls genau zu kontrollieren sein wird.

Konsequenzen:
Die Analyse der Taxonomien unter dem Gesichtspunkt der Realitätsnähe hat die Bedeutung der Theoriefrage in den Vordergrund gerückt: Erfassung der Realität ist im Rahmen einer Klassifikation, die den Anspruch auf Gültigkeit erhebt, nur in Form einer Theorie möglich. In dieser Theorie geben überprüfbare Sätze, welche die klassenbildenden Strukturen erklären oder zumindest als Hypothesen formulieren, an, wie die taxonomisch erfaßte Realität verstanden wird. Die psychologischen Taxonomieansätze werden in zunehmendem Maße

auf eine solche Theorie ausgerichtet. Heipckes Ansatz, das Raschsche Testmodell zu verallgemeinern, beruht auf der Absicht, die Didakometrie in Form einer variablen Taxonomie als *Theorie* auszugestalten. Auf dem Gebiet der inhaltlich-thematischen Taxonomien kann man diese Tendenz weniger häufig beobachten. Wo es dennoch versucht wird, wie z. B. im begrifflichen Rahmen der „behavioral goals of secondary education" (French et. al. 1957, 87 ff.), werden die inhaltlich-thematischen Gesichtspunkte mit den psychologischen verbunden.

Interessanterweise läuft auch der didakometrische Ansatz auf eine Koppelung der inhaltlichen und psychologischen Elemente hinaus. Die Probleme, welche daraus entstehen, kommen in einem eigenen Abschnitt über das Verhältnis von psychologischen und inhaltlich-thematischen Taxonomien zur Sprache. Vordringlicher als die Frage nach dem Verhältnis von psychologischen und inhaltlich-thematischen Taxonomien ist vorerst die Frage nach der Implikation von Taxonomien für die Theoriebildung und damit für das Curriculum. In der bisherigen Analyse der Taxonomien ist festgestellt worden:

1. Taxonomien sind begründete Klassifikationen.
2. Die Begründungen, d. h. die Motive für die Klassenbildung, werden in Form einer Theorie beschrieben.
3. Die Begründung (nomos) und deren Folge, die Klassifikation, erfassen Realität.
4. Die Taxonomie als begründete Klassifikation enthält ausdrücklich oder unausgesprochen gewisse Gesetzmäßigkeiten, die für die Theorie bedeutsam sind. Dieser nomothetische Charakter der Taxonomien soll im folgenden näher diskutiert werden.

7. Der nomothetische Charakter der Taxonomie

Die Klassen einer Taxonomie stehen in einer Beziehung zueinander. Sie besitzen ihre Ordnungsaufgabe aufgrund dieser Beziehung. Die Zuteilung eines Lernziels zu einer Klasse B erfolgt in Abhebung von den Klassen A und C und möglichen weiteren Klassen. Um aber überhaupt ein Ereignis (z. B. Lernziel) auf eine Klassenreihe verteilen zu können, ist eine Beziehung vorausgesetzt. R. R. Sokal und P. H. A. Sneath sehen diese Beziehungen im Anschluß an Simpson (1961) als „associations by contiguity, similarity, or both“ (1963, 3). Die Frage ist nun, ob die „Ähnlichkeit“ (similarity) in äußerlich sichtbaren Merkmalen oder dahinterliegenden Dimensionen besteht. In der Biologie kann diese Ähnlichkeit in Merkmalen einer gemeinsamen Vererbungsreihe liegen, womit genetisch tieferliegende Merkmale die Taxonomie fundieren können (Simpson 1961, 50 ff., 77 ff.). Für die curriculare Fragestellung im engeren Sinne ist die Begründung der Taxonomie durch gemeinsame Abstammung von Klassen nicht bedeutsam. Immerhin ist es wichtig, Klarheit darüber zu gewinnen, *welcher Natur die Gemeinsamkeiten sind, die die Klassenbildung rechtfertigen.*

Eysenck und Eysenck (1969) nehmen in Abhebung von der biologischen Unterscheidung von „relationship by ancestry“ und „phenetic relationship“ (Sokal, Sneath 1963, 3) an, daß in der Psychologie die „Beziehung aufgrund gemeinsamer Abstammung“ unbedeutend sei, daß aber eine Alternative zwischen „phäno (-typischen)“ und „geno (-typischen)“ klassenbildenden Beziehungen besteht (Eysenck, Eysenck 1969, 7).

Taxonomien, die sich nicht auf allgemeinste psychologische Kategorien wie Eysencks E- oder N-Faktor (Extraversion/Introversion, Neurotizismus/Stabilität) beziehen, sondern einzelne Lernleistungen im konkreten schulischen Unterricht betreffen, werden die „genotypischen“

Merkmale nicht tiefgreifend berücksichtigen können, und zum Teil auch nicht müssen (Ausubel 1963). Dennoch erhebt sich die Forderung, die Taxonomie in einer *Theorie der klassenbildenen Beziehungen*[1] zu begründen. Die Taxonomie ist um so gültiger, als die *Beziehungen* zwischen den Klassen ersichtlich sind. Die Beziehung zwischen den Klassen kann sich unter anderem in der Trennschärfe oder an einem „Schwierigkeitsindex“ (Index der Differenziertheit) wie in der gegenwärtig praktizierten Testkonstruktion (Lienert 1967) oder möglicherweise in den hierarchisch angelegten Klassen von Bloom, Krathwohl oder Gagné abzeichnen. Man kann auch mit einer Faktorenanalyse von Items (Lernzielen oder Testaufgaben) die Einheitlichkeit der Dimensionen prüfen und dadurch die „Trennschärfe“ bestimmen. Aber mit beiden Verfahren sind Eigenschaften der tieferliegenden Beziehungen, d. h. die Ähnlichkeiten oder Gemeinsamkeiten, der Klassen nicht eingefangen. Die Taxonomie erhält ihre Zuverlässigkeit (z. B. Trennschärfe der Klassen) vielleicht durch die äußerliche Homogenität der zu taxonomiesierenden Gegenstände. Offensichtlich tritt dieser Fall beim Lernen auf.

Müssen wir „Lernen“ anhand von Verhaltensäußerungen unmittelbar nach Abschluß des Lernprozesses taxonomisieren, gehen vielleicht mehr die sprachlich bewußten Arten des Beobachtens in die Klassen ein als die Ergebnisse des Lernens. Deshalb ist die tieferliegende, fundierende Gesetzmäßigkeit (nomos) mit der Ordnung (taxis) in Verbindung zu bringen. Bei der TEO ist das geschehen, indem im kognitiven Bereich die „Komplexität“ und im emotional-affektiven die „Internalisation“ zum tieferliegenden Prinzip gemacht wurden. Da offensichtlich nomothetische Momente in die Taxonomien eingehen, sind diese auf den Gesamtrahmen des Curriculums auszurichten. Ob die Gesetzmäßigkeiten der Taxonomien selber theoriebildende Funktionen übernehmen können und die Curriculumtheorie mitbegründen oder nur Stützfunktionen in einer in sich eigenständigen Curriculumtheorie einnehmen, soll im folgenden Abschnitt erörtert werden.

---

1 Ähnlichkeiten oder Kontiguitäten nach Simpson G. G.: Principles of animal taxonomy. New York 1961. sowie:
Sokal R. R., Sneath P. H. S.: Principles of numerical taxonomy. London 1963, 3.

8. Die Taxonomien als Theorie und Instrument

Die Untersuchungsfrage dieses Abschnittes lautet: Sind die bestehenden Taxonomien eher den Theorien oder eher den Instrumenten zuzuordnen? Instrumente sind Handlungshilfen, deren Gültigkeit sich nur daran erweisen muß, daß sie sachgerecht eingesetzt werden können. Was sachgerecht ist, wird in Verbindung mit dem Einsatzfeld geklärt. Die Theorie muß dagegen ihre Gültigkeit an sich selber belegen. Was aus dieser Theorie abgeleitet wird, ist gültig und muß nicht an einem Außenkriterium überprüft werden.

Für die künftige Entwicklung der taxonomischen Systeme dürfte es nun bedeutsam sein zu wissen, ob die vorhandenen Taxonomien den umfassenden Anforderungen einer Theorie entsprechen, was mit der Bezeichnung Taxonomie erwartet werden müßte. Trifft das nämlich zu, dann müßte sich die Curriculumforschung auf die Ausarbeitung gültiger Taxonomien konzentrieren und die übrigen Aspekte vorläufig zurücktreten lassen. Zeigen sich die Taxonomien aber mehr als kurzlebige Instrumente, dann wird die Curriculumtheorie ihre Fundamente in einem fruchtbareren Gebiet ansiedeln.

Ob die Taxonomien zu „Grundlagentheorien“ des Curriculums ausgebaut werden sollen, wie das z. B. King und Brownell (1966), Kerr (1968) oder Phenix (1964) fordern, hängt aber nicht allein von den Leistungsfähigkeiten und den Resultaten der jetzigen Taxonomieansätze ab. Ein wichtiges Beurteilungskriterium sind die möglichen Leistungsfähigkeiten von Taxonomien in Hinsicht auf die Curriculumtheorie überhaupt. Deshalb wird im ganzen Kapitel über die Taxonomien den Reflexionen über die effektiv möglichen Kapazitäten der Taxonomien ein breiter Raum offengelassen.

Wenn man die Arbeiten durchsieht, welche in den ersten 10 Jahren nach Erscheinen der TEO-1 in den angelsächsischen Ländern durchgeführt worden sind (Cox, Unks 1967), fällt auf, daß zahlreiche *Anwendungs*versuche der TEO-1 erfolgreich zustande gekommen sind. Mehrere Forscher haben die innere Zuverlässigkeit der Taxonomie überprüft. Einige Praktiker haben durch den Einsatz der TEO gezeigt, daß das vorliegende Instrument in den meisten (vorwiegend kognitiven) Lernbereichen brauchbar ist, und zwar bei der Behandlung von einzelnen Fächern des Primarschulwesens bis zum Medizin- oder Lehrerstudium. Daneben ist versucht worden, mit faktorenanalytischen Methoden die Klassifikation zu bestätigen, was (aufgrund der Versuchsanordnung) gelungen ist. Ein ausgedehnter Versuch geht dahin, eine Konstruktvalidierung der TEO-1 zu erreichen (Kropp, Stoker, Bashaw 1966). Doch ist bei allen diesen Bemühungen kaum eine theoretische Resonanz zu beobachten. Die ursprüngliche Annahme der Autoren, die Taxonomie könne theoriebildende Aufgaben besitzen, indem die einzelnen Klassen der Taxonomie oder die damit verbundenen Behauptungen zum Ausgangspunkt einer Theorie würden, hat sich nur in sehr begrenztem Maße bestätigt. Der Zusammenhang mit theoriebildenden Überlegungen und Experimenten muß zwar eher indirekt als direkt ausfallen. Dennoch muß man festhalten, daß die TEO kaum jene theoriebildenden Ziele erreicht hat, die ihr von den Autoren gesteckt wurden. Ob diese Entwicklung die Konsequenz der übergroßen Pragmatik der neueren Schulpädagogik ist, der in den letzten Jahren „wissenschaftliche" Leistungen abverlangt werden, auf die sie sich in keiner Weise vorbereitet hat, oder ob die TEO so perfekt angelegt ist bzw. den Anwendungsbereichen vollständig entspricht, so daß keine Änderungen vorgenommen werden, ist nicht leicht zu sagen. Sicher kann keines der beiden Motive alleinige Erklärung für die Stagnation in der Theorienbildung im Zusammenhang mit der Taxonomie sein. Nach der Wortbedeutung von „Taxonomie" müßten die taxonomischen Versuche wesentlich zur Theorie des Curriculums beitragen. „Taxonomie" ist in der Übersetzung als „Ordnungstheorie" zu umschreiben. Die Taxonomie umfaßt also die Begründungen und Gesetzmäßigkeiten, nach denen die Ordnungen aufgebaut sind. Damit ist aber ein Hauptaspekt des Curriculums angesprochen: die Auswahl von Lernzielen, Lerngegenständen und Lernverfahren.

Obwohl die Curriculumentwicklung neuerdings häufig als Regelkreis skizziert wird — bei dem nur die richtigen Zielvorgaben zu liefern sind, so daß nachher gleichsam automatisch (auf der Basis der vorhandenen Informationen, die gelernt werden können) die entsprechenden Themen ausgewählt, strukturiert und in Sequenzen gebracht werden — dürfte jetzt schon feststehen, daß nicht nur die Lernziele ausgewählt werden müssen. Auch die Bestimmung der Themen in Hinsicht auf vorgegebene Ziele und die Organisation des Lernprozesses erfordern die „Auswahl". Deshalb bilden die Klassifikationen, nach denen die Auswahl getroffen wird, ein Fundament der gesamten Curriculumarbeit. Daß sich folglich auch die Theorie des Curriculums mit diesen Themen befassen muß, ist offenkundig. Es ist aber in neuerer Zeit kaum geschehen. Im Vordergrund standen die Abgrenzung von curricularen Bereichen nach selbst entwickelten oder von andern Gebieten übernommenen Verfahren der Systemanalyse in Form von „designs" oder die Optimierungsversuche im Konstruktionsprozeß (vgl. Dahllöf, Herrick, Möller etc.). Die kombinierte Behandlung beider Bereiche in einer Theorie mit Hilfe der taxonomischen Ansätze ist kaum erfolgt. Nach unseren Analysen zeigt sich aber hier eine der aussichtsreichsten Einstiege für die Fortentwicklung der Curriculumtheorie. Dabei sind die Erfahrungen mit den Taxonomien zu nutzen. Liefern nun aber die bestehenden Taxonomien die notwendigen Informationen? Können sie als Fundament für die Theorie der curricularen Auswahl verwendet werden?

Im jetzigen Zeitpunkt muß man die Antwort auf diese Frage, ob die Taxonomie mehr Instrument oder Theorie sei, zu Gunsten des „Instrumentes" geben. Die Taxonomien als Ansatzpunkte für die Theorienbildung liegen noch oder wiederum weitgehend brach. Zudem sind die einzelnen Taxonomien, für sich allein genommen, aufgrund ihrer einseitigen Bezugssysteme nicht genügend umfassend, als daß sie zu Theorien des Curriculums ausgebaut werden könnten. Für die TEO ist die Einseitigkeit offenkundig. Die FAL-Klassifikation fällt außer Betracht, weil sie auf die Curricula des herkömmlichen Typs abgestimmt ist. Die Gagnésche Lerntheorie bleibt zu formal (psychologisch). Sie benötigt eine Ergänzung von seiten der Lernobjekte. Die Sinnbereiche von Phenix sind zwar sehr breit angelegt, lassen sich aber wahrscheinlich nicht so operationalisieren, daß die Zugehörigkeit von Feinlernzielen zu den einzelnen „realms“ aufgewiesen werden könnte. Die Lernbereiche von Herrick umfassen am ehesten zugleich die psychologischen, soziologischen, kulturellen und übrigen Aspekte, dürften aber mit den gegenwärtigen humanwissenschaftlichen Theoriemodellen nicht als gültig belegt werden können. Das gleiche gilt wahrscheinlich ebenso für die FAL-Klassifikation, die Lernbereiche von C. Möller (1969), die Grundfragen von Robinsohn oder die Bildungsbereiche von Flitner.

Aufgrund dieser Sichtung kann man nicht eine gemeinsame Zuteilung aller Taxonomieansätze zur Seite der „Instrumente“ oder zur Seite der „Theorie“ vornehmen. Das Urteil wird bei jeder Taxonomie differenziert sein müssen. Dabei erfüllt keines der referierten Systeme zugleich das Instrumentelle und das Theoretische. Eher Instrument als Theorie sind die TEO, die FAL-Klassifikation, die Zuteilungsordnung von French und Mitarbeitern im Werk „Behavioral goals of the secondary education“. Eher zur Seite der Theorien neigen die Gagnésche Taxonomie und die didakometrischen Versuche im Anschluß an das Raschsche Testmodell und die Strukturtheorie von Bruner. Nach dem Gesichtspunkt der „Theorienähe“ empfehlen sich also am ehesten taxonomische Systeme der letztgenannten Art für die Begründung einer Fundamentaltheorie des Curriculums. Neben der Theorienähe gibt es aber noch mehrere weitere Aspekte, welche bei der Entscheidung berücksicht werden sollen, ob und welche Taxonomieansätze für die Curriculumtheorie wesentlich mit einem Handlungsprozeß und in vielen Bereichen mit einer Technik zu tun hat, soll im folgenden die „Brauchbarkeit“ der Taxonomien für das Curriculum näher untersucht werden.

9. Die Funktionen der Taxonomien für das Curriculum

Wenn die Theorie des Curriculums die Taxonomie als „Teil-theorie" mitberücksichtigen oder als „Fundamental-theorie" annehmen soll, ist auf der einen Seite bedeutsam, welche inhaltlichen, logischen und wissenschaftstheoretischen Berührungspunkte zwischen Taxonomie und Curriculum bestehen. Auf der andern Seite wird der funktionelle Zusammenhang zwischen Taxonomie und Curriculum konstitutiv, da die Theorie des Curriculums eine Theorie der Wirklichkeit sein soll. Deshalb scheint es für die Bestimmung der Bedeutung von Taxonomien in Hinsicht auf die Curriculumtheorie aufschlußreich zu sein, die bisher realisierten und die denkbaren Funktionen der Taxonomien zu kennen. Einen ersten Aufriß dieser Funktionen enthielt der einleitende Abschnitt des Kapitels über das Grundverhältnis zwischen Taxonomie und Curriculum. Hier folgt eine ausgliedernde Analyse, die auf einzelne Funktionen eingeht. Da die psychologischen Taxonomien bislang im allgemeinen besser operationalisiert und häufiger zur Anwendung gekommen sind, dienen die inhaltlich-thematischen Taxonomien seltener zur Demonstration der Funktionen. Im Prinzip sind die Funktionen der psychologischen und inhaltlich-thematischen Taxonomien aber gleich.

A. Allgemeine Funktionen von Taxonomien

U. Isenegger hat in seinem Aufsatz „Versuch einer Funktionsanalyse von Taxonomien" (1969) aufgrund von Sekundäranalysen und logischen Ableitungen eine Anzahl von Funktionen herausgearbeitet. Er benützte neben der TEO und der Taxonomie von Gagné u. a. die Arbeiten von Dave (1968), Dressel (1968), Eigler (1968), Klotz (1969) und Möller (1969). Der Autor gelangt dadurch zu einer ähnlichen Beschreibung der tatsächlichen und möglichen Funktionen der Taxonomie für das Curriculum wie Krathwohl (1964) und unterscheidet 2 hauptsächliche Funktionsbereiche. Der Funktionsbereich (1) betrifft die *Messungen*, die in Verbindungen mit Taxonomien durchgeführt werden können (Isenegger 1969, 9 f.). Der Bereich (2) bezieht sich auf die *Planung* des Curriculums (1969, 11 ff.).

1. Funktionen im Bereich der Messung, d. h. der Lernkontrolle: Die TEO und die Gagnéschen Lernarten bilden ein loses Kategoriensystem, mit dem der Transfer von einer niedrigen Stufe auf eine höhere abgeschätzt werden kann. Die Taxonomien der vorliegenden Form gestatten aber erst eine Schätzung und noch keine genauen Messungen. Die Messung der Transferwirkung wird möglich, wenn die taxonomischen Klassen (Lernstufen) im Sinne von lernzielorientierten Tests in jeder Testaufgabe ausfindig gemacht werden können. Diese Frage wird näher im Abschnitt über die Bedeutung der Taxonomien für die Theorie der lernzielorientierten Tests behandelt.
Eine 2. Funktion der Taxonomie im Zusammenhang mit Messungen sieht Isenegger in der Evaluation, wobei er Evaluation folgendermaßen definiert: „Verfolgt eine Leistungsmessung die Absicht, zur Gültigkeitsprüfung des Curriculums beizutragen, so sprechen wir von Evaluation“ (1969, 9). Die TEO oder das System von Gagné bilden in diesem Falle Bezugssysteme, mit deren Hilfe z. B. angegeben werden kann, ob eine bestimmte Anzahl erreichter Lernziele das gesamte Spektrum von psychischen Funktionen oder Verhaltensdispositionen bedeckt. Hier tritt aber wiederum die Beschränkung auf die psychologischen Persönlichkeitsbereiche auf.
Die 3. Funktion beschreibt Isenegger als „Lernmessung zwecks Validierung der Taxonomie“ (1969, 11).

2. Der 2. Funktionsbereich betrifft die Planung des Curriculums. Zuerst geht es um die Hierarchisierung von Lernzielen nach ihrem Schwierigkeitsgrad. Die Hauptbedeutung liegt hier bei den sog. Feinzielen. Das sind operationalisierte Lernziele, die, wenn möglich, als Verhal-

tensbeschreibungen auf einer niedrigen Abstraktionsstufe formuliert werden. Sie gleichen darin den Testaufgaben[1]. Die Taxonomisierung der Lernziele führt zur Prüfung der Verteilung auf die einzelnen Klassen, und damit zur Kontrolle, ob die angestrebten psychologischen Gebiete berücksichtigt sind.

Besonders die Gagnésche Taxonomie verhilft zu einer 2. Funktion, zur Planung von Lernbedingungen nach der Art von „learning sets“ oder „Lernvoraussetzungen“ (Gagné, Paradise 1951). Diese Funktion wird in der künftigen Curriculumforschung und -konstruktion wichtig werden, nachdem zahlreiche Befunde zeigen, daß die Bedingungen und Eingangsvoraussetzungen eines Lernprozesses die Lernwirkung stark beeinflussen können (vgl. Weinert 1969; Schiefele 1966; Yates 1966). Die Taxonomien psychologischer und inhaltlich-thematischer Provenienz dienen als „Referenzsystem für Entscheidungen über Lehrplaninhalte“ (1969, 13). Die Einschränkungen, welche gegenüber dieser Funktion einzuräumen sind, haben wir in den vorausgehenden Abschnitten beschrieben.

Aus der Spezifizierung der Lernbedingungen läßt sich auch die Wahl der Unterrichtsmedien und -materialien ableiten“ (1969, 13). Als letzte Funktion ist die „Planung der Lernsequenzen“ zu nennen. Die Möglichkeit, die Abfolge der Lerneinheiten zu planen, basiert wiederum auf dem hierarchischen Prinzip der Taxonomie. Wenn die Ziele der einzelnen Lerneinheiten taxonomisiert sind, unterscheiden sich leichtere und anforderungsreiche Lerneinheiten. Diese lassen sich dann nach dem Kriterium des psychologischen Schwierigkeitsgrades in Sequenzen bringen.

Schematisch dargestellt gliedern sich die 2 hauptsächlichen Funktionsbereiche folgendermaßen auf (s. Schema Funktionen von Taxonomien; leicht abgeändert nach Isenegger 1969, 16).

Die Funktionen der inhaltlich-thematischen Taxonomien sind nicht so leicht systematisierbar wie jene der psychologischen Taxonomien.

---

1 Vgl. dazu die Beispiele in der TEO, bei French W. et al.: Behavioral goals of general education in high school. New York 1957.
Oder bei: Mager R. F.: Lernziele und Programmierter Unterricht. (Orig.: Preparing objectives for programmed instruction.) Weinheim 1969[3].

Funktionen von Taxonomien

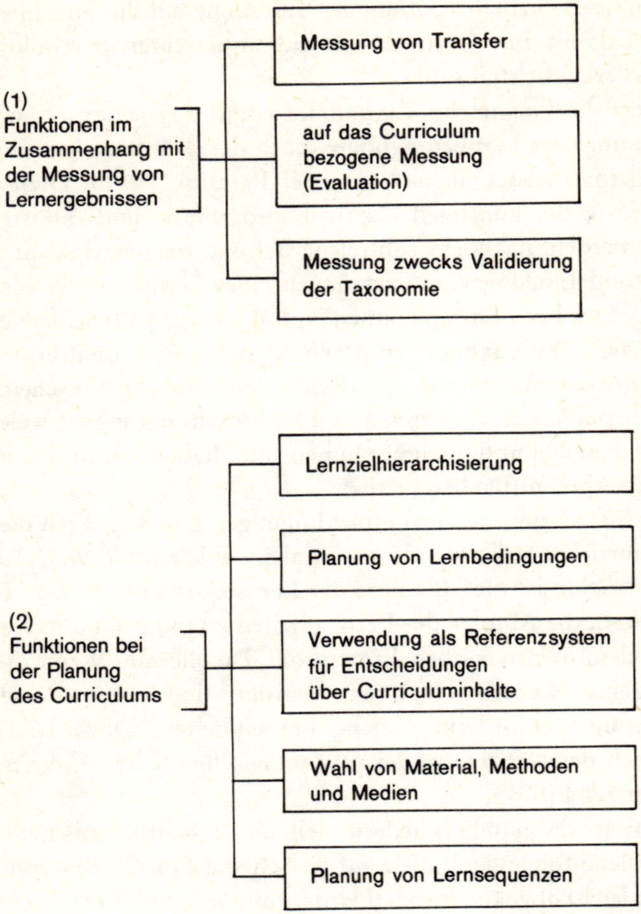

Die inhaltlich-thematischen Taxonomien bestreichen unterschiedlich breite Gebiete. Die Klassen umfassen z. T. konkrete Bildungsbereiche, z. T. sind sie sehr abstrakt formuliert. Als generelle Aufgabe der inhaltlichen Taxonomien bietet sich die Kontrolle der Häufigkeit von Lernzielen und Lernobjekten in den einzelnen Klassen an. Die Häufigkeit in den einzelnen Klassen informiert über die Schwerpunkte und

Prioritäten in den Bildungszielen oder Lernobjekten. Dabei wird auch deutlich, ob bestimmte Gebiete von Lernzielen kaum oder nicht besetzt sind. Mit Hilfe der inhaltlich-thematischen Taxonomien können die Curriculumkonstrukteure schon vor Beginn der Formulierung der Feinlernziele Gewichtungen setzen. Einzelne Klassen sind dann ausführlicher oder eventuell auch nicht zu bearbeiten.
Bei den sogenannten „Breitfeld-Curricula" (broad field curricula) und den breit gestreuten „Aktivitäts-Curricula" erlauben die Taxonomien die Aussonderung der zugrundeliegenden Erkenntnisstrukturen oder Disziplinen (Bellack 1964, 268 ff.). Vorrangige Funktion der inhaltlich-thematischen Taxonomien ist aber die Kontrolle von vorhandenen Lernzielen oder Lernobjekten auf ihre Verteilung auf die einzelnen Bereiche (Klassen).

B. Zur bisherigen Verwirklichung dieser Funktionen

Allgemein läßt sich feststellen, daß die praktische Anwendung der Taxonomien, insbesondere der TEO, nach Ländern sehr verschieden ist. Nach unseren Informationen ist die Verbreitung in den angelsächsischen Ländern am intensivsten. In den deutschsprachigen und skandinavischen Ländern setzte der Gebrauch der psychologischen Taxonomien in den letzten Jahren intensiv ein. Dabei weicht die Anwendungsweise in den genannten Ländern von jener in den USA ab. In den USA steht die praktische Realisierung, also die instrumentelle Funktion im Vordergrund, während in den europäischen Ländern eher die wissenschaftliche Analyse und die Verwendung in Hinsicht auf Theorien dominieren. Typisch dafür sind die didakometrischen Ansätze, in denen versucht wird, die Lernprodukte und Lernschritte in (stufenförmigen) Modellen zu erfassen. In ähnlicher Richtung laufen die Bemühungen um eine Prüfungstheorie, die sich am Unterricht und nicht an den Individuen oder Normen orientiert. Mehrere Didaktiker und Curriculumfachleute haben die Taxonomien in ihre Theorieansätze einbezogen.

Im einzelnen weist der Einsatz der psychologischen Taxonomien folgende Merkmale auf: Die Taxonomie zum kognitiven Bereich (= TEO-1) erfährt die häufigste Anwendung. Das Feld der Anwendung sind meistens die Lernziele oder Testitems. Man verteilt dabei die Lernziele oder Prüfungsaufgaben auf die einzelnen Klassen und kontrolliert dadurch die Repräsentativität der Lernziele (oder Items), bezogen auf die Klassifikation, und die Häufigkeit in den einzelnen Klassen. Interessanterweise stammen die Lernziel- oder Itemsets, außer beim LOT-Projekt an der Universität Konstanz (Flechsig u. a.), nicht aus breit angelegten, fächerübergreifenden Lerngebieten, sondern aus abgegrenzten Disziplinen. Das sind mehrere naturwissenschaftliche Fächer, weiter Hygiene, Gemeinschaftskunde, Geschichte, Mathematik, Englisch u. a. Die einzelnen Schulstufen sind gleichmäßig verteilt, wenn auch die Sekundarstufe (besonders die High School) leicht bevorzugt wird. Allerdings fällt die Tertiärstufe (Hochschule, Universität) fast völlig aus. Eine Ausnahme bilden die spezifischen Berufsvorbereitungen wie Medizin und Lehrerbildung.
In der Technik der Curriculumkonstruktion haben die Taxonomien noch keinen in jeder Hinsicht sicheren Platz. Verschiedene Strategien der Curriculumkonstruktion sehen vor, die Entscheidungen durch Experten aufbereiten zu lassen, so daß die Taxonomisierung nicht mehr nötig oder nicht mehr möglich ist. Mehrere Curriculumtheorien betonen die „Einmaligkeit“ von Curriculumentscheidungen, welche kein standardisiertes Bezugssystem wie z. B. Taxonomien zulassen. Wenn man die amerikanischen Curriculumtheorien betrachtet, fällt dieser Aspekt besonders auf. Häufig dient eine Mischung von überspitztem Spätkantianismus und Existentialismus zur Auffassung, die Gestaltung von Bildungszielen und Lerninhalten sei in jeder Hinsicht eine „individuelle“ Angelegenheit, welche durch Wertintuition und momentane Reflexion zu leisten sei und jede Systematisierung ausschließe. Die richtige Entscheidung soll eher allein durch Experten oder gute Bürger des Landes, als durch Curriculumfachleute herbeigeführt werden, die u. a. mit taxonomischen Systemen arbeiten. Hier zeigt sich wiederum, daß die Curriculumfragen bisher vorwiegend entweder in Denkfiguren der Philosophie oder der unreflektierten Praxis behandelt worden sind. Aber trotz der mangelnden Integration

der Taxonomien in eine bildungstheoretisch und strategisch orientierte Curriculum*theorie* haben die (psychologischen) Taxonomien in den letzten Jahren eine breite Anwendung erfahren. Deutlich wird das etwa in der Studie von R. C. Cox und N. J. Unks (1967), wo angelsächsische Arbeiten mit der TEO in Form einer annotierten Bibliographie zusammengestellt sind.
Die folgenden Abschnitte enthalten eine differenzierende Beschreibung einiger der genannten Funktionen mit Berücksichtigung der Problematik, wie sie auf dem Hintergrund der Curriculumtheorie aufgezeigt werden kann.

C. Die Beobachtbarkeit und intersubjektive Überprüfbarkeit von Lernzielen oder Prüfungsresultaten

Der Beginn der Arbeiten an der TEO um 1948 stand unter der Absicht, eine bessere Kommunikation zwischen den Prüfern herbeizuführen, d. h. die Prüfungen zwischenmenschlich objektiver zu gestalten. Deshalb sind die Lernziele so formuliert, daß sie der Lehrer am Verhalten der Schüler identifizieren kann. Die Gestaltung der Lernziele orientiert sich (auch) an den Unterschieden zwischen den Individuen. G. F. Eggleston weist auf die daraus folgende Problematik hin, die darin besteht, daß „das letztlich angewandte Kriterium um die Adäquatheit einer Definition (Lernzielformulierung) zu beurteilen, in der Fähigkeit des Lehrers liegt, die Definition im Verhalten (des Schülers) zu identifizieren“ (Eggleston 1968, 79). Eggleston befürchtet, daß ein formales Konsistenz- oder Zuverlässigkeitskriterium zum Gültigkeitskriterium wird, wobei das Individuum mit seinen persönlichen, nicht interindividuell vergleichbaren Eigenschaften unberücksichtigt bleibt. Die Problematik muß beachtet werden, weil sonst leicht ein Kriterium für die Angrenzung von beobachtbaren Aussagen gegenüber solchen, die nicht intersubjektiv geprüft werden können, zum Sinnkriterium wird, wie es K. R. Popper (1966, 15) aufgezeigt hat. Wenn auch die Gefahr besteht, daß eine psychologisch konzipierte Taxonomie, die primär in Hinsicht auf die psychologische Theorie Gültigkeit besitzt, unberechtigt zum Gültigkeitskriterium für Bildungsinhalte wird, ist die Bedeutung bei der Zuverlässigkeits- und Konsistenzprüfung unbestritten.

D. Konsensbildung; Erschließung von möglichen Lernerfahrungen

Nach Bush und Allen (1964, VII) herrscht eine relative Einigkeit über Grundziele, welche bei der gegenwärtig angestrebten Schulreform zu verwirklichen sind. Hingegen fehlen die Techniken zur Kommunikation, welche diese im Grunde identischen Ziele als dieselben erscheinen lassen. Es wird dasselbe gemeint, aber verschiedenes ausgesprochen, so daß in der konkreten Revisionsplanung gleichwohl die Uneinigkeit hervortritt. Die beiden Autoren weisen zudem auf den Mangel an Instrumenten hin, die eine Umsetzung der gemeinsam anvisierten Reformbestrebungen in die Unterrichtspraxis erlauben. Es mangelt am handwerklichen Rüstzeug zur Operationalisierung der Absichten in Hinsicht auf den Unterricht.

Die Taxonomie kann hier eine Lücke füllen, indem sie die Ziele oder Lernobjekte in ein Bezugssystem einordnen läßt. Dadurch ergibt sich eine größere Verständlichkeit.

Es kann sich auch eher ein Konsens bilden. Smith, Stanley und Shores (1957) bezeichnen die Entwicklung eines Konsens über die hervorzubringenden Unterrichtserfolge als eine der Hauptmethoden der bisherigen Curriculumkonstruktion! Sie übertrifft in der Anwendungshäufigkeit alle übrigen Verfahren, ist unter den wissenschaftlichen Konstruktionsmethoden aber suspekt, da eine ungelenkte Konsensbildung zu willkürlichen und nicht nachvollziehbaren Schlüssen führt[1].

---

1 Vgl. dazu die breite Diskussion dieses Themas in der deutschen Pädagogik: Brezinka W.: Die Krise der wissenschaftlichen Pädagogik im Spiegel neuer Lehrbücher. In: Zeitschrift für Pädagogik. 12 (1966) 53—88.
Loch W.: Nachwort zum Modell eines neuen Gymnasiums. In: Straube H. (Hrsg.): Modell eines neuen Gymnasiums. Freiburg 1966, 63—68.
Heitger M.: Wider das Pathos des Eigentlichen und Echten in der Pädagogik. Seine Gefahren für diese, erörtert am Problem der Begegnung. In: Vierteljahrsschrift für wissenschaftliche Pädagogik. 43 (1967) 115—131.

Deshalb kann die Taxonomie die Konsensbildung in vergleichbare Bahnen lenken. Sofern die Ziele z. B. nach der Art der Inhaltsklassifikation den einzelnen Dimensionen zugeteilt werden, ist auch eher ein Nachvollzug möglich. Die Konsensbildung gestaltet sich aufgrund einer Inhaltsanalyse durchsichtiger. Überdies werden sich die Ziele besser auf die taxonomischen Skalen verteilen, als wenn nicht bewußt mit einer Taxonomie gearbeitet wird.

Für diesen Zusammenhang ist das Experiment von G. D. Baughman und A. Mayrhofer (1965) aufschlußreich. Sie ließen 25 Pädagogen, die schon bislang für die Curriculumentwicklung verantwortlich waren, vor einem Trainingskurs über die Taxonomie Lernziele für ein naturwissenschaftliches Curriculum aufschreiben. Die 25 Fachleute nannten 64 Ziele, von denen 41 (64 %) in die TEO-1 eingereiht werden konnten. Fast alle Ziele bezogen sich auf die Dimensionen „Kenntnis" und „Verständnis". Danach folgte der Trainingskurs mit insgesamt 8 Sitzungen, von denen die ersten 4 der Darstellung, die zweiten 4 der Anwendung der Taxonomie galten. In der letzten Sitzung wurden die 25 Teilnehmer wiederum gebeten, Lernziele für das wissenschaftliche Curriculum zu entwerfen. Die Kursteilnehmer nannten 306 Ziele, von denen 256 (84 %) in die Taxonomie paßten. Die Ziele verteilten sich folgendermaßen auf die einzelnen Kategorien der Taxonomie (zit. nach Cox, Unks 1967, 3).

Stufen der Taxonomie		41 Lernziele vor dem Kurs		256 Lernziele nach dem Kurs	
I	Kenntnis	20	48,8 %	51	19,9 %
II	Verständnis	17	41,5 %	54	21,1 %
III	Anwendung	0	0,0 %	16	6,3 %
IV	Analyse	2	4,9 %	57	22,3 %
V	Synthese	1	2,4 %	48	18,7 %
VI	Evaluation	1	2,4 %	30	11,7 %
		41	100,0 %	256	100,0 %

Nach dem Ergebnis von Baughman und Mayrhofer hat das Erlernen der taxonomischen Technik (für den kognitiven Bereich = TEO-1) zu einer Vervielfachung der Zielvorstellungen für ein naturwissenschaftliches Curriculum geführt. Die Zielvorstellungen streuen auf der taxonomischen Skala homogener bei Anwendung derselben als bei freier Formulierung der Lernziele. Allerdings ist die Zahl der taxonomisierbaren Lernziele nicht über 82 % gestiegen. Dieses Phänomen kann z. T. mit der psychologischen (und nicht fachinhaltlichen, z. B. mathematischen) Orientierung der TEO zusammenhängen, z. T. eine Frage der Perfektion beim Lernen der Taxonomisierungstechnik und z. T. eine Folge der hohen Differenziertheit der unterscheidbaren Kategorien in der TEO sein.

Nach diesem Experiment stellt sich noch eine methodologische und allgemein wissenschaftstheoretische Frage: weshalb ist die Anzahl der formulierten Lernziele von 41 auf 256 gesteigen? Ein Grund liegt wohl in der erlernten Technik, abstrakte, allgemeine Ziele in konkrete Einzelziele zu zerlegen. Mehrere andere, vielleicht lernpsychologische, Motive können mitspielen. Sicher ist aber, daß sich die formulierten Ziele für das naturwissenschaftliche Curriculum verfünffacht haben.

Nach H. Blankertz (1969) und Bohnsack, Rückriem (1969) kann die Taxonomie die inhaltliche Bestimmung der Lernziele nicht übernehmen. Die Taxonomie ist ein formales Ordnungsgefüge, welches die Inhalte der Bildung nicht beeinflußt. Diese These basiert vor allem auf der Unterscheidung zwischen „formal“ und „material“ sowie auf der durch das Individuum bedingten Subjektivität (semantische Einmaligkeit) jeder Aussage. In der Curriculumtheorie spiegelt sich die These in gewandelter Form in der Differenzierung zwischen „Lernerfahrung“ (Methodik, learning experience) und „Inhalt“ (Lernobjekt, content) (Tyler 1949, 63 ff.). Es fragt sich nun, *ob bei der Ausstattung eines Curriculums mit 256 Lernzielen nicht auch andere oder zumindest weitere „inhaltliche“ Aspekte aufgedeckt werden als bei einem Katalog von 41 Lernzielen.* Wahrscheinlich verhilft die Taxonomie nicht zu neuen Einsichten für die Naturwissenschaften. Immerhin ist die Vermutung zu formulieren, daß sich die naturwissenschaftlichen Erkenntnisbestände als *Unterrichtsobjekte* in weiteren Perspektiven erschließen lassen, wenn die Lernziele taxonomisiert und in Hinsicht auf eine Taxonomie aufgebaut sind, als wenn dies nicht geschieht. Obwohl der Bezugsrahmen lernpsychologisch ausgelegt ist, dürften auch inhaltliche Elemente entdeckt werden, d. h. in unserem Beispiel Erkenntnisformen, Aussageweisen, Bewußtseinsformen naturwissenschaftlicher Gesetzmäßigkeiten. Die Taxonomie besitzt also eine hermeneutisch-aufschließende Funktion in der Unterrichtsvorbereitung.

In der Praxis entsteht die aufschließende Wirkung nicht erst bei der Taxonomisierung, sondern schon in der Operationalisierung der Lernziele, welche taxonomisiert werden sollen. Die inhaltliche Entscheidung wird somit bereits in der Operationalisierung determiniert. Diesen Sachverhalt belegt ein Experiment, das wir anläßlich eines Trainingskurses für Lernzieloperationalisierung durchführten (Frey, Lattmann 1970).

32 Lehrer wurden vor Beginn des Trainings aufgefordert, während 20 Minuten Lernziele zum Lerngebiet „Naturkunde“ für Primarschulabsolventen zu formulieren. Der Trainingskurs dauerte 6 Wochen und bestand aus einer wöchentlich 3stündigen Instruktionssitzung und dem Formulieren von ungefähr 60 Lernzielen für andere Disziplinen als Naturkunde. Nach Abschluß des Kurses schrieben die Lehrer wiederum während 20 Minuten Lernziele auf.

Tabelle: Häufigkeit von Lernzielinhalten

Inhalte	Lernziele vor dem Training		Lernziele nach dem Training	
	Rohwerte	%	Rohwerte	%
Ethische Ziele	31	**21.1**	7	**4.1**
Pflanzenkunde	18	**12.2**	70	**41.1**
Allg. Pflanzenkunde	8	5.4	47	27.6
Einzelne Gattungen	10	6.8	23	13.5
Tierkunde	16	**10.9**	56	**33.0**
Allg. Tierkunde	7	4.8	37	21.8
Gattungen	9	6.1	19	11.2
Menschenkunde	9	**6.1**	14	8.2
Technik	**9**	**6.1**	7	4.1
Naturverständnis	12	**8.2**	2	**1.2**
Natur-, Gewässerschutz	9	6.1	2	1.2
Formale Ziele	21	**14.3**	–	**–**
Fächerübergreifende Ziele	14	9.6	9	5.3
Aesthet. Ziele	4	2.7	–	–
Andere	4	2.7	3	1.8
Summe	147	100.0	170	100.0

Für den vorliegenden Zusammenhang ist das Ergebnis interessant, das sich auf die genannten Lernziel*inhalte* bezieht. Die Befunde sind in der Tabelle „Häufigkeit von Lernzielinhalten" dargestellt.
Die ethischen Ziele machten vor dem Training 21,1 % aller Ziele (N = 147) aus. Nach dem Training erreichten die ethischen Inhalte noch 4,1 %. Eine ähnliche Verminderung haben die Klassen „Naturverständnis" und „Formale Ziele" (Anschauung, Denkvermögen usw.) erfahren. Sie sanken mit dem Training von 8,1 % auf 1,2 % bzw. von 14,3 % auf 0 %. Dafür haben sich die Klassen Pflanzenkunde und Tierkunde vermehrt.
Das formale Training der Lernzieloperationalisierung hat somit die Lernzielinhalte verändert. Die Verteilung der Inhalte hat sich verschoben. Die differentielle Analyse einzelner Lernziele hat auch gezeigt, daß überhaupt neue Aspekte des angestrebten Unterrichts hervorgetreten sind. Dieses Resultat schränkt die Annahme ein, es gäbe Entscheidungen über die Inhalte des Curriculums und solche über die „Formalien" des Curriculums, wobei letztere im Rahmen der Taxonomisierung angesiedelt werden könnten, während sich die ersteren in der didaktischen oder spezifisch curricularen Arbeit abspielten. Die zur Taxonomisierung notwendige Operationalisierung bringt vielmehr neue inhaltliche Aspekte hervor und trägt damit auch zur Identifikation und Auswahl von Inhalten bei.

E. Quasi-empirischer Bezugsrahmen für die Vorevaluation von Lernzielen

Viele Pädagogen weisen mit Recht darauf hin, daß in der bisherigen Praxis der Curriculumentwicklung eine Differenz zwischen den Zielen des Lehrplans und den effektiven Leistungen der Schüler besteht. Die Ziele werden bislang von Laien oder Fachwissenschaftlern (meistens nicht von Pädagogen oder Fachdidaktikern) vorgegeben. Die Setzung der Ziele erfolgt unabhängig von der Erfahrungswirklichkeit, in der die Lernleistungen der Schüler streuen. Oft liegen sie überhaupt nicht im Bereich der curricularen Zielvorgaben. Im Anschluß an eine Unter-

suchung der Lehrpläne der Real-, Sekundar- und Bezirksschulen in der Schweiz zeigte sich in mehreren Fächern eine so große Divergenz zwischen effektivem Unterricht, seinen Produkten und den Vorschriften im Lehrplan, daß der Lehrplan nicht einmal mehr das Prädikat „Minimal-Plan“, „Fundamentum“ oder „Core-Curriculum“ für sich rechtfertigt (Frey 1969c).
Wenn Curricula in den nächsten Jahren noch nach den bekannten Methoden entwickelt werden, indem einige Laien oder Fachwissenschaftler Ziele und vor allem Stoffpläne schreiben, können Taxonomien zur Vorevaluation beitragen. Dabei sind die Ziele in die Kategorien der Taxonomie einzutragen. Die Häufigkeit der Ziele in den einzelnen Kategorien zeigt an, ob die Ziele über die verschiedenen Schwierigkeitsstufen gleichmäßig verteilt oder auf einer Stufe massiert sind.
Da die Taxonomie zwar ein Konstrukt darstellt, aber zugleich auf Tatsachen zurückgeht, läßt sich mit einer solchen Verwendung der Taxonomie bereits eine gewisse Vorevaluation erreichen, die selbst als alleinige Evaluation gegenüber vielen der jetzigen Verfahren einen Fortschritt bedeuten würde (vgl. Rosenbloom, Hillestad 1964).
Im Verlaufe einer mehrstufigen Konstruktion von Lehrzielen, wie es C. Möller (1969) und mit Einschränkung auch D. Knab (1969b) vorschlagen, nimmt die Taxonomisierung der Lernziele die Funktion einer Vorevaluation in einem Teilbereich ein. Die Vorevaluation mit Hilfe der Taxonomie ist dann sowohl bei der Kontrolle der Grob- oder Prinzipienziele wie bei den Feinzielen zu lokalisieren. R. C. Cox (1965) stellte fest, daß die TEO zu einer höheren Validität von Testitems beiträgt, wenn die Auswahl nicht aufgrund von Beurteilung der einzelnen Items im Verhältnis zur Gesamtzahl der Items, sondern zu den Items der TEO-Klassen erfolgt.

F. Verbesserung der Reliabilität im Curriculumprozeß

In den ersten Abschnitten der TEO-1 und TEO-2 erscheint mehrmals der Hinweis, daß die bisherigen nicht-taxonomisierten Lernziele unzuverlässig (nicht reliabel) sind. Verständnis wie Operationalisierung der Lernziele sind bei der bisherigen nicht-taxonomisierten Form fast ausschließlich der Subjektivität des Verfassers und des Lesers ausgeliefert. Das Ideal, daß „die Autoren des Zieles genau wüßten, was sie meinten, und daß die Leser der Ziele eine gleichwertige Vorstellung vom Beabsichtigten hätten", scheint nie erreichbar zu sein (Krathwohl et al. 1964, 5).

Ein Lernziel sollte aber mindestens an 3 Orten in der Curriculumkonstruktion und -realisierung von verschiedenen Personen in gleicher Weise identifiziert werden können:

1. bei der Auswahl der Curriculumelemente in Hinsicht auf die vorher fixierten Ziele,
2. bei der Entscheidung des Lehrers für die Auswahl von mehreren der angebotenen Themen für dasselbe Ziel oder für die Gewichtung von Themen,
3. bei der Erfolgskontrolle des realisierten Curriculums.

Das Lernziel fungiert in diesem Verwendungsbereich als Instrument, das sich darüber ausweisen muß, ob es stets zum gleichen Verständnis führt. Das ist nur möglich, wenn es immer in gleicher Weise informiert bzw. messen hilft, was es zu messen bzw. zu informieren vorgibt, also „exakt" über erfaßbare Realität informiert. Wenn man dieses Hauptmerkmal der Zuverlässigkeit (Reliabilität) statistisch erfassen will, wäre der Reliabilitätskoeffizient als Korrelation zwischen zwei „Messungen" in der 1., 2. oder 3. Anwendungsphase des Lernziels zu bilden (vgl. Lienert 1967, 208 ff.; auch McGuire 1963).

Die Taxonomie hat in dieser Hinsicht innovative Bedeutung gehabt. Die Versuche, Lernziele zu taxonomisieren, haben gezeigt, daß diese stärker operationalisiert werden müssen als bislang, und daß sie verhaltensbezogen formuliert sein müssen. Als Grund für die Operationalisierung der Lernziele und ihre Zerlegung in verhaltensorientierte Teillernziele (Tütken 1969, 465 f.) tritt aber nicht die direkte Erhöhung der Zuverlässigkeit von Lernzielen überhaupt auf, sondern die Unmöglichkeit, Lernziele zu taxonomisieren, wenn diese zu abstrakt gehalten sind. Die Anwendung z. B. der TEO führt also indirekt zu einer Steigerung der Zuverlässigkeit von Lernzielen im Curriculumprozeß.

A. J. Stauffer (1969, 55) ist deshalb der Auffassung, daß die Tests zusammen mit den übrigen curricularen Materialien konstruiert werden müssen, weil die Tests häufig den effektiven Curricula nicht konform sind. Stauffer gibt selber ein Beispiel, wie mit einer Zuteilungsordnung die Möglichkeit verbessert wird, Lernziele zu formulieren, den Lernzielen entsprechende Curriculumelemente zu finden und diesen wiederum entsprechende Prüfungsaufgaben zu entwerfen.

G. Verwendung im Bedürfnisansatz

In diesem Abschnitt kommt eine konkrete Funktion zur Sprache: die Verwendung der Taxonomie beim Bedürfnisansatz. Zwar unterliegt diese Funktion auch den großräumigen Perspektiven der Curriculumtheorie, doch bestreicht der Bedürfnisansatz nur einen Teil der Handlungs- und Problemreihen im Curriculumprozeß.
Der Bedürfnisansatz ist eine Arbeitstechnik für einen Teil der Curriculumkonstruktion auf der Basis eines theoretischen Vorverständnisses und mit bestimmten Auswirkungen auf die Curriculuminhalte (vgl. Frey 1969b, e; Isenegger 1971).
Der Bedürfnisansatz geht von der Annahme aus, daß gewisse Lernprozesse notwendig sind, damit das Individuum bestimmte Verhaltenssituationen bewältigen kann. Es gibt „Bedürfnisse" nach Bildung. Sie müssen nicht bei jedem Curriculum auftreten, aber sie können. Das Auffinden dieser Bildungsbedürfnisse und ihre Übersetzung in Lernziele, Lernobjekte, Lernorganisationsformen, d. h. in Curriculuminhalte, erfolgt im Rahmen des Bedürfnisansatzes.
Komplementär zum Bedürfnisansatz steht der „Innovationsansatz", nach dem Unterrichtsthemen und -prozesse nicht deshalb in das Curriculum aufgenommen werden, weil sie für gegenwärtige oder künftige Lebensvollzüge notwendig erscheinen, sondern weil aus irgendwelchen Motiven ein neuartiger Lerneffekt (und damit eine gegenüber allem Bisherigen neue Verhaltensweise) angestrebt wird. Die Motive für die Einführung von Zielen oder Inhalten in das Curriculum sind beim Innovationsansatz z. B. weltanschaulicher, politischer, religiöser,

anthropologischer Natur. Auf alle Fälle sind die innovativen Curriculuminhalte in ihrer Notwendigkeit nicht „empirisch" begründbar.
S. B. Robinsohn (1967) spricht in ähnlichem, wenn auch philosophisch bereits vorbestimmtem Sinne von einem „emanzipatorischen" Aspekt des Curriculums. Die Differenzierung zwischen Curriculuminhalten, die nach einer bestimmten Bedürfnislage ausgewählt sind, und solchen, die aus Interessen an einer über die Bedürfnisse hinausgehenden Erneuerung eingeführt werden, mit den Begriffen „Bedürfnis" oder „Anpassung" und „Emanzipation" dürfte für die Curriculumtheorie und die -strategie Unklarheiten schaffen, da damit zu leicht bestimmte weltanschauliche Vorstellungen verbunden werden. Die Differenzierung hätte dann weniger curriculumtechnische als vielmehr bereits inhaltlich-bestimmende Funktionen. Der Begriff „Emanzipation" steht heute nämlich im Gegensatz zu „Perpetuierung", „Anpassung". Ob eine solche Antinomie von Robinsohn mit seinem Ausdruck „Emanzipation" beabsichtigt wurde, ist unklar. Wir möchten uns deshalb wie bisher an die für uns eindeutigere Terminologie von *„Bedürfnisansatz"* und *„Innovationsansatz"* halten.
Die Grundfrage beim Bedürfnisansatz lautet: Welche Bildung braucht der Schüler, um Verhaltenssituationen zu bewältigen, die sich unter seinen aktuellen Lebensbedingungen und unter jenen ergeben, die sich bei Fortentwicklung der aktuellen Bedingungen künftig herausstellen werden. Im „aktuellen Bedürfnisansatz" richtet sich die Frage nach den Lerninteressen, den Lernfähigkeiten, dem gegenwärtigen Bedarf des Schülers an Bildung, um weiterführende Lernschritte zu fundieren. Im „prognostischen Bedürfnisansatz" geht es um jene Bedürfnislage, die direkt oder indirekt durch das gegenwärtige Bildungsangebot positiv beeinflußt werden kann, aber nur mittels einer Prognose in ihren Strukturen zu erschließen ist. Ein Beispiel dieser Fragestellung würde vielleicht heißen: Welche statistischen Techniken muß ein 23jähriger Psychologiestudent lernen, damit er 15 Jahre später seine Fachzeitschrift lesen kann?

1. Auswahlkriterien für Bildungsbedürfnisse

Wenn die Curriculumkonstruktion die Bedürfnislage zum Ausgangspunkt für die Fixierung der Curriculuminhalte wählt, wie das zum Teil bei den bekannten schwedischen Untersuchungen mit Abnehmern von Gymnasiasten und Grundschülern geschehen ist (vgl. Husén, Dahllöf 1960a; Husén, Boalt 1967; Scheerer 1969), dann sind die künftigen Verhaltenssituationen zu bestimmen.

D. Knab (1969a) nimmt an, daß „Klassen von Verwendungssituationen" gebildet werden. Aufgrund dieser „Klassen" bzw. „Bezugsfelder der Schule" (1969a, 30) sind Entscheidungskriterien für die Auswahl bestimmter Curriculuminhalte (Unterrichtsthemen, Lernorganisationen usw.) abzuleiten. Letztlich ist es wahrscheinlich die Struktur (das relationale Verhältnis der einzelnen Elemente) dieser Klassen, welche als Entscheidungskriterien für die Auswahl bestimmter Curriculuminhalte dienen dürfte, was bei Knab nicht deutlich hervortritt.

Entscheidend scheinen diese Gesichtspunkte zu sein, welche für die Bildung der Klassen beigezogen werden. Wenn die Entscheidungskriterien für die Auswahl der Curriculuminhalte von den Strukturen bzw. relationalen Verhältnissen der Klassen und diese wiederum von den Merkmalen der Klasse als Ganzes abhängen, wird der Schlußeffekt der gesamten Implikationskette von den Entscheidungen bei der Auswahl für die Gesichtspunkte der Klassenbildung bestimmt. Das Schema über die Implikationszusammenhänge kann die angedeutete Problematik verdeutlichen.

Der gleiche Implikationszusammenhang erscheint bei den Taxonomien. Sie stellen Systematisierungen von Lernzielen oder Lernobjekten nach bestimmten Gesetzmäßigkeiten (Ähnlichkeiten, Unterschieden usw.) dar. Beim Bedürfnisansatz geht es darum, einzelne Bildungsbedürfnisse oder potentielle Verwendungssituationen einer Klassifikation zuzuteilen, um sie übersichtlich zu machen und um Bezugspunkte für die Auswahl zu gewinnen. Daß die Taxonomie nicht als Klassifikation, sondern höchstens in Form ihrer Fundamente zum Kriterium für die Auswahl werden kann, ist schon mehrmals diskutiert worden. Doch kommen den Taxonomien, wenn sie sich eignen, noch mehrere andere

Implikationszusammenhänge bei der Entstehung von Entscheidungskriterien für die Auswahl von Curriculuminhalten auf der Basis der Verwendungssituationen der Lernprodukte

Beschreibungen der Bildungsbedürfnisse
bzw. Verwendungssituationen

↓

Auswahl von Gesichtspunkten für die
Klassenbildung von Verhaltenssituationen
oder Lernzielen[1]

↓

Klassifikation

↓

Bestimmung der relationalen Verhältnisse
der Klassenelemente[2]

↓

Formulierung von Entscheidungskriterien
für die Auswahl von Curriculuminhalten[3]

Aufgaben zu, so z. B. die standardisierte Einteilung der Verwendungssituationen, die Prüfung der Häufigkeitsverteilung der Verwendungssituationen auf die einzelnen Gebiete. Es bleibt allerdings die Frage, ob die Taxonomien die Bildungsbedürfnisse oder Verhaltenssituationen so zu erfassen vermögen, daß sie Prioritäten oder Hierarchisierungen erlauben. Mit andern Worten: die Brauchbarkeit der Taxonomien hängt von der Frage ab, ob sich die klassenbildenden Gesetzmäßig-

---

1 Frage: welche Ähnlichkeiten, Kontiguitäten, Differenzen usw. gestatten die Bildung einer Reihe von Klassen? Vgl. Eysenck H. J., Eysenck S. B. G. et al.: Personality structure and measurement. London 1969.

2 Frage: welche theoretischen Sätze ergeben sich aus den klassenbildenden Elementen? welche „Sinnstruktur" liegt der Klassifikation zugrunde? Vgl. Sokal R. R., Sneath P. H. S.: Principles of numerical taxonomy. London 1963.

3 Es kann auch Auswahlkriterien geben, die nachträglich von außen an klassifizierte Verwendungssituationen oder Lernziele herangetragen werden.

keiten auf jene Problematik beziehen, welche in der Curriculumkonstruktion als bedeutsam erachtet werden. Ein Beispiel: wenn eine Taxonomie nach dem Gesichtspunkt der Komplexität von Verhaltensweisen aufgebaut ist, in der Curriculumkonstruktion aber bereits entschieden ist, daß die Relevanz für die gesellschaftliche Prosperität als Auswahlkriterium dienen soll, ist die genannte Taxonomie unbrauchbar. Stimmt die Taxonomie in diesem Punkte aber mit den Erwartungen der Curriculumkonstrukteure überein, kann die Taxonomie die ganze Arbeit der Klassenbildung und der Suche nach systematischen Kriterien ersparen.

2. Die Anwendungsproblematik

Beim heutigen Stand der Diagnosetechnik von Bildungsbedürfnissen, werden die Verwendungssituationen von Lerneffekten u. a. aus folgenden Verfahren und Befunden gewonnen: Arbeitsplatzanalyse, Rollenanalyse, Gewichtung von Lerneffekten bzw. Lernzielen durch Experten, Autostereotype von Absolventen, logische Analyse der Entstehung von Erkenntnissen in der Wissenschaft, Inhaltsanalyse von Informationsbeständen (z. B. über Demokratie, Computertechnik), didakometrische Befunde aus der Analyse von Problemlösungsprozessen, Persönlichkeitsinventare.
Aus diesen diversen Instrumenten zur Feststellung der Bildungsbedürfnisse entstehen verschiedenartige Aussagesysteme, die sich bezüglich Inhalt, Mitteilungsform, Realitätsbezug und innerer Konsistenz zum Teil voneinander abheben. Wie sollen diese verschiedenen Informationen gemeinsam verarbeitet und in Unterrichtsdimensionen umgesetzt werden? E. Roth (1968) schlägt eine Zurückführung der vielfältigen Variablen auf tiefer liegende Merkmale mit Hilfe der Faktorenanalyse vor. Beim schwedischen Gymnasialprojekt, in dem „Experten" aus 65 vorgegebenen Lernbereichen verschiedene Klassifizierungen vornehmen mußten oder beim LOT-Projekt an der Universität Konstanz, wo den Ausgangspunkt ebenfalls vorformulierte Lernziele bilden, dürften die zu verarbeitenden Aussagen nicht zu heterogen sein, um in einheitliche Curriculuminhalte übersetzt zu werden. Zudem

erfolgt bei beiden Projekten die Bedürfnisfeststellung bereits in „unterrichtsnahen" Kategorien (Lernzielen), was bei Arbeitsplatzanalysen, Persönlichkeitsinventaren und anderen Verfahren nicht der Fall ist. Theoretisch besteht die Möglichkeit, die mit verschiedenen Instrumenten gewonnenen Bedürfnisdiagnosen (die zum größten Teil verbal formuliert sein dürften) als Verhaltensweisen (im Sinne des Endverhaltens bei der Lernzielformulierung) zu beschreiben. Damit sind aber noch keine Klassen gebildet, die eine systematische Auswahl erlauben. Verwendet man in diesem Stadium die TEO, ist für das Auffinden von Curriculuminhalten verhältnismäßig wenig gewonnen. Freilich lassen sich Aussagen über die Komplexität der einzelnen Bildungsbedürfnisse, über deren Ort in der Hierarchie und über die Beziehung der einzelnen Verhaltensniveaus zueinander machen. Es lassen sich auch Vergleiche über die Zugehörigkeit der Bildungsbedürfnisse von verschiedenen Gruppen (z. B. Zeichner, kaufmännische Angestellte) oder kulturellen Verhaltensbereichen (z. B. Fremdsprachen, Technik) zu den taxonomischen Klassen anstellen. Das gleiche ist in bezug auf verschiedene Schultypen und verschiedene vorhandene Curricula möglich.

Eine weiterführende Verarbeitung ist mit dem Beurteilungsschema von Gagné möglich. Die Klassifizierung der Bedürfnisfeststellungen mit Hilfe der 8 Lernarten nach Gagné setzt allerdings die Kenntnis der „Bedingungen" des Lernens voraus. Für die Bestimmung der Curriculuminhalte, insbesondere die Entwicklung von Lernsequenzen ist damit ein größerer Schritt getan. Es ist eindeutiger festgehalten, wie sich die Lernprozesse unterscheiden, die zu den verschiedenen Verhaltensweisen hinführen. „Ausmaß" und Komplexität des Lernvorganges sind damit näher qualifiziert als bei einer Zuordnung zu den Einheiten der TEO. Da die 8 Lernarten nach Gagné jeweils nur wenige bestimmende Merkmale besitzen und deshalb in Hinsicht auf die einzelnen Verhaltensbeschreibungen relativ informationsarm sind, muß eine taxonomische Bearbeitung der vorhandenen Verhaltensdefinitionen einen Informationsabfall gegenüber den ursprünglichen Beschreibungen hinnehmen, was eine Frage der curricularen Reliabilität ist.

Es besteht eine Frage, die bei jeder Verarbeitung von Bedürfnisbeschreibungen (z. B. für Mathematik oder Technik oder Fremdsprachen) zu beantworten ist, nämlich ob die Unschärfe in der curricularen Zuverlässigkeit so tiefgreifend ist und gerade jene Bereiche betrifft, welche möglicherweise für die Qualifizierung der Verwendungssituation und die Auswahl bezeichnend sind.

3. Taxonomie und curriculare Zuverlässigkeit

Das anfallende Problem sei noch einmal an einem Beispiel erläutert: Gegeben sind Bildungsbedürfnisse. Als Instrument zum Auffinden der Bildungsbedürfnisse diente eine Arbeitsplatzanalyse, so daß z. B. 100 Verhaltensweisen vorliegen. Nun kann man aber von diesen 100 Verhaltensweisen nicht unmittelbar 50 auswählen, um sie in das Curriculum aufzunehmen. Sonst enthält das Curriculum nach den bisherigen Erfahrungen wahrscheinlich nur ein bis zwei Schwierigkeitsgrade. Das Curriculum besteht aus 50 Elementen, die thematisch vielleicht nicht zusammengehören und folglich nicht in Sequenzen gebracht werden können. Überdies ist zu erwarten, daß die Lernziele nur bei sehr verschiedenen Lernvoraussetzungen erreicht werden können. Der letzte Fall wird vor allem bei den Lernzielen bedeutsam, die hohe Anforderungen an den Schüler vor dem Lernbeginn stellen. Die Bestimmung der Eingangsvoraussetzungen der Schüler zur Erreichung eines bestimmten Lernzieles setzt voraus, daß die Komplexität des Lernzieles bekannt ist. Wir müssen also 1. die Verhaltensweise aus der Arbeitsplatzanalyse in ein Lernziel umformulieren (sofern das noch nötig ist), 2. den Schwierigkeitsgrad des Lernziels feststellen (wozu die TEO verwendet werden kann), 3. die Lernart mit den verschiedenen Lernbedingungen oder Lernvoraussetzungen eruieren (was z. T. mit dem Gagnéschen System geschehen kann).

Nach dieser Verarbeitung des Bildungsbedürfnisses aus der Arbeitsplatzanalyse könnten wir die Entscheidungen über die wichtigen Bildungsbedürfnisse treffen, die ins Curriculum eingehen sollen. Daß die Auswahl dennoch hauptsächlich aufgrund eines „Außenkriteriums" erfolgt, ist früher begründet worden. Solche Außenkriterien können

sein: Prioritäten in der wirtschaftlichen Produktivität des Arbeitsplatzes, Psychohygiene des Arbeiters, Gefahren am Arbeitsplatz.
Das Außenkriterium dient nur *in Verbindung* mit den aufbereiteten Verhaltensweisen der Arbeitsplatzanalyse (Punkt 1 bis 3 im vorausgehenden Abschnitt) als Gesichtspunkt für die Entscheidung[1]. Das Problem besteht nun im Informationsgewinn bzw. im Informationsverlust, der durch die Taxonomisierung erscheinen kann. Die TEO und das Gagnésche System oder auch andere Taxonomien überformen die ursprünglichen Verhaltensweisen durch neue Gesichtspunkte. Zum Teil geschieht das durch die Neufassung der Verhaltensweisen als Lernziele, z. T. durch die Eingliederung in taxonomische Klassen, z. T. durch die klassifikatorischen Gesichtspunkte, welche die Beurteiler erhalten, wenn sie aus den *taxonomisierten* Lernzielen eine Anzahl auswählen.
Das hier angesprochene curriculare Zuverlässigkeitsproblem kann man in einer Kurzfassung umschreiben als: *Informationsgewinn und/oder -verlust durch Taxonomisierung.* Im konkreten Fall des Bedürfnisansatzes wiegt diese Problematik besonders schwer, handelt es sich doch um das einzige curriculare Verfahren, bei dem mit einer annähernd objektiven Methode die richtigen Lernziele ermittelt werden sollen.
Die Bedeutung der Taxonomien im Bedürfnisansatz erstreckt sich somit auf das theoretische Gebiet. Die Entscheidung für eine Taxonomie zieht die Annahme ihrer theoretischen Voraussetzungen mit ein.

Zusammenfassung: Die Informationsgewinnung bei der Feststellung von Bildungsbedürfnissen vollzieht sich mit verschiedenen Instrumenten und führt zu Informationen, die sich bezüglich Inhalt und Mitteilungsform unterscheiden. Die Umsetzung der verschiedenen Diagnosen und Prognosen an Bildungsbedürfnissen in Verhaltensbeschreibungen bzw. Lernziele kann unter Verwendung von Taxonomien geschehen. Die Verwendung der TEO bedeutet eine „Einengung“ der Bildungsbedürfnisse auf die sog. Lernerfahrungen auf Kosten der Lernobjekte.

1 Die Verhaltensweisen können zusätzlich mit einer inhaltlich-thematischen Taxonomie klassifiziert werden, sofern sie genügend breit streuen.

Deshalb leisten lernpsychologisch fundierte Taxonomien nur einen Teil der Funktionen, die beim Bedürfnisansatz notwendig sind. Sofern sie aber eingesetzt werden, ziehen sie eine mehrfache Wirkung nach sich, indem sie bei der Klassenbildung wirksam werden und deren Struktur beeinflußen, die ihrerseits wieder eine Grundlage für die Entscheidungskriterien ist, mit deren Hilfe die einzelnen Curriculuminhalte ausgewählt werden.
In der bisherigen Curriculumpraxis sind die Taxonomien selten im beschriebenen Ausmaß eingesetzt worden, weil man glaubte, mit Hilfe von sog. Prioritäten, wie z. B. „Gesellschaft" oder „Individuum", die einzelnen Bedürfnisfelder gewichten zu können. Eine gewisse Ausnahme bilden die Verfahren der Curriculumkonstruktion in Schweden oder die Arbeiten, welche von Cox und Unks (1967) gesammelt worden sind. Dabei ist selten untersucht worden, welchen *Einfluß die Taxonomie auf die Auswahl der Curriculumelemente hat.* Nach den vorliegenden Analysen dürfte feststehen, daß die Taxonomien einen Informationsverlust oder einen Informationsgewinn ermöglichen können. Sie fungieren also nicht nur als Kontrollinstrument nach vollzogener Verarbeitung der Bildungsbedürfnisse, wie Blankertz, Bohnsack, Rückriem und andere Didaktiker annehmen. Die Taxonomien können einen Informationsgewinn veranlassen, indem sie neue Dimensionen von Lernerfahrungen, inhaltliche Aspekte und Elemente der Lernziele hervorrufen. Dadurch entstehen mittels Taxonomie neue Perspektiven, d. h. Informationen, welche die Entscheidungen beeinflussen. Beim Bedürfnisansatz bilden die Taxonomien einen Teil der theoretischen und praktischen Grundlagen. Die theoretischen Fundamente der Taxonomie sind auch Teilfundamente der Theorie des Bedürfnisansatzes.

H. Die Bedeutung im Zusammenhang mit der Theorie der kriteriumsbezogenen und lernzielorientierten Tests

Der folgende Abschnitt bezieht sich vorwiegend auf die TEO. Die kriteriumsbezogene (oder lernzielorientierte) Leistungsmessung hebt sich a) von der Fähigkeitsmessung und b) von der normorientierten

Leistungsmessung ab. Für den vorliegenden Problemzusammenhang ist der Unterschied zur normorientierten Leistungsmessung vorrangig. Die normorientierte Leistungsmessung, z. B. in einer Mathematikprüfung, führt zur Unterscheidung von Individuen. Der Prüfer vergleicht die Leistung des Schülers A mit den Leistungen der übrigen Schüler. Dadurch wird die Position des Schülers relativ zur Norm aller Schüler bekannt. Die Unterschiede zwischen den Individuen entstehen aufgrund der variierenden Schwierigkeitsgrade der Prüfungsaufgaben. Der „Schwierigkeitsgrad“ der Aufgabe leitet sich nicht primär von der Sache ab, die geprüft wird, sondern von den Leistungen vergleichbarer Individuen, wobei damit die Fähigkeit des Individuums, eine Aufgabe lösen zu können, gemessen wird. Der Schwierigkeitsgrad besteht in der Häufigkeit, mit der eine Aufgabe von den Schülern gelöst wird. Um in diesem Sinne Individuen voneinander abzusondern, dürfen in einer Prüfung keine Aufgaben von allen Individuen (100%) und keine Aufgaben von keinem einzigen Individuum (0%) erfolgreich bearbeitet werden.

Dieser Art von Schwierigkeitsbestimmung bedient sich die klassische Testkonstruktion sowohl bei standardisierten wie bei informellen Tests (auch lehrergemachte Tests oder standardisierte Klassenarbeiten genannt, vgl. Lienert 1967; Anastasi 1964; Lindquist 1951). Nach diesem Verfahren kann z. B. eine Mathematikaufgabe deshalb einen hohen Schwierigkeitsgrad aufweisen, weil eine große Zahl der Prüflinge die notwendige mathematische Formel nicht gelernt hat. Dabei kann es sich mathematisch (vom Stoff oder gesamten Lernprozeß) her gesehen um eine sehr einfache Problemstellung handeln. In der klassischen Testtheorie wird versucht, die Position eines Individuums hinsichtlich einer bestimmten Fähigkeit dadurch zu bestimmen, daß man durch die Untersuchung einer großen Stichprobe die Verteilung dieser Fähigkeit innerhalb der Population ermittelt.

Anders ist die Situation im kriteriumsbezogenen Test. Hier fungieren nicht primär die übrigen Individuen als Vergleichsbasis. Bezugspunkt sind alle möglichen Leistungen oder Verhaltensweisen in einem Gebiet, z. B. Mathematik. Und zwar stellt man sich dieses „Leistungsgebiet“ als aufsteigendes, d. h. hierarchisches, nach Schwierigkeitsgraden aufgebautes, Kontinuum vor. „Der Leistungsstand eines Individuums kommt auf einen Punkt dieses Kontinuums zu liegen, je nachdem, welches Verhalten das Individuum während des Tests zeigt. Das Ausmaß, in dem diese Leistung der erwünschten Höchstleistung gleichkommt, kann auf jedem sich ergebenden Niveau durch kriteriumsbezogene Messungen der Leistung festgestellt werden. Der Standardwert, mit dem die Leistung des Schülers verglichen wird, ist bei einer Messung dieser Art genau jenes Verhalten, durch welches der betreffende Punkt auf dem Leistungskontinuum definiert ist." (Glaser 1967, 44. Vgl. hierzu auch Raschs Testtheorie, deutsch nach Stene 1968; auch Lord, Novick 1968).

In der Sprache der Testtheorie heißt das: Es gehen keinerlei Parameter der Personenpopulation ein. „Jede Messung wird unabhängig von allen andern, welche gemacht werden könnten oder tatsächlich durchgeführt wurden, charakterisiert. Das Modell enthält lediglich eine Aussage über die Wahrscheinlichkeit eines bestimmten, beobachtbaren Verhaltens, z. B. einer Testleistung, in Abhängigkeit von einer latenten Eigenschaft" (Fischer 1968, 78).

Eine ähnliche *Konzeption* steht nun auch hinter der TEO, die zwar der äußeren Bezeichnung nach die „Lernziele" behandelt, praktisch aber vorwiegend an Prüfungsaufgaben ausgerichtet ist. Die TEO enthält eine Beschreibung von erwarteten Leistungen, die von einem niedrigen Niveau, d. h. leichten Aufgaben, bis zu einem maximal hohen Niveau mit schwierigsten Aufgaben kontinuierlich ansteigen. Das „taxonomische" Charakteristikum besteht in den Intervallen oder Klassen. Nicht jede mögliche Aufgabe eines Mathematiktests bildet für sich einen identifizierbaren, unmittelbar ersichtlichen Punkt auf dem Kontinuum. Vielmehr sind Leistungsbereiche oder Klassen vorhanden. Es handelt sich um ein hierarchisches Ordnungsgefüge (taxis). Deshalb besteht die Verwandtschaft der TEO zum stochastischen Testmodell von Rasch oder der allgemeinen Modellvorstellung kriteriumsbezogener Tests von Glaser (im Anschluß an Flanagan und Ebel) nur in der *Absicht*. Diese richtet sich auf die Messung intraindividueller Unterschiede, während die bisherige Teststatistik und auch weitgehend die Notengebung in der Schule *inter*individuelle Unterschiede feststellt. Bemerkenswert ist in diesem Zusammenhang freilich, daß

Glaser in dem zitierten Aufsatz sowohl Messungen zwischen (inter) wie innerhalb (intra) von Individuen anstrebt.

Die Bedeutung der TEO für die stochastischen Lernmodelle liegt auf zwei Ebenen: auf der innovatorischen und der instrumentellen. Die innovatorische: die TEO hat eine breite Erhellung des Problembewußtseins in Gang gesetzt. Obwohl man in den letzten Jahrzehnten Millionen Schüler in ihren Leistungen beurteilt und die festgestellten Leistungen oft quantitativ ausgedrückt hat, ist die Problematik dessen, was man beurteilt und in den Noten ausdrückt, kaum bewußt geworden (vgl. Salzmann 1967; Flitner 1966). Die pädagogische Literatur (etwa seit 1960) enthält dagegen in zunehmendem Maße (unter Bezug auf die TEO) den Hinweis, daß der Vergleich von Schülern untereinander ohne Bezugssystem höchst willkürlich ausfalle und daß überhaupt zu prüfen sei, ob man nicht besser von dem schülervergleichenden Notensystem abkommen soll, um dafür *die Leistung des Schülers auf das angestrebte Endverhalten* (Lernziel oder Bildungsziel) zu beziehen.

Das Auftreten dieses Gesichtspunktes bereitet das Feld für die künftigen Verfahren a) der Schülerbeurteilung, b) der Selektion von Schülern für spezielle Kurse (streaming, setting usw.) und c) der Auswahl bzw. Anordnung (Sequenzbildung) von Lerngegenständen im Curriculum vor. Die Verfahren werden gegenüber den jetzt praktizierten viel komplexer sein. Sie werden nur dann in einem breiten Maße Verwirklichung finden, wenn die meisten „entscheidenden" Pädagogen die Problematik des bisherigen Beurteilungsmodus und dessen Alternative verstehen. Die stochastischen und individuumszentrierten Meßtheorien (insbesondere auch Rasch) wären für die Pädagogen im gegenwärtigen Zeitpunkt zu komplex und undurchsichtig gewesen. Das einfache und pragmatische Beurteilungsschema der Taxonomie bereitete (und bereitet immer noch) den Weg für die genannten individuums- oder lernzielzentrierten Verfahren vor (vgl. Horn 1971).

Die zweite Wirkung liegt auf der instrumentellen Ebene: Mit der Taxonomie ist ein (vorläufiges) Arbeitsinstrument geschaffen, das leicht anwendbar ist. Es hat schon zu einigen praktischen Erfolgen geführt, indem möglich geworden ist, die Schülerleistungen in vermehrtem Maße an den Leistungspotenzen des einzelnen Schülers selber zu messen. Das Urteil über die Leistung eines Schülers kann leichter auf eine intraindividuelle Basis abgestützt werden als beim bisherigen Verfahren. Es ist weniger auf den Vergleich mit andern Individuen angewiesen.

Mit der Taxonomie ist in gewisser Weise *ein individuumszentrierter Vergleichsmaßstab* gegeben. Doch dieser entlehnt seine Prinzipien der Psychologie. Die Grundeinteilung der TEO lautet: kognitiver Bereich, emotional-affektiver Bereich, psycho-motorischer Bereich. Die Klassen innerhalb der 3 Bereiche sind nach einer (unausgesprochenen) psychologischen Theorie angelegt. Der Lerngegenstand, z. B. Mathematik oder Gemeinschaftskunde, geht nur indirekt in die Klassenbildung ein. Die Lernvoraussetzungen der Schüler in der Art von „learning sets" oder Lernfähigkeiten und die Lernorganisation bestimmen die Klassen nicht oder nur unmittelbar. Umgekehrt gedacht: Lerngegenstand, Lernvoraussetzung und Lernorganisation sind mit der Taxonomie nur indirekt erfaßbar — ganz abgesehen von dem, was man in der deutschsprachigen Pädagogik „didaktische Struktur" oder „Inhaltsstruktur" nennt. Und gerade solche Aspekte dürfen bei der Beurteilung des Lernerfolges auch bedeutsam sein (Weinert 1969). Für eine Theorie des Curriculums sind sie fundamental. Darin geht es um die Lern*ziele*, deren Rückwirkung auf die Gestaltung eines Lerngegenstandes (z. B. Geschichte des Mittelalters), die Abfolge der einzelnen Themen und die Voraussetzungen, diese „lernen" zu können. Eine curriculare Klassifikation kann im allgemeinen also nicht allein den lernpsychologisch ermittelten Schwierigkeitsgrad oder die „Internalisationsstufe", so wenig wie nur den Inhalt, d. h. eine Aufgliederung der Kulturgüter, zum Bezugssystem machen.

Zusammenfassend läßt sich nach dem letzten Abschnitt feststellen: Die TEO findet ihre Bedeutung einerseits im Instrumentellen. Sie gestattet, Lernziele oder Prüfungen in ein Klassifikationssystem einzuordnen, das psychologisch fundiert ist. Dadurch werden viele Lernzielentscheide und Schülerbeurteilungen einer gewissen Willkür enthoben. Auf der andern Seite zentriert sich die Bedeutung der TEO für die Curriculumarbeit, und auch die Curriculumtheorie, auf die Erhellung des Problembewußtseins bezüglich der Dimensionen und deren Gestalt bei Curriculumentscheiden. Die Taxonomie brachte das Konzept der hierarchisch gegliederten und auf Lernziele ausgerichteten Beurteilungsskala in breite Kreise. Indem sich die TEO aber auf ein rein psychologisches Betrachtungssystem beschränkt, wird an ihr die Unmöglichkeit demonstriert, sowohl Auswahl von Lernzielen wie Beurteilung von Schülerleistungen an einer einzigen Betrachtungsdimension orientieren zu können. Diese Feststellung hat eine große Bedeutung angesichts der zahlreichen Versuche in den letzten Jahren, einfache (eindimensionale) Klassifikationen zu entwickeln, mit deren Hilfe alle Ziele und Themen eines Curriculums ausgewählt werden können.

I. Zusammenfassung

1. Im Zentrum der Analysen stand die konkrete Bedeutung der Taxonomien für das Curriculum, und zwar in Hinsicht auf
   a) die bisherige praktische Verwendung der Taxonomien,
   b) die mögliche praktische Verwendung,
   c) die innovatorische Verwendung und Bedeutung.
   Um nicht nur die vorhandene Praxis zu erfassen, welche die tatsächlichen Prozesse verdecken könnte, haben wir auch die logisch möglichen Funktionen der Taxonomien ausgegliedert.
2. Bei den psychologischen Taxonomien zeichneten sich (nach Isenegger) zwei hauptsächliche Funktionsbereiche ab: Funktionen im Zusammenhang mit der Messung von Lernergebnissen und Funktionen bei der Planung des Curriculums. In der Frage nach der Theorierelevanz der Taxonomien haben sich vor allem die Funktionen der zweiten Gruppe als fruchtbar erwiesen. Zu den Funktionen bei der Planung des Curriculums gehören nämlich: Lernzielhierarchisierung, Planung von Lernbedingungen, Verwendung als Referenzsystem für Entscheidungen über Curriculuminhalte, Planung von Lernsequenzen.
3. Die inhaltlich-thematischen Taxonomien sind in der Curriculumpraxis weniger häufig zur Anwendung gelangt als die psychologischen. Der Grund liegt wohl zur Hauptsache in der besseren Operationalisierung der psychologischen Taxonomien und in

dem gering entfalteten Bewußtsein, Lernobjekte nach inhaltlich-thematischen Gesichtspunkten zu systematisieren.

4. Der praktische Einsatz der Taxonomien erfolgte bislang vorwiegend in den angelsächsischen und skandinavischen Ländern, während im deutschen Sprachgebiet die theoretische Auseinandersetzung im Vordergrund stand.
5. Die psychologischen Taxonomisierungen hatten primär die Lernziele und Testitems zum Gegenstand. Lernobjekte wurden seltener taxonomisch verarbeitet.
6. Obwohl die psychologischen Taxonomien (vor allem die TEO) schon in vielen tausend Fällen der Curriculumkonstruktion und Unterrichtsvorbereitung beigezogen wurden, erfuhren die allgemein wissenschafts- und curriculumtheoretischen Probleme kaum eine weitere Diskussion, obwohl z. B. die Autoren der TEO und Gagné für sein System die Implikationen deutlich herausgestrichen haben, die beim Gebrauch der Taxonomien auftreten.
7. Eine besondere Bedeutung erhält die TEO für die Objektivierung der Prüfungen und für die Identifikation von Lernzielen durch verschiedene Personen, die mit dem Curriculum zu tun haben, so die Lehrer, Schulpsychologen, Inspektoren. Die Taxonomien gestatten die Verbesserung der Konsistenz, Zuverlässigkeit und Konsensbildung im Curriculumprozeß.
8. Die Verwendung der Taxonomien führt auch zur Erschließung von unbekannten Lernerfahrungen, wodurch die weitreichende Frage entsteht, inwiefern die Taxonomie bzw. deren theoretische Grundlagen die Curriculumentscheidungen beeinflussen. Diese Frage kommt in den folgenden Abschnitten noch weiter zur Sprache.
9. Die Taxonomien dienen bei der Vorevaluation, so z. B. bezüglich Komplexität der beabsichtigten Lernprodukte oder bezüglich der gelernten Objekte. Diese Funktion wird durch den Theorieanspruch ermöglicht, der den Taxonomien aufgrund der Definition zugrundeliegt.
10. Die Taxonomien, insbesondere die TEO, erfüllten in den letzten Jahren umfangreiche innovatorische Aufgaben, indem sie eine Betrachtungsform in die Curriculumforschung und -praxis ein-

brachten, welche die kriteriums- oder lernzielorientierten Testtheorien und die didakometrischen Modellvorstellungen für einen weiteren Kreis von Interessierten leichter zugänglich machten.

10. Die Reichweiten der Taxonomien

Während in den letzten Abschnitten die Bedeutungen der Taxonomien für die Curriculumstrategie zur Sprache kamen, sind in den folgenden die theoretischen Aspekte Hauptgegenstand. Die Analyse der praktischen Funktionen hat aufgewiesen, daß die Taxonomien zahlreiche Konsequenzen für die Curriculumtheorie nach sich ziehen. Besonders deutlich wurde dieser Sachverhalt an den Untersuchungen über die Informationsveränderungen bezüglich Lernzielinhalten bei Personen, die ein Training in der Anwendungstechnik von Taxonomien bzw. deren Voraussetzung, der Operationalisierung von Unterrichtsbeschreibungen, mitgemacht haben.

Der Begriff „Reichweite", den der Titel mitenthält, ist im üblichen umgangssprachlichen Sinne zu verstehen. Es geht um die Frage: *wieweit* beeinflussen bzw. können die Taxonomien die Curriculumtheorien beeinflussen? Und: in *welchen Bereichen* können die Taxonomien die Curriculumtheorien beeinflussen?

Die Allusion an den Ausdruck der „Theorien mittlerer Reichweite" von R. K. Merton (1967) ist hier zufällig, obwohl es auch in unserem Zusammenhang um die Theorienbildung geht. Der Begriff „Theorien mittlerer Reichweite" ist bei Merton vor allem aufgrund des Kriteriums „Abstraktionsniveau" bzw. „Bezug der Aussagen zur soziologischen Beobachtung" entstanden. Die „Reichweite" in unserem Kontext bezieht sich auf die inhaltliche oder thematische Ausdehnung der Taxonomien.

A. *Der inhaltliche Umfang der Taxonomien*

Die Curricula der sogenannten Allgemeinbildenden Schulen, zu denen heute bis zur Hochschule (Tertiärstufe) praktisch alle Ausbildungsgänge zählen, erheben fast durchwegs den Anspruch, den ganzen Menschen zu bilden. Die Erziehung wird von der Mehrzahl der Pädagogen überdies auf die „Verantwortung", das „Gewissen", die „gesellschaftliche Verpflichtung" oder die „Emanzipation" des Menschen hin angelegt[1]. Diese „absoluten" Zielpunkte schließen alle inhaltlichen, psychologischen, soziologischen oder anders interpretierbaren Aspekte der Bildung mit ein. Es stellt sich wiederum ein impliziter Anspruch auf Vollständigkeit. Wenn nun Taxonomien als Beurteilungskriterien für Curriculumentscheidungen eingeführt werden, müssen sie mit diesem realen, gewünschten oder denkbaren Vollständigkeitsanspruch konfrontiert werden.

Die Versuche, diese Vollständigkeit zu erreichen, sind in zwei Gruppen zu gliedern. Es gibt grundsätzlich die Möglichkeit:

a) Taxonomien für verschiedene Bereiche aufzustellen, um sie nachträglich zusammenzusetzen;
b) eine einzige, umfassende Taxonomie aufzubauen.

a) Aufstellung verschiedener Taxonomien, die kombiniert werden:

Die Taxonomien haben die Gestalt von zwei- oder mehrdimensionalen Matrizen. Bis jetzt sind praktisch nur zweidimensionale Matrizen angewendet worden. Im Zusammenhang mit einem mehrstufigen Entscheidungsprozeß ist es auch denkbar, eine ganze Reihe von Taxono-

---

1 Vgl. hierzu Derbolav mit der dortigen Literaturübersicht:
Derbolav J.: Die Stellung der Pädagogischen Psychologie im Rahmen der Erziehungswissenschaft und ihre Bedeutung für das pädagogische Handeln. In: Handbuch der Psychologie. Bd. 10. Pädagogische Psychologie. H. Hetzer (Hrsg.).
Göttingen 1959, 3—43.

mien einzusetzen. K. H. Flechsig (1970) schlägt 6 Taxonomien vor, um alle relevanten Bezugssysteme und Kriterien für die Auswahl von Curriculumelementen einzufangen.
Einen interessanten Versuch haben W. French und Mitarbeiter realisiert, bei dem die Klassifikationssysteme allerdings nicht in jeder Hinsicht das Niveau von Taxonomien erreichen. W. French und Mitarbeiter haben die „behavioral goals of secondary education" (1957) in 4 Gebiete eingeteilt: 1) die Ziele der Selbstverwirklichung und die damit verbundenen Verhaltensziele, 2) die Ziele der menschlichen Beziehung und die damit verbundenen Verhaltensziele, 3) die Ziele der ökonomischen Wirksamkeit und die damit verbundenen Verhaltensziele 4) die Ziele der Verantwortungen als Bürger und die damit verbundenen Verhaltensziele (1957, 58ff.).

In einer andern Formulierung werden die 4 „Bereiche, in denen Verhaltenskompetenz" (1957, 87) erwartet wird, folgendermaßen beschrieben: „... jeder High-School-Student muß:

1. eine maximale *intellektuelle* Entwicklung und Ausgestaltung erreichen...
2. *kulturell* orientiert und integriert werden...
3. physische und psychische *Gesundheit* bewahren und fördern...
4. *ökonomisch* kompetent werden..." (1957, 89).

Die Begründung dieser Vierteilung erfolgt aufgrund von Plausibilität und Evidenz (1969, 85). Allerdings werden die 4 Zielbereiche auf 3 andere Kategorien bezogen und dadurch gefiltert. Während die 4 Bereiche eine inhaltlich-thematische Anlage besitzen, sind die 3 Bezugskategorien psychologisch und soziologisch orientiert. Die Autoren gehen von der Annahme aus, daß der Jugendliche seine Fortschritte in 3 „Entwicklungsrichtungen" (directions of growth) macht:

1. „Entwicklung in Hinsicht auf Selbstverwirklichung...
2. Entwicklung in Hinsicht auf wünschbare zwischenmenschliche Beziehungen in Kleingruppen...
3. Entwicklung in Hinsicht auf eine wirksame Mitglieds- oder Führerstellung in Großgruppen (large organisations)" (1957, 88 f.).

In der Praxis entstehen aus den 4 inhaltlichen und den 3 psychologisch-soziologischen Kategorien 12 Zellen, die in jedem Falle eine Kombination von „formalen“ (psychologischen oder soziologischen) und inhaltlichen Aspekten ergeben.

b) Aufbau umfassender Taxonomien:

Entweder wird dabei ein einziger Ansatz generalisiert, um mit dieser Legitimierung alle Bereiche von Bildung zu erfassen. In dieser Richtung ist das Projekt von A. R. King und J. A. Brownell (1966) zu interpretieren. Die Autoren möchten die Totalität und die Struktur der menschlichen *Kenntnis* zum Modell der Curriculumtheorie machen. Das Curriculum ist der „Mikrokosmos“ der menschlichen Kenntnis. Die Einteilung der Bildungsziele und -inhalte erfolgt auf einer Skala, die nach diesem Gesichtspunkt aufgebaut ist.
Der andere globale Ansatz läuft darauf hinaus, eine eigene Theorie der Bildung unter einheitlichen und konsistenten Gesichtspunkten aufzustellen. Der einheitliche Ansatz dient der Ableitung der Kriterien, mit deren Hilfe die Klassifikation aufgebaut wird. Typisch für diesen Ausgangspunkt ist das Buch von H. S. Broudy, B. O. Smith und J. R. Burnett (1965), die gleichsam aus einer bildungstheoretischen Zielvorstellung, nämlich dem demokratischen Staatsbürger, die Ordnung der übrigen Ziele „deduzieren“.
In der deutschsprachigen Lehrplantheorie sind praktisch immer allgemeine Prinzipien eingerichtet worden, um davon die Klassen der Bildungsziele zu deduzieren, so z. B. bei G. Kerschensteiner (1899) oder O. Willmann[1].

---

1 Willmann O.: Didaktik als Bildungslehre. Braunschweig 1909.
Dabei ist freilich zu bemerken, daß nicht alle Versuche einer umfassenden Lehrplantheorie zu Taxonomien oder auch nur zu Klassifikationen führen, obwohl man beobachten kann, daß viele der bildungstheoretischen Überlegungen zum Lehrplan in die Form von hierarchisch angelegten Klassifikationen gegossen wurden. Die Bildungstheorie erhielt häufig die Gestalt einer Wertlehre oder war als Abbild einer religiös oder philosophisch konzipierten Wertlehre strukturiert, wie die Überblicke zum Lehrplan des Abendlandes zeigen.
Dolch J.: Lehrplan des Abendlandes. Ratingen 1967[2].
Paulsen F.: Geschichte des gelehrten Unterrichts. Bd. 1. Berlin 1965[3].

Bei den einheitlichen Ansätzen, die man auch als integrierende oder deduzierende Ansätze bezeichnen könnte, lassen sich 3 Typen unterscheiden.

ba) Der Ansatz geht von der Entstehung der Erkenntnis aus. Es erfolgt aber keine Unterscheidung zwischen der „ersten Entstehung" der Erkenntnis, d. h. der ursprünglichen Erkenntnisbildung und deren Fixierung als Kulturgut, und der Erkenntnisgenese im Lernenden. Man vermischt zum Beispiel die Genese der Erkenntnis von Isotopen bei den Physikern, welche zum ersten Mal die Isotopen entdeckt haben, mit der Erkenntisgenese beim Lernenden. Diese Vermengung hat für den vorliegenden Zusammenhang keine weitere Bewandtnis. Die Charakteristik ist bedeutsam um zu sehen, daß der globale Ansatz in einer allgemeinen Vorstellung vom Lernen als objektbezogener Aktivität wurzelt. Es liegt keine Theorie des individuellen Lernens und auch keine Theorie der menschlichen Erkenntnisgenese zugrunde als vielmehr die Idee von einem allgemeinen Lernprozeß, den die Menschheit ständig durchlaufen muß. Ausgehend von diesem Grundgedanken hat V. E. Herrick (1965) seine 4 Lernbereiche eingeteilt. Es ist eine Beschreibung von 4 Bereichen, in denen sich auf eine je verschiedene Weise Lernprozesse abspielen.

Ähnlich ist der Einstieg von Tykociner (1964) zu verstehen: Es gibt einen ständigen Erkenntnisfortschritt, der sich über Bildung fortpflanzen muß. Der Schlüssel zum Erkenntnisfortschritt ist die Zätetik, die Kenntnis um die Entstehung von Erkenntnis. Die Zätetik ist höchstes Ziel und Strukturierungsprinzip für die gesamte Bildung, und damit für das Curriculum.

bb) Der zweite Ansatz basiert auf der Annahme einer Werthierarchie. Die Werte beziehen sich meistens auf Kulturgüter. Dazu gehören ethische Systeme, vorhandene Staatsformen, Religionen, künstlerische Produkte, die Ergebnisse der Wissenschaften und ähnliche Gebiete.

An der Spitze der Hierarchien sind meistens die Religion und die Philosophie plaziert. Die Hierarchien entsprechen in ihrem Aufbau den Wertlehren der klassischen Philosophie oder sind nach ihrem Muster strukturiert. Häufig transponieren die Autoren die philosophisch gedachten Klassen in die Form von Bildungszielen, ohne aber die inhaltliche Bestimmung wesentlich zu verändern. Der bekannteste Taxonomieversuch auf dieser Basis dürften die „realms of meaning“ von P. H. Phenix (1964) sein.

bc) Der dritte Ansatz zur Bildung von Taxonomien beruht auf den Kenntnisbeständen der Wissenschaften. Die Autoren setzen Wissenschaftsdisziplinen oder Wissensgebiete in Klassifikationen von Bildungszielen um.
Durch dieses Verfahren ist ein Teil des Fächerkanons der heutigen Schulen, insbesondere des Gymnasiums entstanden (Blättner 1960, 90 ff.). Den Lehrplanentwicklern war dieses Kriterium aber meistens nicht bekannt, so daß wir nicht von Taxonomien im engeren Sinne sprechen können. Die bisherigen Zielgebiete, die sich in der Aufteilung des schulischen Lernens in „Fächern“ niedergeschlagen haben, sind eher als Klassifikationen, denn als Taxonomien zu bezeichnen. Häufig sind aber Lehrplantheorien und Systematisierungen der Bildungsziele auf dem Hintergrund dieser Fächerverteilungen vorgenommen worden (vgl. Woodtli 1959; Wilhelm 1969; Räber 1969). Einen expliziten Versuch zur Systematisierung der Lernbereiche unternahm A. D. C. Peterson (1960), dessen Arbeit wir in den vorausgehenden Abschnitten referiert haben.

Zusammenfassung: Es lassen sich zwei Arten von Taxonomien unterscheiden, zuerst jene, die aus verschiedenen Teiltaxonomien zusammengesetzt sind oder in Form von mehrdimensionalen Matrizen ein breites Feld von Bildungsbereichen bestreichen, dann jene, die in einer einzigen Taxonomie das gesamte Curriculum zu systematisieren versuchen. In der zweiten Gruppe hoben sich 3 Arten voneinander ab,

a) die Taxonomien mit erkenntnisgenetischem Ansatz,
b) die Taxonomien mit werttheoretischem Ansatz und
c) die Taxonomien mit dem Ansatz bei den Wissens- und Wissenschaftsgebieten.

Die zusammengesetzten Taxonomien besitzen in ihren Teilen, d. h. in den einzelnen Dimensionen der Matrizen, eine geringe Reichweite. Sie gelten z. B. nur für den psychologischen oder einen bestimmten inhaltlich-kulturellen Bereich. Die volle Reichweite der mehrdimensionalen, zusammengesetzten Taxonomie wird durch die Prinzipien der Zusammensetzung gestiftet. Diese Prinzipien und Kriterien, nach denen die Taxonomien komponiert sind, bilden die Grundlage für die Reichweite der Taxonomie. Die Entscheidung über die Prinzipien der Zusammensetzung impliziert die Reichweite des gesamten Taxonomiegefüges.

Da die zusammengesetzten Taxonomien in ihren Elementen (Dimensionen der Matrizen) nach einem je verschiedenen Kriterium aufgebaut sind, das normalerweise eine eigene Zielrichtung hat und nicht zum voraus auf die Gesamttaxonomie hin konzipiert ist, wird die Totalität der Lernziele oder Lerninhalte, welche taxonomisiert werden, immer nur *approximativ* erfaßt. Diese Konsequenz liegt im System der zusammengesetzten Taxonomien begründet.

Von einer anderen Seite aus betrachtet ergibt sich ein Vorteil der komponierten Taxonomien. Sie lassen sich leicht abändern. Da die meisten künftigen Curricula auf ein bestimmtes Gebiet zentriert sind und nicht mehr die volle Breite der „Allgemeinbildung“ oder auch nur einer Wissenschaftsdisziplin wie Physik bestreichen werden, müssen die Taxonomien für die Bedürfnisse von engen Lernbereichen zugeschnitten werden.

Die globalen Taxonomien wie etwa jene von Phenix oder Tykociner gehen von einem einzigen Prinzip aus. Bei Tykociner ist es die Zätetik. Die Implikationszusammenhänge basieren auf einer einzigen Entscheidung, im Falle von Tykociner auf der Entscheidung für die Zätetik. Die Kriterien für die Entwicklung der einzelnen Klassen ergeben sich aus dieser Grundentscheidung. Die Reichweite der Taxonomien ist damit eine direkte Konsequenz der Grundentscheidung. Interessanterweise fallen die Grundentscheidungen fast immer für ein Prinzip aus dem Gebiet des Wissens, der Kultur oder der Wissenschaft aus.

Soziologische, psychologische oder philosophische Systeme werden selten als Bezugsrahmen gewählt.
Die globalen, auf einem einheitlichen Prinzip aufruhenden, Taxonomien haben wissenschaftsmethodisch den Vorteil, daß mit der Annahme des Grundprinzips und/oder der Kriterien für die Klassenbildung die gesamte Taxonomie und alle Klassen gerechtfertigt sind. Da die globalen Taxonomien ein kulturelles Vorverständnis des gesamten Bildungswesens als Ausgangspunkt nehmen, sind sie umfassend. Sie erheben den Anspruch auf Vollständigkeit. Die psychologischen, soziologischen und anderen denkbaren Aspekte, die zu eigenen taxonomischen Systemen genutzt werden könnten, werden in der kulturellen Betrachtungsweise aufgehoben, da diese auf einem hohen Abstraktionsniveau liegt. Der kulturelle Gesichtspunkt umfaßt alle übrigen Aspekte, indem die soziologischen, psychologischen, philosophischen und anderen Aspekte als untergeordnete Elemente betrachtet werden (z. B. bei King, Brownell 1966).
Wenn wir den Curriculumprozeß unter entscheidungstheoretischen Aspekten betrachten, zeichnet sich eine Differenz zwischen den beiden Typen von Taxonomien ab: Bei den zusammengesetzten Taxonomien verbleibt den Curriculumkonstrukteuren die Entscheidung über die Art der Verbindung der einzelnen Taxonomien. Sie haben ein eigenes Konzept der globalen Zielvorstellungen zu entwickeln oder im Falle des Modells FAL-69 (Frey et. al. 1970 a) von den politischen Auftraggebern zu übernehmen. Diese Vorausentscheidung kann die vorhandenen Taxonomien modifizieren oder zur Konstruktion von neuen Taxonomien führen (Flechsig 1970).
Sofern wir eine globale Taxonomie anwenden, die aufgrund ihres umfassenden Konstruktionsprinzipes alle denkbaren Lernbereiche bestreicht, ist mit der Option für eine solche Taxonomie auch die Wahl für die „Richtziele“ (aims) im Sinne von Ch. Möller (1969) getroffen. Der Sachverhalt wird deutlich, wenn man die Konsequenzen z. B. aus dem Ansatz von Tykociner zieht.

B. Das Verhältnis von psychologischen und inhaltlich-thematischen Taxonomien

Neben den bisher referierten Taxonomien oder taxonomischen Ansätzen existieren mehrere andere. Die Reichweite der einzelnen Formen taxonomischer Systeme dürfte aber schon an den genannten Beispielen durchsichtig geworden sein. Bemerkenswert ist der unterschiedliche Einzugsbereich bei psychologischen und inhaltlich-thematischen Taxonomien. Die inhaltlich-thematischen sind meistens auf die Erfassung aller möglichen Lerngegenstände angelegt, während die psychologischen auf einzelne Gebiete beschränkt sind. Die inflative Tendenz geht im allgemeinen mit einem unklaren oder nicht operationalisierten Kriterium für die Klassenbildung parallel. Zugleich sind sie oft weniger auf die praktische Anwendung hin konstruiert als die psychologischen und verbleiben abstrakt. Die psychologischen Taxonomien, etwa die faktorenanalytische von Guilford (1966) zum psychomotorischen Bereich oder die persönlichkeitstheoretische von Eysenck und Eysenck (1969), erstrecken sich über einen abgegrenzten Bereich. Sie sind in einem Persönlichkeitskonzept lokalisiert bzw. stellen einen Teil des Persönlichkeitskonzeptes dar. Die inhaltlich-thematischen Taxonomien sind meistens so angelegt, daß ihr Konstruktionsprinzip die Gesamtheit kultureller, wissenschaftlicher oder anderer Aspekte überdeckt.

Dieser Reichweite entspricht die Prägung der Curriculumtheorie durch die Taxonomien: Die inhaltlich-thematischen sind meistens so integrativ und global, daß sie alle Phasen der Curriculumkonstruktion und -realisierung beeinflussen oder völlig bestimmen. Die psychologischen Taxonomien erstrecken sich über Teilbereiche und nehmen in dieser Eigenschaft aushelfende Funktionen ein oder bilden einen Teil der theoretischen Grundlagen des Curriculums. Im folgenden soll dieses Charakteristikum der psychologischen Taxonomien anhand der zwei bekanntesten Taxonomien im curricularen Feld noch weiter differenziert werden.

Die Autoren der TEO setzen als Ausgangspunkt und formales Bezugssystem für die Entwicklung ihrer Taxonomie eine Dreigliederung der psychischen Funktionen an, den kognitiven, den affektiven und den psycho-motorischen Bereich. Diese Dreigliederung stellt eine Normsetzung dar, die in Hinsicht auf die Klassifikation von curricularen Lernzielen einen Einfluß hat. Dieser Einfluß bezieht sich weniger auf die Inhalte, auf das „subject matter", als vielmehr auf das, was in der angelsächsischen Curriculumliteratur als „learning experience" bezeichnet wird, was als Lernorganisation oder Lernerfahrung übersetzt werden kann. Eine solche Einengung ergibt sich aus den 8 Lernarten von Gagné (1969) in weniger großem Ausmaße. Wenn ein Lernprozeß z. B. in die Kategorie des Signallernens oder in jene des Regellernens eingestuft wird, ist damit nicht zugleich eine Aussage impliziert, welche den Lernprozeß etwa im Bereich von Sozialbezügen, Wertinternalisationen lokalisiert, wie das im affektiven Bereich der TEO der Fall ist. D. h. die Taxonomie von Gagné ist in Hinsicht auf persönlichkeitstheoretische Dimensionen bzw. Arten von psychischen Funktionen „wertneutraler" gehalten als die TEO.

Umgekehrt sit festzuhalten, daß die lernpsychologisch orientierte Taxonomie von Gagné die gesamten Unterrichtsprozesse (im Sinne von mehr oder weniger eindeutig fixierten Lernprozessen bzw. Bedingungen) enger faßt und weniger zahlreiche Verhaltens- bzw. Interaktionsprozesse in Form von Zielen in seinem System einfangen läßt, obwohl Gagné mit dem Verweis, daß er seine 8 Lernarten nach den Bedingungen klassifiziere, welche die Lernprozesse „ermöglichen", scheinbar einen weiteren Rahmen von Sach- und Personbezügen zuläßt.

Eine weitere Implikation, die allerdings beiden Taxonomien in gleicher Weise eigen ist, könnte folgendermaßen formuliert werden: Das Unterscheidungskriterium für verschiedene Lernziele ist qualitativer Natur. Die Klassifikation der Lernziele erfolgt nach den Prinzipien der Komplexifikation bzw. Differenzierung. Die Taxonomie versteht sich als Stufenfolge, wobei zwar jede tieferliegende Stufe in der höheren enthalten ist, doch in ihrem anteiligen Verhältnis in der höheren Stufe nicht quantitativ aufweisbar scheint.

Die wissenschaftslogische Implikation der beiden Taxonomien besteht also in der Absage an ein Vorstellungsmodell, in dem sich unterschiedliche Lernziele bzw. Unterrichtsvollzüge durch eine quantitativ aufweisbare Differenz belegen. Mit andern Worten: die Lernziele mit hö-

herer Anforderung lassen sich im Verhältnis zu jenen mit niedrigeren Anforderungen nicht auf einem quantitativ faßbaren Kontinuum abtragen, wie das in der Raschschen Testtheorie der Fall ist. Die verschiedenen Lernzielformen liegen nicht auf der gleichen Ebene und unterscheiden sich nicht nur durch ihren Umfang.
Allerdings scheinen die Kriterien der Differenz zwischen den einzelnen Lernzielformen in der bisher vorgelegten Form unterschiedlicher Natur zu sein. Das hängt wohl z. T. damit zusammen, daß die Taxonomien bisher nur verbal gefaßt sind und die Kriterien der Lernzieltaxonomie (noch) nicht zureichend operationalisiert werden konnten (Gagné, Reynolds 1964). In diesem Sinne muß man die TEO als Kommunikationshilfe bezeichnen, die mehr durch Konvention, als durch empirisch begründete Theorienbildung entstanden ist. Diese Auffassung vertreten auch die Autoren selber, was oft übersehen wird, wenn die Leistungsfähigkeit der bisherigen taxonomischen Systeme besprochen wird (vgl. Möller 1969).

11. Zusammenfassung

1. Ziel des Kapitels ist die Analyse der Bedeutung von Taxonomien für das Curriculum. Besondere Beachtung erhält dabei die Theorie des Curriculums. Die Fragestellung im engeren Sinne lautet: die Taxonomien als Ansatz zur Curriculumtheorie?

2. Die Definition erfolgt in Anlehnung an die Wissenschaften, in denen die Taxonomie bereits als Instrument oder Aufbauprinzip für die Erkenntnis dient. Das sind unter anderem die Biologie und Psychologie (Simpson, Sokal, Sneath, Eysenck). „Taxonomie" ist die theoretische Auseinandersetzung mit einer Klassifikation oder die Theorie einer Klassifikation einschließlich ihrer Grundlagen, Prinzipien, Verfahren und Regeln.
   Die Taxonomie kann also eine Tätigkeit sein, d. h. Begründung und Aufbau einer Klassifikation. Sie steht aber auch für eine fertige Klassifikation mitsamt den theoretischen Motiven für die Klassenbildung. Im vorliegenden Kapitel trifft der zweite Akzent besser zu: Taxonomie ist primär die abgeschlossene Klassifikation mit Begründung.

3. Bei den Analysen hat sich als entscheidendes Merkmal dieser Definition das Element „Theorie", „Gesetz", „Nomos" herausgestellt. Die wissenschaftstheoretischen Implikationen der Taxonomien für die Curriculumforschung sind hauptsächlich am Begründungscharakter, an der Art der Gesetzmäßigkeit, am Verständnis des „Nomos" deutlich geworden, die der Klassifikation (Taxis) zugrundeliegen. Dieses Merkmal ist von verschiedenen Theoretikern der Taxonomie (Sokal, Sneath, Flechsig Krathwohl) hervorgehoben worden. Man unterscheidet folglich zwischen Taxonomie und Klassifikation.

4. Der Grund für die ausführliche Behandlung der Taxonomie in Verbindung mit der Curriculumtheorie ist mehrfacher Natur. a) Der Curriculumprozeß ist wesentlich durch Auswahl und Systematisierung von Lernzielen und Lernobjekten geprägt. Dazu sind Kriterien erforderlich. Die Taxonomien liefern Gesichtspunkte und Kriterien, mit deren Hilfe Beurteilungen und Anordnungen vorzunehmen sind. Die Taxonomien sind eine Komponente im curricularen Entscheidungsprozeß. b) In der Curriculumkonstruktion und -theorie gewinnt die Taxonomie als Instrument und theoretisches Fundament an Bedeutung, wie die Arbeiten von Tykociner, Bloom, Blankertz zeigen. Die TEO und andere Taxonomien sind in den letzten Jahren häufig als Instrument gebraucht worden, ohne die Tragweite dieser Instrumente in der Entscheidungsfindung und in der Beeinflussung der anvisierten Bildungsziele zu reflektieren. Deshalb drängte sich eine theoretische Auseinandersetzung mit der Taxonomie auf.
5. Die Verfahren bei der Untersuchung sind: Analyse der Funktionen der Taxonomien unter Verwendung von bekannter Literatur und eines eigenen Experimentes, das zusammen mit U. P. Lattmann durchgeführt wurde; z. T. Sekundäranalyse von Primäruntersuchungen (empirische Erhebungen); logische Analysen von Begriffen; Überprüfung der wissenschaftstheoretischen Voraussetzungen und Implikationen der Taxonomien auf dem Hintergrund der wissenschaftstheoretischen Modellvorstellung, die zu Beginn der Arbeit entwickelt worden ist.
6. Der Analyse der Taxonomien sind folgende Fragen vorausgestellt worden:
   a) Welchen Beitrag leisten die Taxonomien an eine Curriculumtheorie?
   b) Welche Bereiche des Curriculums und seiner Theorie betreffen die Taxonomien?
   c) Welche theoretischen Implikationen ziehen die Taxonomien auf jeden Fall nach sich, wenn sie in der Curriculumkonstruktion oder -evaluation zum Einsatz kommen?
   d) In welcher Weise wären die Taxonomien auszugestalten, wenn sie in die Curriculumtheorie integriert werden sollten?

7. Bei der Beantwortung dieser Fragen eröffnete sich das Problem, ob die Analysen die curriculare Praxis oder die theoretischen Fundamente der Taxonomien oder andere Bezugsrahmen zur Informationsgrundlage nehmen sollen. Die Informationsquellen sind je nach Fragestellung verwendet worden. Die Praxis der Taxonomisierung wurde häufig berücksichtigt, um nahe an der curricularen Wirklichkeit zu bleiben. Auf der anderen Seite gingen die theoretischen Voraussetzungen der Taxonomien in die Analysen ein, wobei die wissenschaftstheoretischen Aspekte im Vordergrund standen. Als dritten Ausgangspunkt versuchten wir, die sogenannte „Erziehungswirklichkeit“ zu beachten, d. h. jene Realität erzieherischer bzw. planerischer Maßnahmen, die nicht durch bestimmte Arten der Praxis überformt sind. Wir glaubten, einen Ansatz zur Aufdeckung dieser Realitäten zu finden, indem die logisch denkbaren, aus dem System der Taxonomien ableitbaren Funktionen ausgemacht werden. Die Analyse der logischen Möglichkeiten der Taxonomien kommt vor allem bei den Funktionen (der Taxonomien) zur Realisierung (vgl. in der vorliegenden Zusammenfassung Nr. 13).

8. Das Referat der bestehenden Taxonomien zeigte zwei Typen:
   die psychologischen Taxonomien und
   die inhaltlich-thematischen Taxonomien.

   Bei den psychologischen Taxonomien hat die TEO (Taxonomy of educational objectives) die ausführlichste Behandlung erhalten, da sie bislang den größten Einfluß auf die Curriculumarbeit genommen hat. Daneben kamen die Taxonomie von Gagné mit den 8 Lernarten, die Drei-Stufen-Theorie der Begriffsbildung von Bruner und die faktorenanalytisch gewonnenen Klassifikationen der Persönlichkeitsforschung (Cattell, Eysenck) zur Sprache. Die inhaltlich-thematischen Taxonomien, die wir eingehend dargelegt haben, sind die „realms of meaning“ von Phenix, die FAL-Klassifikation von Lernzielen und Lernobjekten, die 4 Lernbereiche von Herrick, und die zätetische Taxonomie von Tykociner.

9. Die psychologischen Taxonomien heben sich in zahlreichen Gebieten von den inhaltlich-thematischen ab. Die psychologischen sind meistens auf ein bestimmtes Gebiet eingeschränkt und ruhen

deshalb häufiger auf einem expliziten theoretischen Begriffsrahmen als die inhaltlich-thematischen. Sie bestreichen nur einen begrenzten Bereich, z. B. die Lernziele affektiver oder psychomotorischer Natur. Die neueren Taxonomisierungsversuche auf faktorenanalytischer Basis sind in zunehmendem Maße nicht mehr hierarchisch organisiert (vgl. Guilford, Pawlik, Scriven).

10. Die inhaltlich-thematischen Taxonomien besitzen die Tendenz zur Integration. Sie umfassen im allgemeinen alle Bereiche der Kultur bzw. alle Gebiete, welche in ihrem Einzugsraum möglicherweise auftreten könnten. Beispielhaft ist die Taxonomie von Phenix, die, ausgehend von weitgefaßten Wissenschaftsdisziplinen, das gesamte Feld von möglichen Lernzielen umgreift. Die Hierarchisierung der Klassen, wie sie bei den „klassischen" psychologischen Taxonomien zu beobachten ist, tritt weniger deutlich in Erscheinung, obwohl sich die inhaltlich-thematischen Taxonomien häufig auf einen höchsten Wert ausrichten — bei Tykociner z. B. auf die Zätetik, bei Phenix auf die Philosophie. Das Kriterium, mit dessen Hilfe die Klassen entstehen, erscheint in den inhaltlich-thematischen Klassifikationen oft weniger deutlich. Deshalb überlappen sich die Klassen nicht selten. Die praktische Brauchbarkeit der inhaltlich-thematischen Taxonomien ist in der Folge fragwürdiger als bei den bekannten psychologischen. Es bleibt auch eine offene Frage, ob alle genannten taxonomischen Systeme zu vollem Recht die Bezeichnung „Taxonomie" tragen. Zumindest scheint sicher zu sein, daß der Großteil der taxonomischen Versuche unter methodologischem Gesichtspunkt zu verbessern wäre. So sind u. a. die Gültigkeit und Zuverlässigkeit der einzelnen Systeme zu überprüfen.

11. Alle Taxonomien haben nomothetischen Charakter. Selbst die TEO, welche von den Autoren ursprünglich nur als Kommunikationsinstrument für Prüfer gedacht war, enthält in der Einleitung die Feststellung, daß mit der Entwicklung einer hierarchischen Stufenfolge von Verhaltensniveaus Normen gesetzt werden. Nach der Definition der Taxonomie sollen die Normen dem Anspruch von Gesetzmäßigkeiten entsprechen oder aus den vorgegebenen Axiomen und Regeln der Ableitung durchsichtig

werden. Das Problembewußtsein zu diesem Punkt ist mehr bei den Autoren psychologischer Taxonomien, als bei jenen der inhaltlich-thematischen Richtung vorhanden.

12. Die Taxonomien haben in allen untersuchten Fällen eine theoretische und eine instrumentelle Seite. Die theoretische Seite ist zum Teil schon in der nomothetischen Funktion eingeschlossen. Darüber hinaus läßt sich beobachten, daß die Taxonomien mit einem Theorieanspruch versehen sind, und zwar auch dann, wenn die Taxonomien, verglichen mit den eingangs erwähnten Definitionen, nur eine Klassifikation darstellen. Keine der Taxonomien spricht sich nur theoretische Bedeutung zu. Alle sind auch auf praktische Anwendung hin konzipiert. Einige Ansätze, wie jene von Herrick und Robinsohn, beschränken sich allerdings auf die Erfüllung von heuristischen Aufgaben. Dadurch ergibt sich die große Bedeutung für das Curriculum, welches seinerseits theoretische und instrumentelle Aspekte aufweist.

13. Die Funktionen der Taxonomien für das Curriculum sind unter 3 Gesichtspunkten analysiert worden:
— die bisherige praktische Verwendung der Taxonomien,
— die mögliche praktische Verwendung,
— die innovatorische Verwendung und Bedeutung.

Bei den psychologischen Taxonomien verteilen sich die Funktionen nach Isenegger hauptsächlich auf 2 Gebiete, die Messung von Lernergebnissen und die Planung des Curriculums. In der Frage nach der Theorierelevanz haben sich die Funktionen der zweiten Gruppe als fruchtbar erwiesen. Zu den Funktionen bei der Planung des Curriculums gehören: Lernzielhierarchisierung, Planung von Lernbedingungen, Verwendung als Referenzsystem für Entscheidungen über Curriculuminhalte, Planung von Lernsequenzen. Die Taxonomien haben ihre Aufgabe bei der Vorevaluation, so z. B. bezüglich Komplexität der beabsichtigen Lernprodukte oder bezüglich der Lernobjekte.

Die praktische Anwendung der Taxonomien verteilt sich zu einem größeren Teil auf die psychologischen als auf die inhaltlich-thematischen. Als Anwendungsbereich tritt am häufigsten die Sekundarstufe auf. Präferenzen einzelner Fächer kommen nicht vor, obwohl eine Akzentsetzung auf kognitive Lernprozesse zu beobachten ist. Die innovatorischen Leistungen der Taxonomien sind zweifacher Art. Sie verstärken das systematisierende Denken in der Curriculumforschung und in der Pädagogik im allgemeinen. Die TEO hat im besonderen die Denkformen vorbereitet, wenn auch mit einem groben Raster, die in differenzierter und komplexer Form bei den neueren didakometrischen Modellen verlangt werden. So fördert sie das Verständnis für die lernzielorientierten bzw. kriteriumsbezogenen Tests (im Sinne Glasers und die von Personenpopulationen freien Prüfungsmodelle nach der Art von Rasch).

14. Im folgenden werden als Schluß einige der wichtigsten Antworten auf die 4 eingangs formulierten Fragen zusammengefaßt.
Welchen Beitrag leisten die Taxonomien an eine Curriculumtheorie? (Frage a)
Eine erste Bedeutung liegt auf dem Gebiet der Innovation. Der systematische Charakter der Taxonomien hat die Systematisierung und Theorienbildung in der Curriculumforschung angeregt. Wichtig scheint die Vorbereitung des Verständnisses für komplexe, d. h. differenzierende, Curriculummodelle zu sein, wie sie in Verbindung mit der Didakometrie auftreten. Die Eigengesetzlichkeit der Taxonomien, z. B. auf dem Boden der Psychologie, hat die Curriculumfachleute gezwungen, über den Theorieanspruch des Curriculums zu reflektieren. Ein Beispiel für diesen Vorgang im deutschen Sprachraum ist die Auseinandersetzung zwischen Blankertz und Möller.
Die Taxonomien haben die Curriculumtheorie der Entscheidungstheorie in vermehrtem Maße verpflichtet, da Taxonomien Urteilsbildungen oder, in weiteren Sinne, Entscheidungen nach sich ziehen. Neben innovatorischen Beiträgen gibt es zahlreiche inhaltliche. Aufgrund der Stufenfolge der Lernzielklassen in der TEO und ähnlicher Systeme haben mehrere Curriculumtheoretiker die Konsequenz gezogen, daß Lernziele hierarchisch anzuordnen sind und unter psychologischen Gesichtspunkten ein aufsteigendes bzw. abfallendes Kontinuum als Bezugssystem aufweisen. Die Verwendung von Taxonomien in der Curriculum-

konstruktion führte verstärkt zum Bewußtsein, daß „Unterrichten“, „Lehren“ oder deren Planung nicht als einmaliger pädagogischer Akt, sondern als Abfolge von verschiedenen Schritten zu vollziehen ist.

Auf der Basis der zu Beginn der Arbeit definierten Begriffe von Curriculum und Theorie sind die Taxonomien außercurriculare Theorien in Form von Bezugssystemen für Curriculumentscheidungen, wobei diese außercurricularen Referenzsysteme als Instrument für Handlungs- oder Entscheidungsprozesse im Curriculumprozeß angelegt sind. Die Taxonomie ist als Instrument und in seiner Zielbestimmung innercurricular. Sie ist außercurricular, d. h. exogen, in bezug auf die Prinzipien ihrer Systematik und auf die zugrundeliegende Theorie. Die bestehenden Taxonomien, von der TEO bis zur zätetischen Systematik von Tykociner, sind außerhalb des Curriculums begründet, obwohl sie für die Integration in den Curriculumprozeß bestimmt sind.

Die Taxonomien stellen also eine Art Teiltheorie oder Subtheorie der Curriculumtheorie dar. Welchen Umfang diese Teiltheorien im Gesamtgefüge der Curriculumtheorie einnehmen, wird in der Antwort auf die zweite Frage deutlicher.

15. Welche Bereiche des Curriculums und seiner Theorie betreffen die Taxonomien? (Frage b)

Man kann am Curriculum eine Handlungs- und eine Komponentenreihe unterscheiden. Die Taxonomien beziehen sich vorwiegend auf die Handlungsreihe, wo es um die Formulierung der Bildungsziele, die Auswahl der Lernziele, die Anordnung der Themen, die Sequenzenbildung, die Realisierung und die Evaluation geht. Innerhalb der Handlungsreihe steht die Auswahl der Lernziele im Vordergrund. Dazu gehören auch die Vorevaluation und die Konstruktion der Prüfungssysteme. Wählt man dabei eine „globale“ Taxonomie wie jene von Phenix oder King und Brownell, determiniert dieses System, auch wenn es nur bei der Lernzielauswahl verwendet wird, das gesamte Curriculum, denn diese Taxonomien enthalten Gestaltungsprinzipien, welche alle Lernbereiche überformen. Die Komponentenreihe, d. h. das System der Aussagengebiete im Curriculum, wird durch die Taxonomien kaum tangiert. Die psychologischen Taxonomien betreffen fast ausschließlich den Aspekt der Lernorganisation im Curriculum. Sie nehmen also auf das Gebiet der Lernerfahrung Einfluß. Die Bedeutung für die Entscheidungen über sogenannte inhaltliche Momente des Curriculums ist vermittelt. D. h. die Taxonomien bestimmen die Lernobjekte bei der Lernzielformulierung und -auswahl indirekt.

Die Taxonomien bringen also hauptsächlich Theorieelemente zur Frage der Lernerfahrung (psychologische Taxonomien) und der Lernobjekte (inhaltlich-thematische Taxonomien) in die Curriculumtheorie ein. Die großen Gebiete der Steuerung, der Realisierung, der Transferhypothesen werden nur von den psychologischen Taxonomien zum Teil berücksichtigt. Es versteht sich, daß die Taxonomien mit den fundamentalen gesellschaftlichen Fragen wie Emanzipation, Perpetuierung, Innovation zu tun haben. Diese Aspekte werden nicht ausdrücklich analysiert.

16. Welche theoretischen Implikationen ziehen die Taxonomien auf jeden Fall nach sich, wenn sie in der Curriculumkonstruktion oder -evaluation zum Einsatz kommen? (Frage c)

Die Anwendung der Taxonomien bedeutet, daß deren theoretische Grundlagen für die praktische Curriculumkonstruktion oder deren Theorie akzeptiert werden, da die Grundlagen die Klassen bilden. Sofern die Taxonomien für jede einzelne Curriculumkonstruktion neu entwickelt werden, fällt die Entscheidung über die Grundlagen der Taxonomie in den Curriculumprozeß. Der Implikationszusammenhang bleibt derselbe. Der Gebrauch von Taxonomien im Curriculumprozeß impliziert, daß außerhalb des Curriculumprozesses fundierte Bezugssysteme die curricularen Entscheidungen mitermöglichen. Weitere Konsequenzen lauten: Das Curriculum besitzt keine vollständig eigene Theorie. Es gibt nicht eine einzige, umfassende Curriculumtheorie, aus der die einzelnen Teiltheorien abgeleitet werden. Der Curriculumprozeß ist in jenen Phasen, in denen die Taxonomien zugezogen werden, ein Entscheidungsprozeß. Der Entscheidungsprozeß ist näher zu beschreiben als Entscheidungsprozeß aufgrund vorgegebener Informationen, wobei nicht aufrund eigener Zielvorstellungen über Alternativen zu entscheiden ist, sondern über die Zuordnung vorliegender Lernziele, Lernobjekte usw. zu bestimmten Klassen. In dieser Weise determiniert die Taxonomie die Curriculumentscheidungen. In akzentuierter Formulierung heißt das: die Entscheidungen nach der Wahl einer Taxonomie sind Variationen der Grundentscheidung für eine Taxonomie.

17. In welcher Weise wären die Taxonomien auszugestalten, wenn sie in die Curriculumtheorie integriert werden sollten? (Frage d) Taxonomien sind Teil- oder Subtheorien des Curriculums mit instrumentellen Aufgaben. Als solche unterstehen sie 3 Forderungen:
    1. Der Aufbau einer Taxonomie muß den Ansprüchen einer Theorie genügen. (Der diesbezügliche Theoriebegriff ist bei den Definitionen der Taxonomien erläutert worden.)
    2. Die theoretischen Fundamente der Taxonomien dürfen nicht der umfassenden Curriculumtheorie bzw. dem begrifflichen Rahmen einer Curriculumtheorie (Goodlad, Robinsohn) widersprechen.
    3. Die Taxonomien müssen objektiv anwendbar sein. („Objektiv" hat die Bedeutung von „zuverlässig" der Testtheorie.)

Zu (1): Die psychologischen Taxonomien haben ihre eigenen theoretischen Voraussetzungen im allgemeinen besser ausgestaltet als die inhaltlich-thematischen, obwohl die letzteren theoretisch weiter ausholen. Wenn die Taxonomien in die Curriculumtheorie integriert werden sollen, ist anzugeben, welche theoretischen Annahmen gemacht und welche Wege zur Erkenntnisgewinnung beim Aufbau der Taxonomien eingeschlagen worden sind. Die inhaltlich-thematischen Taxonomien ruhen oft nicht auf theoretischen oder experimentellen Befunden wie die psychologischen, sondern auf Axiomen oder Prinzipien. In diesem Falle ist es für die Beurteilung der Taxonomien erforderlich, daß die Axiome und die Regeln der Ableitung vermerkt sind.

Wichtig ist vor allem die klare Kenntnis der Kriterien oder Prinzipien, welche die Klassen der Taxonomien bilden (Sokal und Sneath).

Zu (2): Die mangelnde Integrationsmöglichkeit beruht nach den vorliegenden Analysen nicht nur auf der ungeklärten wissenschaftstheoretischen Position der Taxonomien. Ebenso bedeutsam scheint die wissenschaftstheoretische Selbstdarstellung der Curriculumkonstruktion oder Curriculumtheorie zu sein. Um eine empirisch konzipierte Taxonomie der Verhaltensdispositionen legitim in einen Curriculumprozeß einführen zu können, muß bekannt sein, ob das Curriculum nach deduktionistischen Verfahren von einigen Grundentscheidungen abgeleitet wird oder ob ein Curriculum pragmatisch, wie etwa im Berliner Modell, auf Verwendungssituationen hin strukturiert wird. Daß die Klärung dieser Fragen wichtig ist, zeigen die taxonomischen Beispiele von King und Brownell oder von Tykociner. King und Brownell leiten alle ihre theoretischen Konsequenzen und praktischen Maßnahmen für die Curriculumentwicklung von dem Satz ab: das Curriculum bzw. der Unterricht ist der „Mikrokosmos der intellektuellen Welt". Wenn ein solcher Satz am Anfang einer Curriculumtheorie steht, müssen alle Taxonomien darauf abgestimmt werden, wenn nicht laufend Antinomien entstehen sollen.

Zu (3) Die psychologischen Taxonomien entsprechen weitgehend der Forderung nach objektiver Anwendbarkeit. Zumindest wird das Postulat gesehen. Die inhaltlich-thematischen Taxonomien benötigen eine erhebliche Differenzierung und Operationalisierung, wenn sie künftig zuverlässig eingesetzt werden sollen. Die Klassen trennen häufig ungenügend. Der Umfang der Klassen ist so groß, daß eine reliable Zuordnung unmöglich wird.

Die inhaltlich-thematischen Taxonomien erfüllen im Gegensatz zu den psychologischen bislang wenig Funktionen für die Verbesserung der Zuverlässigkeit des Curriculumprozesses. Sie sind oft nur an einem einzigen Ort des Curriculumprozesses brauchbar, etwa bei der Klassierung der Bildungsziele. Die Taxonomien sollten aber auch bei der Anordnung der Lernobjekte, der Sequenzenbildung und der Evaluation anwendbar sein, damit die Zuverlässigkeit des Curriculumprozesses durch ein einheitliches Bezugssystem gewährleistet werden kann.

Dieser Mangel hängt aber wesentlich mit der Informiertheit der Autoren von Taxonomien über die Handlungs- und Problemreihe des Curriculums zusammen. Es ist zu erwarten, daß die Taxonomien fruchtbarer werden, wenn ihre Anwendungsbereiche und instrumentellen Aufgaben in einem theoretischen Konzept des Curriculums lokalisiert werden.

Schluß
Curriculumtheorie als Theoriensystem des Curriculums

1. Der folgende Schlußabschnitt hebt mehrere Untersuchungsergebnisse heraus, die für die gegenwärtige Curriculumforschung bedeutsam erscheinen. Es sind einige wissenschaftstheoretische Befunde, die bei der aktuellen Forschungsplanung und curricularen Theorienbildung Priorität besitzen.
In diesem Sinne verstehen sich die nachstehenden Ausführungen nicht als systematische Zusammenfassung, sondern als pragmatisch interpretierbare Folgerungen der vorausgehenden Analyse. Es hätte sich als unzweckmäßig herausgestellt, die vielfältigen Teilergebnisse, die in den Zusammenfassungen der Teile I bis IV resümiert sind, hier noch einmal aufzuführen. Es soll vielmehr in konstruktiver Weise anhand eines Dreischichten-Modells dargelegt werden, wie die Theoretisierung des Curriculums zwar nicht als integrale Curriculumtheorie, aber als Theoriensystem vorangetrieben werden kann. Dieser Schlußabschnitt bildet nicht eine Abrundung, sondern eine Anregung und neuerliche Problematisierung des Curriculums in Form von *Thesen*, die sich in den früheren Ausführungen begründen lassen.

2. Die vorausgehende Analyse von Curriculumtheorien hat u.a. die folgenden negativen Bestimmungen der Theorienbildung geliefert. Die wichtigste Erkenntnis ist die Unmöglichkeit einer integralen Theorie des Curriculums. Es gibt integrierende Aussagesysteme. Sie besitzen aber nicht Theorieform. Die theoretischen Aussagen über das Curriculum stehen dann im Horizont des übergeordneten Aussagesystems.
Es scheint unmöglich zu sein, die optimale theoretische Objektivation des Curriculums mit einer einzigen Methode zu erreichen. Unter optimaler „Objektivation“ könnte man etwa jene verstehen, welche die

gültigsten Lernziele und, auf diese bezogen, die gültigsten übrigen Curriculumkomponenten (neben den Lernzielen) ermöglicht.
Wenn bei der Gültigkeit der optimalen Objektivierung auch das Kriterium der intersubjektiven Überprüfbarkeit eingeschlossen sein soll, müssen an verschiedenen Stellen des Curriculums idiographierende Methoden eingesetzt werden.
Alle Curriculumtheorien nehmen gewisse Voraussetzungen oder Prinzipien in sich auf, die ihrerseits nicht weiter zu objektivieren sind. Es ist allerdings möglich, solche Voraussetzungen und Prinzipien durch das Gesamtgefüge der Theorie abzustützen.
Nur wenige Aussagen einer Curriculumtheorie können Prognosecharakter auf der Basis von Wenn-dann-Sätzen aufweisen. Dennoch besteht nicht der Zwang, ausschließlich normierende Programmsätze zu formulieren.
Die sogenannten begrifflichen Systeme bilden nicht die höchste Form der Curriculumtheorie. Sie bieten die Möglichkeit, als Alibi für das Fehlen tiefergehender theoretischer Überlegungen benutzt zu werden.
Die Wahl der Theoriebildungsmethoden hängt stark von der Reichweite der anvisierten Theorie ab. Umgekehrt bestimmen auch die verfügbaren Methoden die Reichweite der Theorie. Zur Abklärung günstiger Methoden kann möglicherweise das Verfahren der „strengen Inferenz" zugezogen werden, das Schutz (1969) vorgeschlagen hat.
Der Curriculumprozeß kann nicht insgesamt als Objekt der Theoretisierung begriffen werden. Allerdings scheint es auch nicht notwendig zu sein, die Theorie auf die Ermittlung und Komposition von Lernzielen zu beschränken, um den Rest einer Technik der Curriculumkonstruktion zu übergeben. Die bestehenden Theorien greifen Segmente aus dem Curriculumprozeß heraus. Versuchen aber Autoren oder vor allem Autorenkollektive das Gesamt des Curriculumprozesses zu thematisieren, rekurrieren sie auf verschiedene Methoden.

3. Die bisherigen negativen Bestimmungen lassen sich folgendermaßen positiv wenden: wenn eine Curriculumtheorie aufgebaut wird, ergibt sich eine Mehrdimensionalität im Theoriegegenstand, in der Methode der Theorienbildung und im Aussagebereich der Theorie.
Unter wissenschaftsmethodischen Gesichtspunkten lassen sich drei

Ebenen der Bildung und Darstellung der Curriculumtheorie unterscheiden:

I. konstruktiv-erschließende Ebene,
II. analytisch-erklärende Ebene,
III. idiographisch-konkretisierende Ebene.

I. Die konstruktiv-erschließende Ebene: Auf dieser Ebene wird das curriculare Feld aufgerissen. Es erfolgt die Abgrenzung verschiedener potentieller Theoriegebiete, etwa in Hinsicht auf Hypothesen, vorgegebene Prinzipien oder beobachtbare Wirklichkeitsbereiche. Die Ebene I dient auch der Entwicklung von Konstrukten auf hohem Abstraktionsniveau und der theorieorientierten Begriffsbildung. Hier wird indirekt mitbestimmt, welche curricularen Aspekte thematisiert werden sollen und mit welchen Methoden die einzelne Thematik erfaßt werden soll. Dazu werden aber Informationen aus den Ebenen II und III benötigt. Das bedeutet daß eine Interdependenz zwischen den verschiedenen Ebenen besteht, wenn auch die Ebene I vor den andern eine gewisse zeitliche Priorität besitzt.
Die Ebene I hat die Aufgabe der Abgrenzung und Ordnung. Sie stiftet damit zugleich Erkenntnis- und Aussagemöglichkeiten. Es ist jene Ebene, in der die verschiedenen Theorieansätze integriert werden. Zur Veranschaulichung der Aussageform läßt sich die Ebene I mit einem Allgemeinen System vergleichen, das Prinzipien verwendet, einen ausdrücklichen wissenschaftstheoretischen Reflex und hinsichtlich Theorienbildung generative Funktionen aufweist. Dieser Vergleich mit der Systemtheorie deutet an, daß die „Curriculumtheorie" auf der obersten Ebene hauptsächlich Systemcharakter besitzt.

II. Analytisch-erklärende Ebene: Auf dieser Ebene erfolgt die detaillierende Theorienbildung (z. B. als Taxonomie von Lernzielen, Implementationstheorie, Inhaltsstruktur-Theorie). Solche Theorien sind Teiltheorien des in I begründeten Theorien*systems.* Die Formen der Theorienbildung sind unterschiedlich. Die Teiltheorien sollen sich jedoch nicht widersprechen. Teiltheorien können zur Revision der Aussagen von Ebene I führen.

Das Hauptziel auf der Ebene I sind die Erklärung von Gesetzen, die Begründung von Phänomenen oder ganzen Teilen des Curriculums. Auf der Ebene II sind ebenso wie in I Prinzipien und allgemeine Zielvorstellungen zu verarbeiten.
Wenn zur Illustration der Teiltheorien von Ebene II bekannte Theorieformen zugezogen werden müßten, wäre am ehesten auf Mertons Theorien mittlerer Reichweite zu verweisen. Der Ebene II kommt für die wissenschaftlich fundierte Curriculumkonstruktion die größte Bedeutung zu.

III. Die idiographisch-konkretisierende Ebene: Sie dient der Ebene II zum Teil als Informationszubringer. In ihr werden besondere Phänomene des Curriculums diagnostiziert, die, häufig kulturell oder subkulturell bedingt, (noch) nicht in einzelne Teiltheorien aufgenommen werden können, für die gesamte Erfassung der Wirklichkeit oder auch für die Realisierung von Curriculumprozessen bedeutsam sind. Die Ebene III beschäftigt sich auch mit Eigenheiten, die sich nie in übertragbare und relativ überdauernde theoretische Aussagen einbauen lassen. Dazu könnten z.B. rechtliche Determinanten des Curriculumprozesses gehören oder subkulturelle Besonderheiten, welche Teiltheorien nicht widersprechen, aber bei ihrer idiographischen Konkretisierung ergänzen.
Die Ebene III besitzt die größte Realitätsnähe. Ihre Aussagen weisen im Vergleich zu den anderen zwei Ebenen die geringste Abstraktionsstufe auf, während die Aussagen von Ebene I am allgemeinsten ausfallen.

4. Die drei Ebenen der „Curriculumtheorie" verdeutlichen die früheren Feststellungen, daß die Curriculumtheorie nur als System von Teiltheorien möglich ist. Das System verbindet aber nicht nur Elemente, d.h. Teiltheorien. Es bildet zugleich einen wissenschafts-theoretischen Referenzrahmen. Im Sinne des Allgemeinen Systems hat es generative und integrative Funktionen. Es ist seinerseits aber wieder korrigierbar. Überdies enthält es Prinzipien, die nicht in den Teiltheorien auftreten. Die Teiltheorien stellen den fruchtbarsten Bereich für die Theorienbildung dar. Sie sind der wichtigste Ort für die wissenschaftliche Er-

kenntnisförderung. Es ist ihre Eigenheit, daß sie einander und dem Aussagesystem von Ebene I nicht widersprechen. Sie liefern auf dem Hintergrund von Ebene I Erklärungen und Begründungen.

Wenn man in Stichworten die Eigenschaften einer „Curriculumtheorie“ beschreiben müßte, welche mindestens die drei Ebenen berücksichtigt, würde etwa folgende Kurzformel resultieren: die Curriculumtheorie ist ein idiographisch verpflichtetes (Teil-) Theoriensystem, das inhaltliche Prinzipien oder andere Vorgaben in sich aufnimmt und bestimmte Teile des Curriculums erklärend, andere Teile dagegen begründend oder evaluativ objektiviert.

Fachausdrücke

Aktivitätscurriculum (activity curriculum)
ist eine Organisationsform des Curriculums. Charakteristika des Aktivitätscurriculums sind: die Betonung des Trainings von Haltungen und Fertigkeiten in Hinsicht auf das gesellschaftliche Leben der Schüler unter Verminderung des Fachwissens der sogenannten „Lernschule".

Allgemeines System
bezeichnet eine Aussagereihe, welche mehrere Theorien oder Systeme verbindet, weil diese (Theorien oder System) Isomorphien aufweisen oder nicht ohne übergeordneten Referenzrahmen zueinander in Beziehung gebracht werden können.

Außercurriculare Theorie
ist eine Form der Curriculumtheorie. Sie bezieht die thematischen und/oder methodischen Ansätze zur Theorienbildung von außerhalb der curricularen Gegenstands- und Problemgebiete, meistens aus vorhandenen Theorien oder Systemen (z.B. Sozialisationstheorie, Informationstheorie, Ethik). Die Curriculumtheorie ist aus der vorhandenen externen Theorie abgeleitet oder zumindest inhaltlich bestimmt. Als Gegensatz zu „außercurricular" (extracurricular) vergleiche „innercurricular" (intracurricular).

Breitfeldcurriculum (broad field curriculum)
ist eine Organisationsform des Curriculums, bei der die klassischen Fächer oder Disziplinen in dauernden übergeordneten Einheiten aufgehoben sind, so daß an Stelle von vielen Einzelfächern breite Lerngebiete entstehen, die aber im Gegensatz zum Aktivitätscurriculum um Erkenntnisgebiete herum gruppiert sind.

Curriculum
ist die systematische Darstellung des Unterrichts über einen bestimmten Zeitraum als konsistentes System mit mehreren Bereichen zum Zwecke der optimalen Vorbereitung, Verwirklichung und Evaluation von Unterricht.

Curriculumkomponente
ist ein Unterrichtsaspekt, über den das Curriculum Aussagen enthält.

Curriculumprozeß
umfaßt alle Ereignisse und Handlungen von der Entscheidung, ein Curriculum zu erstellen, bis zur Evaluation der Lernergebnisse.

Curriculumrealisierung

bezeichnet die Verwirklichung der beabsichtigten Bildung, welche im Curriculum geplant ist.

Curriculumstrategie

ist die strukturierte Abfolge der Handlungen des Curriculumprozesses (vgl. Strategie).

Curriculumtheorie

ist eine Anzahl von Sätzen, die Gesetze und/oder Prinzipien erklären oder begründen (welche im Zusammenhang mit dem Curriculum vorkommen), aber nicht allein bzw. direkt von diesen abgeleitet sind (vgl. Curriculum).

Curriculare Zuverlässigkeit

bezeichnet die Forderung, Informationen, welche in den Curriculumprozeß eingehen, unter geringster Veränderung weiterzuleiten oder zu verarbeiten.

Externe Validität

bezeichnet die Gültigkeit des Lernziels bzw. der Begründung eines Curriculums.

Globalisation

ist ein Verfahren der Theorienbildung, bei dem alle Aspekte im Rahmen des Curriculumprozesses (von der Entscheidung für die Entwicklung eines Curriculums bis zur Schlußevaluation) von einem thematischen und methodologischen Ansatz ausgehend in einer Theorie erfaßt werden.

Handlungsreihe

ist die Abfolge der Aktivitäten (Ereignisse), welche den Curriculumprozeß konstituieren. Die Handlungsreihe kann programmatisch als Handlungsstrategie dargestellt oder in Hinsicht auf die Theorienbildung in der Problemreihe aufgehoben werden (vgl. Problemreihe).

Implementation

ist die Verwirklichung des Curriculums, unter besonderer Berücksichtigung der technischen Realisierungsmittel.

Innercurriculare Theorie

ist eine Form der Curriculumtheorie. Sie holt ihre thematischen und/oder methodischen Ansätze zur Theorienbildung innerhalb der curricularen Gegenstands- und Problemgebiete. Als Gegensatz zu „innercurricular" (intracurricular) vergleiche „außercurricular" (extracurricular).

Innovationsstrategie

beschreibt das Verfahren zur Einführung und Verwirklichung der beabsichtigten Veränderung im Bildungssystem (vgl. Strategie).

Interne Validität

bezeichnet die Gültigkeit von Curriculuminhalten bzw. Curriculumkomponenten bezogen auf das Ziel des Curriculums.

Komponentensystem
ist eine zusammenhängende und geordnete Anzahl von Aussagebereichen (Komponenten) des Curriculums; z.T. synonym dem englischen „Curriculum design" (vgl. Curriculumkomponente).

Konstrukt
ist ein Satz oder Begriff, der Beziehungen oder Variablen zusammenfassend darstellt.

Learning experience
siehe Lernerfahrung

Learning opportunity
ist eine lernzielorientierte Lernsituation. (Übersetzung: zielgerichtete Lernsituation; aufbereitete Lernsituation).

Lernerfahrung (learning experience)
besitzt in der englischen Curriculumliteratur eine Doppelbedeutung:

a) Lernen in der Schule, aber außerhalb des Lernens von objektivierten Inhalten (z.B. mathematischen Formeln), also Lernergebnisse aus der Pause, dem Internatsleben, dem schulischen Gemeinschaftsleben usw.
b) Lernen von Werthaltungen, Einstellungen und durch Lernobjekte nicht genau bestimmten Verhaltensdispositionen (im weiteren Sinne der „formalen Bildung" vergleichbar).

Lernsequenz
siehe Sequenz.

Modell
ist der Begriff für eine Abbildung von angenommenen und/oder beobachteten Beziehungen zwischen Eigenschaften, oder von Prozessen mit Hilfe von graphischen oder symbolischen (z. B. mathematischen) Darstellungen.

Organisationszentrum (organizing center)
ist als Produkt „eine besondere, zielgerichtete Lernsituation, die für mehrere bestimmte oder einen einzigen Schüler geschaffen worden ist", (Goodlad, Richter 1966, 18).

Problemreihe
ist die Abfolge der Ereignisvoraussetzungen und -implikationen im Curriculumprozeß, welche Erklärungen oder Begründungen verlangen. Die Problemreihe kann anhand der Handlungsreihe dargestellt werden (vgl. Handlungsreihe).

Programmierungstechnik

a) Verfahren bei der Entwicklung einer programmierten Unterrichtseinheit.
b) Unter systemtheoretischem Aspekt: eine Phase innerhalb eines komplexen Planungsprozesses; in der Bildungsökonomie z.B. Planung mit Hilfe von Input-Output-Modellen.

Ressourcen

sind Informationsquellen bzw. Entscheidungsdeterminanten im Curriculumprozeß.

Retroduktive Methode

ist ein Verfahren, das von E.S. Maccia zur Bildung von Curriculumtheorien vorgeschlagen worden ist. In der retroduktiven Methode wird eine Theorie (z.B. Graphentheorie, Sozialisationstheorie) auf ihre konstitutiven Elemente zurückgeführt und in dieser Form als Modell für die zu erstellende Curriculumtheorie genommen.

Sequenz

ist die Abfolge von Lernschritten bzw. -einheiten, die in Hinsicht auf einen Bezugspunkt (z.B. Lernziel, Lernprozeß) optimal angeordnet sind.

Schooling

umfaßt alle jene Aktivitäten, die zur Funktionstüchtigkeit der Schule beitragen (Beauchamp 1968, 109); meistens im Sinne von „Schul- und Lernorganisation" verwendet.

System

ist die Bezeichnung für eine Gruppe von Elementen, die in Interaktion stehen (Bertalanffy).

Systemtheorie

siehe Allgemeines System.

Strategie

ist eine Handlungsbeschreibung bzw. -anweisung unter Berücksichtigung der beteiligten Personen und Institutionen mit der Abfolge der Verhaltensereignisse und ihren Zusammenhängen in Hinsicht auf das zu erreichende Ziel (vgl. Innovationsstrategie, Curriculumstrategie).

Taxonomie

ist die theoretische Auseinandersetzung mit einer Klassifikation, einschließlich ihrer Grundlagen, Prinzipien, Verfahren und Regeln (Sokal, Sneath 1963, 3); oder: theoretisch begründete Klassifikation.

Theorie

ist eine Anzahl von Sätzen, die Gesetze und/oder Prinzipien erklären (die sich auf Wirklichkeit beziehen), aber nicht allein bzw. direkt von diesen abgeleitet sind.

Zätetik

„ist die Wissenschaft der schöpferischen Tat (creation) aufgrund von Forschung und künstlerischer Aktivität" (Tykociner 1964, 123), wobei Tykociner Wissenschaft als Summe der gesammelten Kenntnisse versteht.

Verzeichnis der verwendeten Literatur

Achtenhagen F.: Didaktik des fremdsprachlichen Unterrichts. Weinheim 1969.

Achtenhagen F., Meyer H. L. (Hrsg.): Curriculumrevision. München 1971.

Acland R.: Curriculum or life? London 1966.

Aebli H.: Didactique psychologique. Neuchâtel 1951.

Aebli H.: Entwicklungspsychologische Kriterien für die Auswahl von Curriculuminhalten. In: Frey K. (Hrsg.): Kriterien in der Curriculumkonstruktion. Weinheim 1970, 49—55 (a).

Aebli H.: Kognitive Systeme als Tiefenstrukturen des Denkens. In: Schweizerische Zeitschrift für Psychologie. 29 (1970) 106—116 (b).

Aebli H., Montada L., Schneider U.: Über den Egozentrismus des Kindes. Stuttgart 1968.

Albert H.: Probleme der Theoriebildung. In: Albert H. (Hrsg.): Theorie und Realität. Tübingen 1964, 3—70 (a).

Albert H. (Hrsg.): Theorie und Realität. Tübingen 1964 (b).

Alberty H. B., Alberty E. J.: Utilizing curriculum sources in education. In: ASCD: What are the sources of the curriculum. Washington 1962, 26—34.

Alberty H. B., Alberty E. J.: Reorganizing the high-school curriculum. New York 1967[5].

Allport G. W.: Personality. New York 1947[8].

Anastasi A.: Psychological testing. New York 1964.

Association for supervision and curriculum development (NEA): What are the sources of the curriculum. Washington 1962.

Ausubel D. P.: The psychology of meaningful verbal learning. New York 1963.

Ausubel D. P.: Some psychological aspects of the structure of knowledge. In: Elam S. (Ed.): Education and the structure of knowledge. Chicago 1964, 220—262.

Ausubel D. P.: A cognitive-structure theory of school learning. In: Siegel L. (Ed.): Instruction. San Francisco 1967, 207—260.

Ausubel D. P.: Das Jugendalter. (Original: Theory and problems of adolescent development.) München 1968.

Baughman G. D., Mayrhofer A.: Leadership training project: a final report. In: Journal of secondary education. 40 (1965) 369—372.
Beauchamp G. A.: Curriculum Theory. Wilmette (Ill.) 1968².
Beauchamp G. A., Beauchamp K. E.: Comparative analysis of curriculum systems. Wilmette 1967.
Beckmann H.-K.: Ergebnisse der neueren Didaktik und ihre Relevanz zur Erarbeitung neuer Lehrpläne. In: Sonderheft 5 zu Rundgespräch. Frankfurt 1969, 88—102.
Begle E. G.: Curriculum research in mathematics. In: The journal of experimental education. 37 (1968) 1, 44—48.
Bellack A. A.: Knowledge structure and the curriculum. In: Elam S. (Ed.): Education and the structure of knowledge. Chicago 1964, 263—277.
Bengtsson J., Lundgren U. P.: Utbildningsplanering och jamforelser av skolsystem. Malmö 1969.
Berelson B.: Content analysis. In: Lindzey G. (Ed.): Handbook of social psychology. Vol. I. Cambridge (Mass.) 1956², 488—522.
Berlyne D. C.: Structure and direction in thinking. New York 1965.
Bertalanffy L. von: General system theory. In: General systems. I (1956) 1—10.
Bigge M. L.: A relativistic approach to the learning aspect of educational psychology. In: Educational theory. IV (1954) 213—219 and 234.
Bjerstedt A.: Systematic analysis of instructional objectives: goal seeking, goal focusing, and goal adjustment. Malmö 1970.
Blankertz H.: Theorien und Modelle der Didaktik. München 1969.
Blättner F.: Das Gymnasium. Heidelberg 1960.
Blischke H., Hilbig W., Rüssmann R.: Die halbalgorythmische Formaldidaktik COGENDI. In: Grundlagenstudien aus Kybernetik und Geisteswissenschaft. 9 (1968) 97—110.
Bloom B. S.: Stability and change in human characteristics. New York 1964.
Bloom B. S. (Ed.): Taxonomy of educational objectives. Handbook I: Cognitive domain. New York 1956.
Bochenski I. M.: Die zeitgenössischen Denkmethoden. Bern 1959².
Bohnsack F., Rückriem G. M.: Pädagogische Autonomie und gesellschaftlicher Fortschritt. Weinheim 1969.
Bokelmann H.: Maßstäbe pädagogischen Handelns. Würzburg 1965.
Boulding K.: General system theory — the skeleton of science. In: General systems. I (1956) 11—17.
Brezinka W.: Die Pädagogik und die erzieherische Wirklichkeit. In: H. Röhrs (Hrsg.): Erziehungswissenschaft und Erziehungswirklichkeit. Frankfurt 1964, 192—220.
Brezinka W.: Die Krise der wissenschaftlichen Pädagogik im Spiegel neuer Lehrbücher. In: Zeitschrift für Pädagogik. 12 (1966) 53—88.

Brezinka W.: Über Absicht und Erfolg der Erziehung. In: Zeitschrift für Pädagogik. 15 (1969) 245—272.
Brezinka W.: Von der Pädagogik zur Erziehungswissenschaft. Weinheim 1971.
Broudy H. S., Smith B. O., Burnett J. R.: Democracy and excellence in american secondary education. Chicago 1965².
Bruner J. S.: The process of education. Cambridge 1962.
Bruner J. S.: Some theorems on instruction illustrated with reference to mathematics. In: Hilgard E. R. (Ed.): Theories of learning and instruction. Sixty-third yearbook. National Society for the Study of Education. Part I. Chicago 1964, 306—335.
Bruner J. S.: Toward a theory of instruction. Cambridge 1966.
Bruner J. S., Goodnow J. J., Austin G. A.: A study of thinking. New York 1956.
Bunge M.: Scientific research. I, II. Berlin 1967.
Bush R. R., Mosteller F.: Stochastic models for learning. New York 1955.
Bush R. N., Allen D. W.: A new design for high school education. New York 1964.

Campbell D. T.: Methodical suggestions from a comparative psychology of knowledge processes. In: General systems. IV (1961) 15—29.
Cardinet J.: Un modèle matriciel pour le choix d'une technique d'enseignement. In: Frey K. (Hrsg.): Kriterien in der Curriculumkonstruktion. Weinheim 1970, 63—88.
Carnap R.: Symbolische Logik. Wien 1960².
Cattell R. B.: Personality. New York 1950.
Cattell R. B.: Personality and motivation structure and measurement. New York 1957.
Collier's encyclopedia. Art. Curriculum. 1969, vol. 7, 569—587.
Coombs P. H.: The world educational crisis: a systems analysis. New York 1968.
Cox R. C.: Item selection techniques and evaluation of instructional objectives. In: Journal of educational measurement. 2 (1965) 181—185.
Cox R. C., Unks N. J.: A selected and annoted bibliography of studies concerning the taxonomy of educational objectives: cognitive domain. Pittsburgh 1967. (Univ. Learning R & D Center).
Cube F. v.: Über ein Verfahren der mechanischen Didaktik. In: Grundlagenstudien aus Kybernetik und Geisteswissenschaft. 2 (1961) 7—10.

Dahllöf U.: Skoldifferentiering och imdervisningsförlopp. Komparativa mal — och processanalyser av akolsystem. Stockholm 1967.
Dahllöf U.: Materials and methods of implementing curricula: a swedish model. In: Curriculum theory network. 5 (1970) 32—48.

Dave R. H.: Eine Taxonomie pädagogischer Ziele und ihre Beziehung zur Leistungsmessung. In: Ingenkamp K., Marsolek Th. (Hrsg.): Möglichkeiten und Grenzen der Testanwendung in der Schule. Weinheim 1968, 225—237.

Derbolav J.: Die Stellung der Pädagogischen Psychologie im Rahmen der Erziehungswissenschaft und ihre Bedeutung für das pädagogische Handeln. In: Handbuch der Psychologie. Bd. 10. Pädagogische Psychologie. H. Hetzer (Hrsg.). Göttingen 1959, 3—43.

Derbolav J.: Versuch einer wissenschaftstheoretischen Grundlegung der Didaktik. In: Didaktik in der Lehrerbildung. 2. Beiheft der Zeitschrift für Pädagogik. Weinheim 1960, 17—45.

Dickson G. E. et al.: Educational specifications for a comprehensive elementary teacher education program. Toledo (Ohio) 1968.

Dolch J.: Lehrplan des Abendlandes. Ratingen 1967².

Dottrens R.: Education et démocratie. Neuchâtel 1946.

Dressel P. L.: Measurement and evaluation of instructional objectives. In: Gronlund N. E. (Ed.): Readings in measurement and evaluation. New York 1968, 11—17.

Edelstein W., Sang F., Stegelmann W.: Unterrichtsstoffe und ihre Verwendung in der 7. Klasse der Gymnasien in der BRD (Teil I). Berlin 1968 (Institut für Bildungsforschung).

Eggleston J. F.: Bloom's cognitive domain re-visited. In: Journal of curriculum studies. 1 (1968) 79—84.

Eigler G.: Prüfung von Lehrprogrammen. In: Zeitschrift für erziehungswissenschaftliche Forschung. 2 (1968) 118—134.

Elam S. (Ed.): Education and the structure of knowledge. Chicago 1964.

Emans R.: A proposed conceptual framework for curriculum development. In: Short E. C., Marconnit G. D. (Ed.): Contemporary thought on public school curriculum. Dubuque (Iowa) 1968, 32—37.

Eysenck H. J., Eysenck S. B. G. et al.: Personality structure and measurement. London 1969.

Faix T. L.: Structural-functional analysis as a conceptual system for curriculum theory and research: a theoretical study. Paper presented at American Educational Research Association, AERA. Washington 1966.

Festinger L. et al.: Conflict, decision and dissonance. Stanford 1964.

Feyereisen K. V., Fiorino A. J., Nowak A. T.: Supervision and curriculum renewal. New York 1970.

Fischer G. H.: Neue Entwicklungen in der psychologischen Testtheorie. In: Fischer G. H. (Hrsg.): Psychologische Testtheorie. Bern 1968, 13—158.

Fischer H.: The psychology of Piaget and its educational applications. In: International review of education. 10 (1964) 431—440.

Flanagan J. C.: The critical incident technique. In: Psychological bulletin. 51 (1954) 327—357.

Flechsig K.-H.: Die technologische Wendung in der Didaktik. Konstanz 1969.

Flechsig K.-H.: Die Bedeutung von Klassifikations- und Kriteriensystemen für die Auswahl von Curriculumelementen. In: Frey K. (Hrsg.): Kriterien in der Curriculumkonstruktion. Weinheim 1970, 25—45.

Flechsig K.-H. u. a.: Probleme der Entscheidung über Lernziele. Konstanz 1969 (Universität, polyk.).

Flechsig K.-H., Garlichs A., Haller H.-D., Heipcke K., Schlösser H.: Probleme der Entscheidung über Lernziele. In: Programmiertes Lernen. 7 (1970) 1—32.

Flitner A.: Das Schulzeugnis im Lichte neuerer Untersuchungen. In: Zeitschrift für Pädagogik. 12 (1966) 511—538.

Flitner W.: Hochschulreife und Gymnasium. Heidelberg 1967³.

Foppa K.: Einflüsse der Sinnstruktur von Lernobjekten auf den Lerneffekt (Folgerungen für die Lernorganisation im Curriculum). In: Frey K. (Hrsg.): Kriterien in der Curriculumkonstruktion. Weinheim 1970, 97—104.

Frank H.: Kybernetische Grundlagen der Pädagogik. Baden-Baden 1962.

Frank H.: Ansätze zum algorithmischen Lehralgorithmieren. In: Frank H. (Hrsg.): Lehrmaschinen in kybernetischer und pädagogischer Sicht. IV. Stuttgart-München 1966, 70—112.

Frank H.: Kybernetische Grundlagen der Pädagogik. Erster Band. Allgemeine Kybernetik. Baden-Baden 1969² (a).

Frank H.: Kybernetische Grundlagen der Pädagogik. Zweiter Band. Angewandte kybernetische Pädagogik und Ideologie. Baden-Baden 1969² (b).

Fraser D.: Deciding what to teach. Washington 1964.

French W. et al.: Behavioral goals of general education in high school. New York 1957.

Freudenthal H.: Volkstümliche Bildung. München 1957.

Frey K. und Mitarbeiter: Die Lehrerbildung in der Schweiz. Weinheim 1969 (a).

Frey K. und Mitarbeiter: Der Ausbildungsgang der Lehrer. Weinheim 1969 (b).

Frey K.: Der Lehrplan der Real-, Sekundar- und Bezirksschulen. Weinheim 1969² (c).

Frey K.: Lehrplananalyse als Teil der Curriculumforschung. In: Internationale Zeitschrift für Erziehungswissenschaft. 15 (1969) 4—26 (d).

Frey K.: Das Curriculum im Rahmen der Bildungsplanung und Unterrichtsvorbereitung. In: Die Deutsche Schule. 61 (1969) 270—281 (e).

Frey K., Horn R., Isenegger U., Lattmann U. P., Rickenbacher I., Santini B.: Aufriß einer globalen, idealtypischen Handlungsstrategie zur Curriculumkonstruktion (Modell FAL-69). In: EBAC-Projekt, Arbeitsberichte Nr.

1/2. Freiburg 1970, 29—38 (Pädagogisches Institut: Arbeitspapiere und Kurzberichte 10/11) (a).
Frey K. in Verbindung mit Horn R., Isenegger U., Lattmann U. P., Rickenbacher I., Santini B.: Eine Handlungsstrategie zur Curriculumkonstruktion (FAL-2). Freiburg 1970 (Pädagogisches Institut: Arbeitspapiere und Kurzberichte 12) (b).
Frey K., Lattmann U. P.: Effekte der Operationalisierung von Lernzielen. Freiburg 1970 (Pädagogisches Institut, polyk.) (c).
Frey K. (Hrsg.): Kriterien in der Curriculumkonstruktion. Weinheim 1970.

Gagné R. M.: Curriculum research and the promotion of learning. In: Tyler R. W. et al.: Perspectives of curriculum evaluation. AREA monograph series on curriculum evaluation. 1. Chicago 1967, 19—38 (a).
Gagné R. M.: Instruction and the conditions of learning. In: Siegel L. (Ed.): Instruction. San Francisco 1967, 291—313 (b).
Gagné R.: Bedingungen des menschlichen Lernens. (Orig.: The conditions of learning.) Hannover 1969.
Gagné R. M., Paradise N. E.: Abilities and learning sets in knowledge acquisition. In: Psychological monographs. 75 (1961) No. 518.
Gestrelius K.: Utbildningsplanering med befattningsanalytiska metoder. Pedagagiskipsykologiska problem, Nr. 83, April 1969 Malmö.
Glaser R.: Instructional technology and the measurement of learning outcomes. In: American psychologist. 17 (1963) 519—521.
Glaser R.: Discussion: The effect of educational research on classroom instruction. In: Harvard educational review. 36 (1966) 117—315 (a).
Glaser R.: The design of instruction. In: Goodlad J. I. (Ed.): The changing American school. The sixty-fifth yearbook of the national society for the study of education. Part II. Chicago 1966, 215—242 (b).
Glaser R.: Unterrichtstechnologie und die Messung von Lernergebnissen. In: Issing L. J. (Hrsg.): Der programmierte Unterricht in den USA heute. Weinheim 1967, 43—49.
Glaser R., Reynolds J. H.: Instructional objectives and programmed instruction: a case study. In: Lindvall C. M. (Ed.): Defining educational objectives. Pittsburgh 1964, 47—76.
Glogauer W.: Das Strukturmodell der Didaktik. München 1967.
Goodlad J. I.: School curriculum reform in the United States. Los Angeles 1964.
Goodlad J. I.: The Curriculum. In: Goodlad J. I. (Ed.): The changing american school. The sixty-fifth yearbook. National Society for the Study of Education. Part II. Chicago 1966, 32—58.
Goodlad J. I., Stoephasius R. v., Klein M. F.: The changing school curriculum. New York 1966.

Goodlad J. I., Richter M. N.: The development of a conceptual system for dealing with problems of curriculum and instruction. Washington 1966 (The cooperative research program of the office of education; U. S. departement of health, education, and welfare. Project No. 454).

Goss C. E.: A critique of the ethical aspects of Phenix's curriculum theory. In: Educational theory. 17 (1967) 40—47.

Grandstaff M.: Two suggested categories of curriculum theory. In: Curriculum theory network. 2 (1968/69) 35—54.

Guilford J. P.: Persönlichkeit. (Orig.: Personality.) Weinheim 1966.

Guilford J. P.: The nature of human intelligence. New York 1967.

Gurvitch G.: Les cadres sociaux de la connaissance. Paris 1966.

Gwynn J. M.: Curriculum principles and social trends. New York 1960.

Hall C. S., Lindzey G.: Theories of personality. New York 1957.

Halpin A. W.: Theory and research in administration. New York 1966.

Harap H.: Social living in the curriculum. Nashville (Tenn.) 1952.

Haseloff O. W.: Probleme der empirischen Bewährungsprüfung von Erziehungszielen. In: Schule und Erziehung. Berlin 1960, 49—75.

Hebb D. O.: Einführung in die moderne Psychologie. (Orig.: A textbook of psychology.) Weinheim 1968[2].

Heimann P., Otto G., Schulz W.: Unterricht, Analyse und Planung. Hannover 1968[3].

Heipcke K.: Statistische Probleme bei der Analyse lernzielorientierter Tests. Referat mit polykopierter Zusammenfassung, anläßlich der Konferenz der AEPF der Deutschen Gesellschaft für Erziehungswissenschaft in Konstanz 1969.

Heipcke K.: Zur Theorie lernzielorientierter Tests. Teil II. Ansätze zu einer stochastischen Theorie lernziel-orientierter Tests. Konstanz 1970.

Heitger M.: Wider das Pathos des Eigentlichen und Echten in der Pädagogik. Seine Gefahren für diese, erörtert am Problem der Begegnung. In: Vierteljahrsschrift für wissenschaftliche Pädagogik. 43 (1967) 115—131.

Hentig H. v.: Die Schule im Regelkreis. Stuttgart 1965.

Herrick V. E.: Sources of curriculum development. In: ASCD: What are the sources of the curriculum. Washington 1962, 60—71.

Herrick V. E.: Strategies of curriculum development. Ed. by MacDonald J. B., Andersen D. W., May F. B. Columbus 1965.

Herrick V. E., Tyler R. W. (Eds.): Toward improved curriculum theory. Chicago 1950.

Hodge H. P. R.: A systems approach to education: cyclical systems in teaching. In: Dunn W. R., Holroyd C. (Ed.): Aspects of educational technology, Vol. 2. London 1969, 179—192.

Hollins T. H. B. (Ed.): Aims in education. Manchester 1964.

Homans G.: The human group. New York 1950.

Horn R.: Kontrolle von Schülerleistungen im kognitiven Bereich anhand von Lernzielen. Weinheim 1971.
Howland D.: Approaches to the systems problem. In: General systems. IX (1964) 283—285.
Hübner P., Schulz W.: Normenkritik, Implementationskontrolle und Effektivitätsprüfung — Darstellung und Diskussion der Evaluationsprobleme bei der Entwicklung eines Förderstufen-Curriculum am Pädagogischen Zentrum Berlin. Vortrag und Arbeitspapier vom Kongreß der Deutschen Gesellschaft für Erziehungswissenschaft, Berlin 1970.
Hüfner K.: Traditionelle Bildungsökonomie und systemorientierte Bildungsplanung. Berlin 1969 (Institut für Bildungsforschung).
Hughes P.: Decisions and curriculum design. In: Educational theory. XII (1962) 187—192.
Huhse K.: Theorie und Praxis der Curriculum-Entwicklung. Berlin 1968 (Institut für Bildungsforschung).
Hunt E. B.: Concept learning. New York 1962.
Husén T., Dahllöf U.: Mathematics and communication skills in school and society. Uppsala 1960 (a).
Husén T., Dahllöf U.: Matematik och modersmolet i skola och yrkesliv. Stockholm 1960 (b).
Husén T., Boalt G.: Educational research and educational change. New York 1967.

IMU — högstadiet är ett undervisningssystem i matematik. o. O. (Hermods) 1967 ff.
IPN Curriculum Physik. 5. Schuljahr. Stuttgart 1970.
Isenegger U.: Versuch einer Funktionsanalyse von Taxonomien. Fribourg 1969 (Pädagogisches Institut: Arbeitspapiere und Kurzberichte 5).
Isenegger U.: Lernzielerhebung zur Curriculumkonstruktion. Weinheim 1971.
Ivarsson G., Nilsson K.-L., Patriksson G.: Studieteknikens tillämpning i det nya gymnasiet. Göteborg 1968 (KOMPASS-Projektet Nr. 9).

Jacob P. E.: Changing values in colleges. New York 1957.
Jeffrey R. C.: Logik der Entscheidungen. München 1967.
Jensen G. E.: Methodology and criteria for the validation of educational aims. Urbana (Ill.) 1947.
Johnson M.: Definitions and models in curriculum theory. In: Educational theory. 17 (1967) 127—140.
Johnson M.: On the meaning of curriculum design. In: Curriculum theory network. 3 (1969) 3—9.
Jung W.: Mathematische Wissenschaft und mathematischer Unterricht. In: Sonderheft 5 zu Rundgespräch. Frankfurt 1969, 61—75.

Kelbert H.: Modelling the programmed learning process on a control theory basis. In: Dunn W. R., Holroyd C. (Ed.): Aspects of educational technology. Vol. 2. London 1969, 142—156.

Kerr J. F.: The problem of curriculum reform. Leicester 1968[2].

Kerschensteiner G.: Betrachtungen zur Theorie des Lehrplans. München 1899.

King A. R., Brownell J. A.: The curriculum and the disciplines of knowledge. New York 1966.

Klafki W.: Das pädagogische Problem des Elementaren und die Theorie der kategorialen Bildung. Weinheim 1964[3/4].

Klafki W.: Studien zur Bildungstheorie und Didaktik. Weinheim 1967[8/9].

Klafki W., Kiel G., Schwerdtfeger J.: Die Arbeits- und Wirtschaftswelt im Unterricht der Volksschule und des Gymnasiums. Heidelberg 1967[2].

Klauer K. J.: Lernen und Intelligenz. Weinheim 1969.

Klir J.: The general system as a methodological tool. In: General systems. X (1965) 29—42.

Klotz G.: Lernziel-Instrumentalisierungen und die Reproduktion von Lernleistungen. In: Zeitschrift für erziehungswissenschaftliche Forschung. 3 (1969) 21—29.

Knab D.: Möglichkeiten und Grenzen eines Beitrags der Curriculum-Forschung zur Entwicklung von Bildungsplänen. In: Sonderheft 5 zu Rundgespräch. Frankfurt 1969, 26—40 (a).

Knab D.: Curriculumforschung und Lehrplanreform. In: Neue Sammlung. 9 (1969) 169—185 (b).

Kneller G. F. (Ed.): Foundations of education. New York 1963.

Krathwohl D. R.: The „Taxonomy of Educational Objectives" — its use in curriculum building. In: Lindvall C. M. (Ed.): Defining educational objectives. Pittsburgh 1964, 19—33.

Krathwohl D. R.: Stating objectives appropriately for programm, for curriculum, and for instructional materials development. In: Journal of teacher education. 16 (1965) 83—92.

Krathwohl D. R., Bloom B. S., Masia B. B.: Taxonomy of educational objectives. Handbook II: Affective domain. New York 1964.

Kropp R. P., Stoker H. W., Bashaw W. L.: The construction and validation of tests of the cognitive processes as described in the taxonomy of educational objectives. Washington 1966 (U.S. Dep. of health, education, and welfare, Cooperative research project No. 2117).

Kuhn A.: The study of society. Homewood 1963.

Lange P. C.: Administrative and curricular considerations. In: Lange P. C. (Ed.): Programmed instruction. The sixty-sixth yearbook of the NSSE. Part II. Chicago 1967, 147—177 (a).

Lange P. C.: Program development: introduction. In: Lange P. C. (Ed.): Programmed instruction. The sixty-sixth yearbook of the NSSE. Part II. Chicago 1967, 57—60 (b).

Latttmann U. P.: Lernziele und Unterrichtsvorbereitung. Freiburg 1971.

Lenné H.: Analyse der Mathematikdidaktik in Deutschland. Aus dem Nachlaß hrsg. von W. Jung. Stuttgart 1969.

Lewin K.: Feldtheorie in den Sozialwissenschaften. Bern 1963.

Lienert G. A.: Testaufbau und Testanalyse. Weinheim 1967².

Lindquist E. F. (Ed.): Educational measurement. Washington 1951.

Loch W.: Nachwort zum Modell eines neuen Gymnasiums. In: Straube H. (Hrsg.): Modell eines neuen Gymnasiums. Freiburg 1966, 63—68.

Logan F., Olmstead D.: Behavior theory and social science. New Haven 1955.

Lord F. M., Novick M. R.: Statistical theories of mental test scores. Reading 1968.

Lumsdaine A. A., Glaser R. (Ed.): Teaching and programmed learning. Washington 1960.

Lurry L. L., Alberty E. J.: Developing a high school core program. New York 1957.

Luyten N. A.: Das Verhältnis zwischen Wissenschaftskritik und Naturphilosophie. In: Luyten N. A.: Ordo rerum. Freiburg 1969, 49—63.

Lüscher K. K.: The social psychology of time. Paper read at the Cornell University, Spring 1970.

Maccia E. S.: The model in theorizing and research. Ohio 1965 (a) (Educational theory center).

Maccia E. S.: Curriculum theory and policy. Ohio 1965 (b) (Ohio state university; Educational theory center and social studies curriculum center).

Maccia E. S.: Methodological considerations in curriculum theory building. Chicago 1965 (c) (Commission on Curriculum Theory, Chicago).

Maccia E. S., Maccia G. S., Jewett R. E.: Construction of educational theory models. Columbus 1963 (Ohio state university research foundation).

Maccia E. S. et al.: An annoted bibliography: information theory as it relates to general systems theory. Ohio 1965 (Educational theory center).

Maccia E. S. et al.: Development of educational theory derived from three educational theory models. Washington 1966 (U. S. departement of health, education, and welfare; Office of education. Project No. 5-0638).

MacDonald J. B.: Curriculum theory: problems and a prospectus. Paper presentet at professors of curriculum meeting. Miami Beach 1964.

MacDonald J. B.: Educational models for instruction-introduction. In: MacDonald J. B., Leeper R. R. (Ed.): Theories of instruction. Washington 1965, 1—7.

MacDonald J. B.: Structures in curriculum. in: Himmelmann F. M. (Ed.): Process for curriculum change. Milwaukee 1966, 28—46.
Mackenzie G. N.: Sources and process in curriculum development. In: ASCD: What are the sources of the curriculum. Washington 1962, 72 bis 80.
Mackenzie G.: Curricular change: participants, power, and processes. In: Miles M. B. (Ed.): Innovation in education. New York 1967², 399—424.
Mager R. F.: Lernziele und Programmierter Unterricht. (Orig.: Preparing objectives for programmed instruction.) Weinheim 1969³.
Martin W. T., Pinck D. C. (Ed.): Curriculum improvement and innovation: a partnership of students, school teachers and research scholars. Cambridge (Mass.) 1966.
Maslow A. H.: The psychology of science. New York 1966.
McClellan J. M.: The logical and the psychological: an untenable dualism? In: Smith B. O., Ennis R. H. (Ed.): Language and concepts in education. Chicago 1961, 144—160.
McGuire C.: Research in the process approach to the construction and to analysis of medical examinations. In: National council on measurement, in education yearbook. 20 (1963) 7—16.
Mechner F.: Behavioral analysis and instructional sequencing. In: Lange P. C. (Ed.): Programmed instruction. The sixty-sixth yearbook of the NSSE. Part II. Chicago 1967, 81—103.
Meili R.: Denken. In: Meili R., Rohracher H. (Hrsg.): Lehrbuch der experimentellen Psychologie. Bern 1963, 156—213.
Merton R. K.: Der Rollen-Set: Probleme der soziologischen Theorie. In: Hartmann H. (Hrsg.): Moderne amerikanische Soziologie. Stuttgart 1967, 255—267.
Mesarovic M. D. (Ed.): Views on general systems theory. New York 1964.
Mickel W. W.: Curriculum-Forschung in den USA. In: Die Pädagogische Provinz. 22 (1968) 392—411.
Miles M. B. (Ed.): Innovation in education. New York 1967².
Miller R. B.: Analysis and specification of behavior for training. In: Glaser R. (Ed.): Training research and education. Pittsburgh 1962, 31—62.
Miller R. B., Folley J. D.: A Study of methods for determining skill, knowledge and ability requirements for maintenance of newly equipment. Pittsburgh 1951 (American Institute for research).
Möller B.: Analytische Unterrichtsmodelle. München 1966.
Möller C.: Technik der Lernplanung. Weinheim 1969.
Musgrove F.: Curriculum objectives. In: Journal of curriculum studies. 1 (1968) 5—18.

Neagly R. L., Evans N. D.: Handbook for effective curriculum development. Englewood Cliffs 1969.

Nicklis W. S.: Kybernetik und Erziehungswissenschaft. Bad Heilbronn 1967.
Nipkow K. E.: Allgemeindidaktische Theorien der Gegenwart. In: Zeitschrift für Pädagogik. 14 (1968) 335—365.
Nipkow K. E.: Curriculumforschung und Religionsunterricht. In: Die Deutsche Schule. 61 (1969) 756—774.
Novak B.: 98 definitions of curriculum. In: The clearing house. 34 (1960) 358—365; zit. bei Oliver 1969, 18.

OCDE: L'enseignement secondaire. Paris 1969.
Oliver A. I.: Curriculum improvement. New York 1969[5].

Parker J. C., Rubin L. J.: Content or process. In: Short E. C., Marconnit G. D. (Ed.): Contemporary thought on public school curriculum. Dubuque (Iowa) 1968, 131—132.
Paulsen F.: Geschichte des gelehrten Unterrichts. Bd. 1. Berlin 1965[3].
Pawlik K.: Dimensionen des Verhaltens. Bern 1968.
Peck R. F., Havighurst R. J.: The psychology of character development. New York 1960.
Peterson A. D. C.: Arts and science in the sixth form. Oxford 1960 (Univ.; Dep. of Education).
Phenix P. H.: Realms of meaning. New York 1964.
Platt W. J.: Vers des stratégies de l'enseignement. (Original: Toward strategies of education.) New York 1964.
Popper K. R.: The open society and its enemies. Vol. II: The high tide of prophecy: Hegel, Marx and the aftermath. London 1949[3].
Popper K. R.: Logik der Forschung. Tübingen 1966[2].

Räber L.: Bildung und Gymnasium. Basel-Weinheim 1969.
Reichenbach H.: Der Aufstieg der wissenschaftlichen Philosophie. (Orig.: The rise of scientific philosophy.) Berlin o. J. (1952).
Resnick L. B.: Design of an early learning curriculum. Pittsburgh 1967 (University: L research and D center).
Richmond W. K.: The education industry. London 1969.
Robinsohn S. B.: Bildungsreform als Revision des Curriculum. Neuwied 1967.
Robinsohn S. B.: Ein Struktur-Konzept für Curriculum-Entwicklung. In: Zeitschrift für Pädagogik. 15 (1969) 631—653.
Rosenbloom P. C., Hillestad P. C. (Ed.): Modern viewpoints in the curriculum. New York 1964.
Roth E.: Neue Wege sozialwissenschaftlicher Forschung. In: Contact. 8 (1968) 74—81.
Roth H.: Stimmen die deutschen Lehrpläne noch? In: Die Deutsche Schule. 60 (1968) 69—76.

Rugg H. (Ed.): The foundations and technique of curriculum construction. Twenty-sixth yearbook of the National Society for the Study of Education. Part I, II. Bloomington 1927.

Ryans D. G.: A model of instruction based on information system concepts. In: Macdonald J. B., Leeper R. L. (Ed.): Theories of instruction. Washington 1965, 36—61.

Sakoda J. M.: Factor analysis of OSS situational tests. In: Journal of abnormal social psychology. 47 (1952) 843—852.

Salzmann C.: Studien zu einer Theorie des Prüfens und Erprobens im Raum der Erziehung. Ratingen 1967.

Santini B.: Das Curriculum im Urteil der Lehrer. Weinheim 1971.

Saylor J. G., Alexander W. M.: Curriculum planning for modern schools. New York 1966².

Scheerer H.: Zusammenhang von Curriculum-Forschung und Lehrplanreform bei neueren Projekten in Schweden 1957—1968. Konstanz 1969 (Univ. Fachbereich Erziehungsw.; schriftl. Hausarbeit zur Magisterprüfung).

Schiefele H.: Motivation im Unterricht. München 1966.

Schloz G.: Über die Nichtplanbarkeit in der Erziehung. Wiesbaden 1966.

Schultze W.: Die Erziehungsaufgabe in den Lehr- und Bildungsplänen und das Problem der Planbarkeit von Erziehung. In: Handbuch für Lehrer, Bd. 3. Gütersloh 1963², 390—405.

Schutz R. E.: Methodological issues in curriculum research. In: Review of educational research. 39 (1969) 359—366.

Schwab J. J.: Problems, topics, and issues (of education and the structure of knowledge). In: Elam S. (Ed.): Education and the structure of knowledge. Chicago 1964, 4—42.

Schwanenberg E.: Soziales Handeln — Die Theorie und ihr Problem. Bern 1970.

Scriven M.: The methodology of evaluation. In: Tyler R. W., Gagné R. M., Scriven M.: Perspectives of curriculum evaluation. AERA 1. Chicago 1967.

Searles J. E.: A system for instruction. Scranton 1967.

Seelig G. F.: Beliebtheit von Schulfächern. Weinheim 1968.

Segel D.: Frustration in adolescent youth. Washington 1951.

Simpson G. G.: Principles of animal taxonomy. New York 1961.

Skowronek H.: Psychologische Grundlagen einer Didaktik der Denkerziehung. Hannover 1968.

Smith B. O., Stanley W. O., Shores J. H.: Fundamentals of curriculum development. New York 1957.

Sokal R. R., Sneath P. H. S.: Principles of numerical taxonomy. London 1963.

Spitznagel A.: Die Situation als Problem der Persönlichkeitspsychologie. In: Groffmann K. J., Wewetzer K. H. (Hrsg.): Person als Prozeß. Bern 1968, 183—212.
Spranger E.: Lebensformen. Tübingen 1950[8].
Spranger E.: Pädagogische Perspektiven. Heidelberg 1964[8].
Stauffer A. J.: Objective testing. In: Lauwerys J. A., Scanlon D. G. (Ed.): Examinations. The world year book of education 1969. London 1969, 53—62.
Stegmüller W.: Hauptströmungen der Gegenwartsphilosophie. Stuttgart 1965[3].
Stegmüller W.: Das ABC der modernen Logik und Semantik. New York 1969.
Stene J.: Einführung in Raschs Theorie der psychologischen Messung. In: Fischer G. H.: (Hrsg.): Psychologische Testtheorie. Bern 1968, 229 bis 268.
Stone Ph. J. et al.: The general inquirer: a computer approach to content analysis. Cambridge (Mass.) 1966.

Taba H.: Curriculum development. New York 1962.
Tanner D.: Schools for youth. New York 1965.
Theory of games. London 1966.
Thomae H.: Das Individuum und seine Umwelt. Göttingen 1968.
Thorndike E. L.: Mental discipline in high-school studies. In: Journal of educational psychology. 15 (1924) 1—22.
Toda M., Shuford E. H.: The logic of systems: an introduction to a formal theory of structure. In: General systems. X (1965) 3—28.
Traxel W.: Über Gegenstand und Methode der Psychologie. Bern 1968.
Tütken H.: Lehrplan und Begabung. In: Roth R. (Hrsg.): Begabung und Lernen. Stuttgart 1969, 461—471.
Tykociner J. T.: Zetetics and areas of knowledge. In: Elam S. (Ed.): Education and the structure of knowledge. Chicago 1964, 121—147.
Tyler R. W.: Basic principles of curriculum and instruction. Chicago 1949.
Tyler R. W.: National planning and quality control in education. In: Rosenbloom P. C., Hillestad P. C. (Ed.): Modern viewpoints in the curriculum. New York 1964, 11—18.
Tyler R. W., Gagné R. M., Scriven M.: Perspectives of curriculum evaluation. Chicago 1967 (AERA, monograph series on curriculum evaluation. 1.).

Vallance T. R., Crawford M. P.: Identifying training needs and translating them into research requirements. In: Glaser R. (Ed.): Training research and education. Pittsburgh 1962, 497—523.

Voelmy W.: Systematische Inhaltsanalysen von Quellentexten zum Polytechnischen Unterricht in der zehnklassigen allgemeinbildenden polytechnischen Oberschule der DDR 1959 bis 1966. Berlin 1968 (Institut für Bildungsforschung).

Washburne C.: Conflicts between educational theory and structure. In: Educational theory. VIII (1958) 87—94.

Wechsler D.: The measurement of adult intelligence. Baltimore 1955[3].

Weinert F.: Pädagogisch relevante Ergebnisse der neueren Lernforschung. In: Siersleben W. (Hrsg.): Lernen heute. Weinheim 1969, 15—30.

Weniger E.: Die Theorie der Bildungsinhalte und des Lehrplans. Teil I von „Didaktik als Bildungslehre". Weinheim o. J. (1951).

Wheeler D. K.: Curriculum process. London 1967.

Wilhelm T.: Theorie der Schule. Stuttgart 1969[2].

Willmann O.: Didaktik als Bildungslehre. Braunschweig 1909.

Winnefeld F. u. a.: Pädagogischer Kontakt und pädagogisches Feld. München 1957.

Wood H. B.: Foundations of curriculum planning and development. Washington 1960.

Wood R., Skurnik L. S.: Item banking. London 1969.

Woodtli O.: Bildung und Zeitgeist. Berlin 1959.

Yates A. (Ed.): Grouping in education. New York 1966.

Zimmer J.: Zur Bedeutung der Humanwissenschaften für die Curriculum-Forschung und Entwicklung. In: Sonderheft 5 zu Rundgespräch. Frankfurt 1969, 41—53.

Personenregister

Sachregister